Economia Social

Economia Social

OLHARES CRUZADOS

2019

Álvaro Garrido
Elísio Estanque
Margarida Antunes
Maria Elisabete Ramos
Mónica Lopes
Patrícia Moura e Sá
Rui Namorado
Sílvia Ferreira

ALMEDINA

ECONOMIA SOCIAL
OLHARES CRUZADOS

COORDENADORES
Margarida Antunes
Rui Namorado

AUTORES
Álvaro Garrido
Elísio Estanque
Margarida Antunes
Maria Elisabete Ramos
Mónica Lopes
Patrícia Moura e Sá
Rui Namorado
Sílvia Ferreira

EDITOR
EDIÇÕES ALMEDINA, S.A.
Rua Fernandes Tomás, nºs 76, 78 e 79
3000-167 Coimbra
Tel.: 239 851 904 · Fax: 239 851 901
www.almedina.net · editora@almedina.net

DESIGN DE CAPA
FBA.

EDITOR
EDIÇÕES ALMEDINA, S.A.

IMPRESSÃO E ACABAMENTO
PENTAEDRO, LDA.
Outubro de 2019

DEPÓSITO LEGAL
462386/19

Esta edição respeitou a variante de português do Brasil utilizada pelo autor.

ALMEDINA | GRUPOALMEDINA

BIBLIOTECA NACIONAL DE PORTUGAL – CATALOGAÇÃO NA PUBLICAÇÃO

ECONOMIA SOCIAL

Economia social: olhares cruzados / Álvaro Garrido... [et al.]. – (Horizontes solidários)
ISBN 978-972-40- 8068-0

I – GARRIDO, Álvaro, 1968-

CDU 334

NOTA INTRODUTÓRIA

MARGARIDA ANTUNES
RUI NAMORADO

1. Este livro congrega um conjunto de olhares cruzados sobre a economia social, refletindo uma multiplicidade de ângulos de abordagem. Os oito textos que o compõem têm entre si um nexo de complementaridade que não apaga a autonomia substancial de cada um deles.

A sua ordenação, não sendo aleatória, não é fruto de uma necessidade absoluta de respeitar uma sequência temática específica. Os primeiros textos correspondem a perspetivas mais abrangentes e de algum modo holísticas. Seguem-se textos correspondentes a temáticas mais circunscritas ou mais parcelares. Termina com um texto cuja temática, incluindo a economia social, se projeta para além dela.

Façamos um breve percurso para identificar a temática abordada por cada um dos textos que compõem o livro.

O texto de **Álvaro Garrido**, **«Origens, afluentes e perceções históricas da economia social»**, oferece uma síntese histórica sobre as origens, os afluentes ideológicos e entendimentos históricos do conceito de economia social. Pretende colocar em evidência o sentido dinâmico, disputado e por vezes latente, de um conceito que importa conhecer na sua historicidade, não apenas num plano teórico de tendência abstrata. O espaço europeu e o caso português são tomados em especial consideração.

Sílvia Ferreira escreve sobre **«A economia social na hibridização com o Estado, o mercado e a sociedade»**. Neste texto, numa perspetiva de compreensão do seu lugar relacional nas sociedades atuais, reveem-se as abordagens que assumem vários níveis de análise para a compreensão da relação da economia social com o Estado, a economia e o mercado, e a sociedade/comunidade. Ilustra-se uma proposta analítica que, ao nível macro, concebe o lugar da economia social no Estado-providência, ao nível meso, concebe a ideia de sector e dos tipos de organizações que a povoam e, ao nível micro, perspetiva as dimensões económicas, sociais e políticas das organizações da economia social.

O texto de **Rui Namorado, «Da Revolução de Abril à Economia Social»**, é um roteiro jurídico-político da sedimentação da economia social em Portugal que valoriza a sua relação íntima com o processo democrático desencadeado pelo 25 de Abril de 1974. Nesse contexto, destaca-se a partilha de valores e de horizontes entre a Constituição e a economia social, bem como a sinergia entre os processos evolutivos de ambas.

Margarida Antunes escreve sobre **«Política de emprego e políticas de emprego na Economia Social»**. Analisa o contributo da economia social para a criação de emprego em Portugal de um ponto de vista macroeconómico, partindo da identificação dos instrumentos políticos e de política económica utilizados pelo Estado para a criação de emprego neste sector, e do papel das entidades da economia social enquanto promotoras de políticas de emprego.

Patrícia Moura e Sá interroga-se sobre **«Que papéis pode desempenhar a Gestão da Qualidade nas Organizações da Economia Social?»** O texto identifica e analisa alguns dos papéis que a gestão da qualidade pode desempenhar nas organizações da economia social, destacando os contributos internos e externos que lhe estão associados. As necessidades de adaptação dos referenciais da qualidade e os desafios que a sua adoção acarreta são discutidos.

Maria Elisabete Ramos escreve sobre o **«Controlo democrático e responsabilidade civil dos administradores de cooperativas»**. Neste texto reflete-se sobre o princípio democrático e os desafios a que o devir histórico o expõe. Em particular, são analisadas as mudanças introduzidas pelo Código Cooperativo de 2015 que tocam este princípio moldado pela Aliança Cooperativa Internacional.

Mónica Lopes analisa diferentes **«Contributos para o debate político-metodológico sobre avaliação e medição do desempenho/impacto nas organizações da economia social»**. Partindo da crescente relevância da avaliação e da medição do desempenho/impacto nas organizações da economia social, este texto oferece uma síntese das principais tradições da avaliação, percorrendo as principais influências que têm afetado a sua evolução. Descrevem-se alguns dos modelos e abordagens que inspiraram cada uma das correntes teórico-metodológicas e reflete-se sobre as suas implicações para a intervenção social.

Elísio Estanque escreve sobre as **«Organizações e desafios sociolaborais»**. Tendo como pano de fundo as organizações da economia social, este texto adota uma abordagem mais genérica, percorrendo um conjunto de dimensões do comportamento humano, com destaque para o campo laboral, onde os temas do poder, da burocracia e da cultura organizacional são discutidos, à luz das atuais tendências socioeconómicas e de inovação tecnológica.

2. Os textos acima referidos incidem sobre temas que têm vindo a ser prelecionados nas unidades curriculares que integram a pós-graduação em Economia Social: Cooperativismo, Mutualismo e Solidariedade, organizada pela Faculdade de Economia da Universidade de Coimbra (FEUC), através do seu Centro de Estudos Cooperativos e da Economia Social (CECES). Todos os seus autores são professores nessa pós-graduação, fazendo parte do CECES/FEUC.

Esta pós-graduação estuda a economia social nas suas várias vertentes organizativas, com destaque para as que têm uma identidade historicamente mais marcada e uma importância social mais nítida, como é o caso das cooperativas, das mutualidades e das instituições de solidariedade social no seu todo. Isso não significa que se ignorem os outros aspetos da economia social. Geram-se assim conhecimentos que permitem uma familiaridade maior com os problemas vividos pelos protagonistas da economia social, para que assim sejam ajudados a atravessar com êxito as conjunturas socioeconómicas adversas.

Em 2014, esta pós-graduação foi distinguida com o Prémio Cooperação e Solidariedade, na categoria Estudos Pós-Graduados. Em 2013, o trabalho de Álvaro Garrido, *Mútua dos Pescadores – Biografia de uma Seguradora da Economia Social*, foi reconhecido com o Prémio Cooperação e Solidariedade António Sérgio, na categoria Estudos e Investigação. Em 2015, o trabalho *Governação e Regime Económico das Cooperativas* de Deolinda Aparício Meira e Maria Elisabete Ramos foi também reconhecido com este Prémio na mesma categoria. Em 2016, foi atribuído a Rui Namorado o Prémio Cooperação e Solidariedade António Sérgio, na categoria Prémio Especial Personalidade do Ano. Todos estes prémios foram atribuídos pela Cooperativa António Sérgio para a Economia Social (CASES).

Neste ano letivo de 2018/19, está a decorrer a 10.ª edição da pós-graduação em Economia Social. A publicação desta coletânea visa também assinalar simbolicamente o decurso destes primeiros dez anos.

3. Esta coletânea e a pós-graduação que se tem referido foram fruto da existência e do trabalho do CECES/FEUC. Este Centro visa o estudo da economia social nas suas vertentes cooperativa, mutualista e solidária. Integram-no investigadores, docentes da FEUC, provenientes de áreas científicas diversas, tais como: Direito, Economia, Sociologia, Gestão, Psicologia e História.

Este Centro foi criado em 1982 como Centro de Estudos Cooperativos, com o objetivo de estudar o Sector Cooperativo. Desde 2002, alargou o seu âmbito a toda a Economia Social, à Economia Solidária e ao Terceiro Sector. Desde 2009, com o apoio do Montepio, tem-se responsabilizado pela pós-graduação em Economia Social.

O CECES/FEUC e a sua equipa estabeleceram uma significativa rede de contactos com instituições congéneres de outros países, em especial da União Europeia e da América Latina. Através dos seus membros, o CECES está envolvido em algumas das mais significativas redes internacionais do sector, como o CIRIEC – *Centre International de Recherches et d'Information sur l'Economie Publique, Sociale et Coopérative*; a ISTR – *International Society for Third Sector Research*; e a EMES – *International Research Network.*

4. Este livro integra um percurso coletivo feito no seio da FEUC que ambiciona projetar-se no futuro. O caminho percorrido tem sido sempre aberto às sinergias com os protagonistas práticos da economia social e com outras instâncias e estruturas congéneres quer nacionais, quer internacionais. Impregna-o a importância crescente da economia social, cada vez mais decisiva na atenuação dos sofrimentos induzidos por uma sociedade injusta, e cada vez mais indispensável como contributo para uma imaginação emancipatória do futuro.

ORIGENS, AFLUENTES E PERCEÇÕES HISTÓRICAS DA ECONOMIA SOCIAL

ÁLVARO GARRIDO*

1. História e historicidade da economia social

O uso historiográfico do conceito de economia social suscita na maioria dos historiadores, sejam eles especialistas em história social ou económica, moderna ou contemporânea, uma certa alergia. Esse pudor semântico, demasiado apegado aos medos do anacronismo, parece-nos de todo injustificado, mas não deixa de ser significativo das perceções sociais que teimam em perturbar o entendimento da noção de economia social e as suas próprias ambiguidades. Por sua vez, mais interessados no tema e nas múltiplas implicações da economia social com os movimentos sociais e as novas formas de solidariedade – não apenas caritativas ou filantrópicas –, alguns sociólogos entregam-se a lutas conceptuais e semânticas sobre a economia social e disputam os conceitos que lhe são concorrentes ou complementares, muitas vezes a partir de posicionamentos militantes.

Quando procuramos as suas origens doutrinárias – não apenas no campo das organizações ou das entidades que aglutinam uma miríade de ideias

* Professor associado com agregação da Faculdade de Economia da Universidade de Coimbra, onde coordena o grupo de História Económica e Social. Investigador do Centro de Estudos Interdisciplinares do Século XX (CEIS20). Os temas do corporativismo, das pescas e da economia social são centrais no seu projeto de investigação. Recentemente publicou os seguintes livros: *Cooperação e Solidariedade. Uma História da Economia Social* (2016) e *A Economia Social em Movimento. Uma História das Organizações* (2018), ambos na Tinta-da-China. Sobre outros temas publicou os seguintes livros: *Queremos uma Economia Nova! O Corporativismo Salazarista* (EDIPUCRS, Brasil) e *As Pescas em Portugal* (Fundação Francisco Manuel dos Santos, 2018). Em coautoria com Fernando Rosas prepara um livro sobre o Estado Novo português, a editar na Bononia University Press: *Il Portogallo di Salazar: politica, società, economia dell'Estado Novo (1932-1974).*

e de práticas –, a economia social é composta por múltiplos veios, um rio cujo caudal se alimenta de vários afluentes, uma tradição de tradições.

O conceito de economia social é, em si mesmo, uma construção histórica interessantíssima. Combina uma teoria ou uma doutrina de ciência social e práticas sociais variadas, amiúde informais, em regra protagonizadas por organizações coletivas cujos princípios destacam a cooperação e a solidariedade (Demoustier e Rousselière, 2004: 41).

A expressão implica toda uma história de ideias e carrega a sua própria historicidade, composta por vários tempos, contextos e sujeitos. O facto de se tratar de uma ideia social e económica, ou de uma doutrina social cujo significado se foi preenchendo através de uma negociação constante entre as palavras (doutrina e discurso jurídico) e as coisas (organizações), empresta a este conceito uma densidade histórica mais do que suficiente para que o possamos tomar como categoria histórica. Embora a expressão seja compósita e redundante, porque toda a economia é social, o conceito que traduz comporta em si mesmo uma relação dinâmica e historicamente verificável entre um sujeito (a ideia) e um objeto (organizações e práticas sociais).

Assim entendida, a economia social é um conceito dinâmico, em constante renovação, ainda que durante boa parte do tempo tenha permanecido latente. No plano doutrinário, a expressão nasceu em França nos anos trinta do século XIX, muito ligada a propostas de moralização da sociedade, num contexto social e económico em que as elites aristocráticas e alguns sectores burgueses temiam que o corpo social fosse corrompido pela industrialização e pelos efeitos imprevisíveis do pauperismo (Gueslin, 1998: 27-83).

2. Origens e afluentes

Em 1830, o economista francês Charles Dunoyer (1786-1862), numa apologia da liberdade do trabalho, publica em Paris o seu *Nouveau Traité d'Économie Sociale* e, anos depois, o mesmo autor promove um curso de Economia Social na Universidade flamenga de Louvain. Apesar da crítica que os primeiros cultores da economia social dirigiram ao liberalismo económico, ou a uma economia política demasiado centrada nas riquezas e pouco atenta aos custos humanos da indústria, não se pode dizer que nas suas origens a economia social fosse uma doutrina progressista ou comprometida com a justiça social (Horne, 2004: 41-49).

A conjugação dos dois termos que compõem a expressão economia social nunca deixou de se prestar a entendimentos ambíguos e a manipulações convenientes. O facto de se tratar de uma filosofia moral, habitada por crenças e valores ético-morais que apontam para comunidades auto-organizadas que se declaram alternativas ao sistema capitalista, explica essas hesitações e quase autoriza o uso instrumental do conceito. Num plano apenas literal, o conceito de economia social é redundante, dado que toda a atividade económica ou qualquer forma de economia, por incipiente que seja, implica relações sociais e formas de poder, sendo certo que os próprios mercados são, como lembrou Karl Polanyi, instituições sociais (POLANYI, 2012).

A economia social é uma ideia humanista e militante que nasceu da confluência entre propósitos de moralização do corpo social e de transformação progressista do sistema capitalista procurando formas de democracia económica. Apesar da generosidade das suas próprias utopias, a economia social não pode ser apenas uma expressão conveniente e sobranceira, julgando que a sua natureza lendária e a dimensão ética que lhe está associada valem por si próprias. Essa evidência, hoje mais nítida do que nas últimas décadas, nomeadamente em Portugal, não diminui a necessidade de uma definição histórica do conjunto de ideias, organizações e práticas sociais que correspondem ao atual significado de economia social (NAMORADO, 2017).

Essa ideia de uma «economia nova», ou alternativa, encerra um património admirável e lendário, que assenta em valores éticos de raiz humanista, democrática e solidária. Ainda assim – ou precisamente por isso –, as suas práticas e organizações estão sempre à prova. Historicamente, nos estatutos e na ação concreta das organizações, esses valores deram forma aos princípios de cooperação, reciprocidade, solidariedade e responsabilidade coletiva. A ideia de socialização do lucro – princípio e fim da empresa capitalista –, ou mesmo a sua recusa, bem como a cooperação para benefício de um território de pertença ou de uma dada comunidade, são traços salientes que afastam as organizações da economia social do sistema e do espírito capitalistas.

Embora os seus membros e beneficiários também tenham estabelecido alianças com o socialismo revolucionário (SINGER, 2018: 23-35), no seu percurso histórico a economia social mostrou-se especialmente empenhada no reformismo social – progressista ou conservador, laico ou cristão, mais cooperativo ou mutualista. O saldo histórico da economia social demonstra que os seus protagonistas e organizações foram muito ativos na «invenção do social» (Donzelot, 1994: 125-140), e na construção de experiências de democracia económica que continuam a ter no modelo dos pioneiros de Rochdale a sua referência mais inspiradora e lendária (Holyoake, 2017).

Em França, o berço da economia social moderna que se institucionaliza em finais do século xix, distinguem-se duas tendências contraditórias no movimento associativo: o ideal republicano herdado da Revolução Francesa recusava qualquer mediação entre os indivíduos e o Estado, enquanto as ideologias e correntes anti-individualistas reconheciam a importância dos corpos sociais intermédios (Kaplan e Minard, 2004: 5-34). Já na Grã-Bretanha, as ideias de socialismo utópico fizeram nascer inúmeras experiências cooperativas nas quais a lógica de comunidade era vista como a melhor forma de responder a necessidades específicas e de promover relações sociais coesas (Hardy, 1979: 20-21).

Composta por diversos afluentes ideológicos e por um leque de organizações que, ao longo do tempo, pouco convergiram entre si, a economia social não deixa de expressar denominadores comuns que intersectam a sua diversidade doutrinária e organizativa. Além da natureza auto-organizada, voluntária e tendencialmente democrática das suas organizações, em especial as do campo associativo e cooperativo, nos séculos xix e xx a economia social ergueu-se fundamentalmente contra os excessos do capitalismo liberal. As práticas associativas operárias foram, muitas vezes, formas de emancipação política que alimentaram movimentos sociais de fundo impacto. Sem contradição, a economia social também se insurgiu contra a burocracia centralista do próprio Estado social do qual se tornou muito dependente, primeiro no plano da tutela técnico-política e, depois, em termos de financiamento público (Garrido e Pereira, 2018: 15-36).

Nos países europeus que conheceram os primeiros ensaios do Estado-providência (Esping-Andersen, 1990), a institucionalização de seguros obrigatórios contra riscos sociais muito próprios da era industrial, processo legislativo iniciado na Alemanha de Bismarck nos anos oitenta do século xix, despertou alguma hostilidade relativamente à ação voluntária das mutualidades, cooperativas e pequenas caixas de seguro social. A viragem do século xix para o século xx é um momento decisivo de tensão entre as dinâmicas voluntárias e associativas conotadas com a economia social, ou assim declaradas garbosamente, e a institucionalização dos seguros sociais obrigatórios, em especial na área dos acidentes de trabalho (Moses, 2018: 18-36).

Quando procuramos compreender a economia social na sua historicidade concreta, por dentro das organizações que deram forma à «ideia nova» que veio propor, ela apresenta-se por vezes com alguma sobranceria, como ideia social e económica que traduz valores superiores e práticas mais justas que supostamente valem por si. Apesar da sua expressão ideológica variada e de ter encontrado no cooperativismo socialista o seu expoente ético, jurídico e organizacional – talvez o seu modelo mais alternativo ao capitalismo –, a economia social vai muito além do campo dos socialismos. Mas quando se apresenta com intenção paradigmática ou demasiado apegada aos seus mitos fundacionais, acaba por negar o seu carácter experimental, contingente e diverso, correndo o risco de desbaratar a sua lendária resistência e o sentido alternativo dos seus valores e práticas. Também por isso, ou essencialmente por isso, importa conhecê-la na sua historicidade, isto é, no seu tempo e nos múltiplos contextos de interação que estabeleceu dentro do sistema capitalista, isto é, em plena coabitação com o Estado e com o mercado (Laville, 2018: 83-100).

A história da economia social e as raízes culturais das entidades que hoje a compõem remontam a formas ancestrais de associação humana onde já se vislumbram formas auto-organizadas de vida económica de natureza reciprocitária e práticas de assistência e de seguro coletivo criadas para prevenir riscos sociais elementares. Contudo, nessa longa viagem histórica à descoberta de si própria, beneficiando da adaptabilidade que sempre manifestou diante de contextos económico-sociais em transformação, a economia social só adquiriu uma expressão organizativa contundente e um significado preciso quando o Estado outorgou a liberdade de associação (Gueslin, 1998: 17-34). Quando tal aconteceu em diversos países europeus, em finais do século XIX e no mesmo contexto em que surgiram os seguros sociais obrigatórios de iniciativa estatal, a definição da economia social e a sua afirmação no grande pavilhão de ideias do novo século não resultaram tanto da proclamação doutrinária de grandes pensadores, como da ação concreta das organizações que no terreno se multiplicavam – associações de diversa natureza, mutualidades e cooperativas, o tríptico fundamental.

Na história da Idade Média encontram-se inúmeras organizações nas quais o uso da técnica dos seguros mútuos e de outras formas de socialização dos riscos já era muito evidente. Religiosas ou laicas, essas práticas corporativas e comunitárias eram de natureza associativa e comunitária, mas não primavam pela liberdade de associação, antes se filiavam na rigidez hierárquica da ordem feudal. A limitação das liberdades do trabalho e a sua submissão aos poderes políticos senhoriais eram os traços comuns.

Na sua busca incessante de origens lendárias e puras para a economia social, muitos doutrinadores e dirigentes abusam desse exercício filogenético. Na verdade, boa parte da tradição mutualista medieval insere-se melhor na história do corporativismo do que no percurso histórico da economia social, ainda que entre as duas doutrinas haja mais afinidades teóricas e práticas do que parece. No entanto, há uma diferença fundamental entre uma e outra: o corporativismo dos séculos XIX e XX é uma ideia funcional e contrarrevolucionária que, nas suas diversas versões históricas, nunca deixou de eleger como prioridade a limitação da liberdade do trabalho (KAPLAN e MINARD, 2004: 27-34).

São mais progressistas e humanos os fins da economia social, salvo no breve período em que se confundiu com a sociologia católica, moralista e reacionária de Fréderic Le Play e seus pares, até aos anos noventa do século XIX. O testemunho mais eloquente desse entendimento conservador da economia social encontra-se no pavilhão que lhe foi dedicado na Exposição Universal de Paris, em 1867, de que foi comissário o próprio Le Play, um engenheiro metalúrgico pioneiro da *Sciencia Social* (HORNE, 2004: 28-31). Longe de entender a economia social como um conjunto de práticas de proteção social geradoras de progresso e equidade, Le Play entendia-a como ciência normativa e moralista, enquanto dispositivo de manutenção de uma ordem social contrarrevolucionária. Além disso, a solidariedade que hoje reclamam os adeptos de uma economia mais solidária do que social radica nos novos movimentos sociais e num variado conjunto de práticas comunitárias e multiculturais de âmbito local. A solidariedade anticapitalista não se confunde «com aquela outra solidariedade, de base religiosa ou secular, fundada nos valores da caridade, do altruísmo ou da filantropia» (HESPANHA, 2018: 13).

Na Inglaterra da segunda metade do século XVIII, a multiplicação das *Friendly Societies*, que depressa floresceram nos Estados Unidos, na Austrália e mesmo na Nova Zelândia, já denunciava um movimento emancipador da sociedade civil cuja aspiração concreta residia nos seguros sociais. No plano das organizações, e por aquilo que as *Friendly Societies* contribuíram para o crescimento e afirmação do movimento mutualista, talvez sejam elas as origens mais eloquentes da economia social moderna, juntamente com uma série de micro-organizações mutualistas que assentam numa lógica de socialização dos riscos. Ao lado das antigas instituições de caridade, apareceram também as academias e as sociedades recreativas e de instrução, bem como numerosas associações liberais, muitas delas clandestinas, ligadas à Maçonaria.

O individualismo liberal, de raiz iluminista, e a razão soberana do Estado, com raízes na Época Moderna, depressa se confrontaram com o vazio de representação dos corpos intermédios e das organizações de trabalhadores que reclamavam liberdade de associação. Os excessos de 1791, em particular a proibição das corporações profissionais definida pela lei Le Chapelier – assente na ideia revolucionária de defender o cidadão, as liberdades individuais e a propriedade livre –, acabaram por limitar severamente o acesso ao trabalho, e por criar um vazio nas sociabilidades laborais (Kaplan e Minard, 2004: 5-34).

Paradoxalmente, em França e noutros países que conheceram revoluções liberais que abriram caminho à estatização da solidariedade social, o centralismo do Estado e a sua recusa em reconhecer corpos intermédios estimularam o crescimento das associações socioprofissionais e sindicatos operários clandestinos. Agitando o fantasma do regresso clandestino das corporações de trabalhadores, quer o Código Penal francês de 1810, quer vários decretos publicados nos anos de 1830 e 1840, ilegalizaram as cooperativas c as mutualidades.

A Revolução de 1848 e a insurreição popular da Comuna de Paris, em 1871, consentiram breves períodos de liberdade associativa. Mas só o espectro do marxismo e das revoluções proletárias havia de pressionar as monarquias liberais e repúblicas a reconhecerem a liberdade de associação e a oferecerem às organizações voluntárias de seguro social (cooperativas, pequenas mutualidades e outras associações) um quadro jurídico que lhes permitisse sobreviver.

Apesar das interdições à liberdade associativa decretadas pelo liberalismo triunfante, nos países mais adiantados o capitalismo industrial despertou um forte movimento de criação de associações operárias, cooperativas de produção e consumo, e sociedades de seguro mútuo. Todas se multiplicaram nas grandes cidades, junto das concentrações manufatureiras e dos núcleos urbanos de comerciantes e lojistas. Volvidas as revoluções liberais, depressa se percebeu que a impossibilidade de formar associações deixava os indivíduos desarmados perante os patrões e as elites políticas burguesas (Castel, 1995: 48-64).

A associação voluntária e contratualizada de trabalhadores para enfrentarem riscos comuns abriu, assim, o campo das sociabilidades laborais e conduziu à reinvenção de corpos sociais intermédios. Em meados do século xix, a previdência, os socorros mútuos e a própria instrução passaram a resultar, também, da associação de trabalhadores, de famílias e de outras associações. Protegidas pelo novo direito de associação, essas dinâmicas isentaram o Estado liberal de responsabilidades diretas no campo da solidariedade social, exceto em contextos epidemiológicos que justificassem limitações da liberdade individual. Perante esse novo ambiente legal, um pouco por toda a Europa, o Estado recuou da intervenção para a regulação e vigilância das organizações associativas.

Na sua *Memoir on pauperism*, editada em 1835, Alexis de Tocqueville procurou expor a historicidade concreta da pobreza, salientando a aparente contradição de haver em Inglaterra mais indigentes do que em Portugal, um país pobre. De acordo com o sociólogo francês, a indústria trouxera um novo padrão de pobreza, que se tornou muito próprio de sociedades avançadas. Segundo Tocqueville, o pauperismo era o fruto negro do advento industrial; a nova pobreza que expunha uma fração cada vez maior de indivíduos às violências do mercado, transformando em necessidades um número crescente de bens e serviços, anteriormente supérfluos. O «novo tipo de pobreza característico da modernidade» despertou o aparecimento de novas leituras do problema (Águas e Neves, 2016: 27-28). Basicamente, essas propostas rejeitavam a identificação do pauperismo com a indigência e a mendicidade, vistas até então, nomeadamente pelo clérigo liberal Thomas Malthus, como condição natural ou sortilégio divino.

Nos anos trinta e quarenta do século xix, a invenção da economia social e a emergência da sociologia inscrevem-se nesta viragem. A denúncia crescente das limitações da assistência oficial (laica e religiosa) e a pressão exercida sobre os poderes públicos para que assumissem um reformismo social atestam a produção de conhecimento científico empenhado em oferecer respostas concretas para o fenómeno do pauperismo.

Esmagada pelo grande confronto entre liberalismo e socialismo, a ideia de economia social não conheceu uma genealogia histórica linear. Colheu ideias de ambos os lados e habitou, durante largos anos, um espaço marginal de crítica à economia política liberal, cujos principais autores pouco ou nada se preocupavam com a redistribuição e com as formas alternativas de produção de bens e serviços (Gueslin, 1998; Horne, 2004). No entanto, a própria economia social não esteve isenta de cooptação e disputa por parte dos intelectuais e práticos que buscavam uma *sciencia social* totalizante e moralista, obviamente conservadora. Por esse e por outros caminhos, as tentativas e formas de superação do individualismo também abriram caminho a formas de «desassociação» (Laville, 2018: 62).

3. Uma construção doutrinária variada e plural

O pluralismo ideológico das doutrinas e organizações que confluíram na noção de economia social, tal como ela se declarou e afirmou em finais do século XIX através da ação carismática de Charles Gide e do papel socializador da grande Exposição Universal de Paris de 1900, é a principal característica de um percurso dialético (Demoustier, 2003: 20-64). Embora cheio de descontinuidades e tensões, esse percurso histórico afirmou princípios comuns que ainda hoje são pujantes.

O socialismo associativo (*associationniste*, na expressão francesa) foi o primeiro afluente da economia social, tal como ela se construiu e sedimentou na viragem do século XIX para o século XX. Na década de quarenta de Oitocentos, os franceses Constantin Pecqueur e François Vidal deram sequência às utopias socialistas de Saint-Simon, Fourier, Proudhon e Buchez e empregaram a expressão «economia social» (Gueslin, 1998: 27-83). Reclamavam já uma ciência económica capaz de incluir a redistribuição e de fazer frente aos problemas sociais através da associação de trabalhadores.

No contexto da Revolução de 1848, esses e outros pensadores não recusavam que o papel das associações fosse articulado com a intervenção reformista do Estado sobre os problemas sociais. De forma mais sofisticada, no seu manual de economia social editado em 1883, Benoît Malon deu sequência a esta linha de socialismo associativista, mais tarde também subscrita por Marcel Mauss, cuja ideia de uma economia assente em socializações voluntárias (a teoria do dom) demorou a ser reconhecida (Godbout, 1996). Associacionistas célebres como Philippe Buchez (1796-1865) e o seu principal seguidor, o jurista alsaciano Auguste Ott (1814-1903), tal como o jornalista republicano Louis Blanc (1811-1882), defendem a ideia de associação dos trabalhadores como garantia do direito ao trabalho. Esta vinculação do movimento associativo a direitos laborais embrionários era, também, uma forma de denúncia dos efeitos violentos da concorrência de mercado liberal e uma proteção básica contra o pauperismo (Demoustier e Rousselière, 2004: 7).

A influência dos associativistas franceses junto do movimento operário internacional foi intensa na década de setenta do século XIX, mas parece ter criado uma identificação abusiva, talvez demasiado redutora, entre socialismo e economia social. Apesar da simpatia inicial de Marx pelas cooperativas de produção, não tardou que as teses coletivistas vissem na economia social um mero expediente de proteção social e de educação dos mais pobres e, quando muito, um instrumento do combate político revolucionário (Defourny e Nyssens, 2017: 34).

Marx não atribuiu importância ao cooperativismo de consumo. Via nas cooperativas de produção a prova do carácter supérfluo do proprietário capitalista. Para Marx e Engels, o cooperativismo não era mais do que uma etapa intermédia na transição histórica para uma economia e sociedade comunistas. Marx entendia que os esforços cooperativos, pelo facto de resultarem de iniciativas dispersas de operários, não eram capazes de emancipar as massas e libertá-las da pobreza. Segundo Marx e os marxistas de várias gerações, as cooperativas eram micro-organizações onde imperava uma produção socializada, mas que não deixavam de atuar no âmbito da economia capitalista (Claeys, 2011: 521-537). Daí o divórcio histórico entre os socialismos revolucionários e as principais correntes que alimentaram a ideia e as organizações de economia social, nomeadamente no âmbito do sector cooperativo e das suas organizações internacionais.

Não sendo um sinónimo doutrinal do socialismo associativo, o socialismo cristão teve grande importância no impulso que deu ao fenómeno cooperativo, em especial no arranque da Aliança Cooperativa Internacional. Embora se possa questionar a autenticidade do socialismo cristão na defesa dos interesses dos trabalhadores – de um *aggiornamento* antirrevolucionário se tratou, na maioria dos casos – é certo que um dos pilares do movimento operário residiu no cooperativismo, cujo principal afluente de ideias reside no socialismo cristão.

O pensamento liberal não ficou completamente à margem do debate social nem das dinâmicas associativas que alimentaram a economia social. Apesar das suas ambiguidades, o liberalismo social teve uma expressão importante nas disputas ideológicas e práticas em torno do pauperismo e de outros tópicos centrais da «questão social».

No entanto, as demais propostas que alimentaram a ideia de economia social escolheram o liberalismo individualista e burguês como alvo favorito das suas críticas. O filósofo e economista inglês John Stuart Mill (1806-1873) foi, com certeza, o mais célebre dos pensadores liberais que se interessaram pela economia social. Em especial, se atendermos às suas conceções utilitaristas sobre o altruísmo, e se lembrarmos as suas considerações de economia política acerca da distribuição social da riqueza. Sem colocar em causa a concorrência e as leis de mercado, Stuart Mill elogiou o papel das cooperativas chegando a propor um «socialismo descentralizado», modelo equivalente a um socialismo cooperativo (Légé, 2006: 167-185).

Descontando as variedades desta corrente de pensamento, é fácil notar que para os adeptos do liberalismo social a liberdade económica implica uma certa auto-organização social. Os franceses Charles Dunoyer e Frédéric Passy foram bons apóstolos do liberalismo económico e da economia social, ao mesmo tempo e sem aparente contradição. Noutro plano, destacou-se o economista suíço Léon Walras, dada a importância que atribuiu às associações populares, bem como o alemão Schulze-Delitzsch e o italiano Luzzatti, pelo papel que tiveram na emergência das cooperativas de crédito e na sua difusão no espaço europeu (Gueslin, 1998: 118 189).

O cristianismo social foi outro dos principais afluentes teóricos da economia social, seguramente um dos mais importantes (Gueslin, 1998: 104-108). Sobretudo na sua versão católica e conservadora, cujo principal doutrinador foi Frédéric Le Play. Defensor de uma moral social retificadora da pobreza, capaz de dar combate à miséria social, Le Play foi um divulgador bem-sucedido da economia social, expressão que o próprio consagrou ao fundar, em 1856, uma sociedade de estudos de economia social e uma revista com o mesmo fim. Baseados na observação direta, os inquéritos sociais de Le Play tiveram uma importância fundamental para o conhecimento das condições sociais dos trabalhadores. O sociólogo católico não negava o papel reformista das cooperativas, mas preferia o incentivo do papel filantrópico dos patrões católicos e das velhas instituições de caridade cristã.

Nos Estados alemães, fora do campo católico, mas num registo igualmente conservador da ordem social, destacaram-se as experiências cooperativas e mutualistas de Raiffeisen. Na Prússia, fundou as primeiras caixas cooperativas de crédito rural, instituições que depressa se difundiram e cuja fama chegou a diversas partes da Europa (GUESLIN, 1998: 97-100). Essas caixas e cooperativas agrícolas deram resposta às necessidades de pequenos produtores atingidos pela grande crise europeia (1873-1895), que se viram desprovidos de meios para realizar uma agricultura extensiva.

O encorajamento de uma certa ideia de economia social por parte dos «papas sociais», em especial por Leão XIII na célebre encíclica *Rerum Novarum*, de 1891, empurrou a Igreja Católica para o combate político em torno da «questão social» e aproximou a doutrina social romana das correntes organicistas e contrarrevolucionárias que tiveram o seu expoente no corporativismo autoritário. Nas encíclicas papais e na propaganda social católica, ganhou evidência a exprobração violenta dos grandes defeitos do liberalismo (o isolamento do indivíduo) e do jacobinismo (a anulação do indivíduo pelo Estado), respetivamente (KAPLAN e MINARD, 2004: 22-31). Para os católicos sociais seria necessário superar uma e outra via por meio de uma recristianização da sociedade. Tal caminho implicaria o restabelecimento de corpos sociais intermédios e assumir um princípio de subsidiariedade entre a ação social do Estado e as obras sociais católicas, incluindo os sindicatos de trabalhadores. Não por acaso, quase um século depois seria essa a bandeira da revolução social-católica anunciada na Polónia pelo movimento *Solidariedade*.

4. A génese da economia social moderna

O solidarismo foi o principal afluente da economia social no período histórico em que ela se declarou como «economia nova» e mais se afirmou no plano internacional. O solidarismo deu uma expressão mais progressista ao discurso doutrinal do cristianismo social, mas dele rejeitou o sentido conservador e o moralismo conservador dos autores católicos

(Blais, 2007). Os franceses Auguste Ott, discípulo do socialista Buchez, e Charles Gide (1847-1932)[1], o fundador da economia social moderna, foram longe nas suas propostas cooperativas de democracia económica; ambos entendiam que a socialização educativa das práticas associativas e cooperativistas deveria garantir a renovação social.

Charles Gide celebrizou-se pelo modo como inscreveu no espaço público europeu o conceito e as virtualidades práticas da economia social, e pelo impulso que deu ao cooperativismo socialista de base cristã (Horne, 2004: 89-97). O solidarismo social-protestante de Gide e da sua Escola de Nîmes, criada em 1895, assumiu a utopia de abolir o capitalismo e o próprio trabalho assalariado por meio da cooperação, mas sem sacrificar a propriedade privada, nem as liberdades conquistadas com a Revolução Francesa. Charles Gide abriu assim uma via reformista que conduziu a economia social a compromissos crescentes com as democracias liberais e a uma institucionalização crescente. Se o socialismo associativista privilegiara as cooperativas de produção, Gide viu nas cooperativas de consumo e no exemplo britânico de Rochdale o motor de uma transformação social gradualmente revolucionária. Aliás, no arranque da Aliança Cooperativa Internacional as ideias cooperativistas radicadas no cristianismo social foram importantes, mas também o foram as práticas de Rochdale e outras experiências históricas de cooperação.

Assumidamente reformista, a subcorrente laica e republicana do solidarismo, onde se destacou o internacionalista Léon Bourgeois, pressionou muito as monarquias liberais e a comunidade internacional a adotarem leis sociais reformistas, bem como os princípios mutualistas e cooperativos, como as formas mais elevadas de construção do «progresso social». Essa pressão reformista dos cultores da nova economia social também ajudou a

[1] Charles Gide estudou Direito em Paris antes de se tornar professor de Economia. Ensinou nas universidades de Bordéus, Montpellier e Paris. Socialista e cristão-protestante, na década de oitenta do século XIX participou ativamente no movimento cooperativo francês. Defensor das cooperativas de consumo, entendia que elas eram uma escola de conhecimentos para a classe operária, na medida em que a preparavam para aceder ao lugar a que teria direito na escala social. Em 1887, Gide criou a *Revue d'économie politique* de que foi chefe de redação até ao fim da sua vida. Já no século XX, participou no movimento de criação de universidades populares, e de 1921 a 1930 foi professor no Collège de France, em Paris, onde lecionou Economia Social, financiado pelo próprio movimento cooperativo.

nascer o direito social, a base constitutiva dos futuros Estados-providência (DONZELOT, 2003: 125-140).

Na segunda metade do século XIX, em particular depois da edição de *O Capital,* de Karl Marx (1867-1894), e dos *Elementos de Economia Política Pura* de Léon Walras (1874), a expressão «economia social» já adquirira outros significados. Até aí designava qualquer atividade de produção que funcionasse de modo diferente da que fora descrita pelos economistas clássicos. Depois de Marx e Walras, a economia social manteve o seu horror à economia política liberal, mas começou a definir um campo próprio e métodos adaptados ao estudo de subconjuntos de atividades produtivas e outras, num claro contraste com o sistema de regras consagrado na «Economia dos economistas». Apesar dessa clivagem doutrinária e normativa, foram numerosas as reflexões da economia política em torno de temas como o valor do trabalho, o regime de propriedade e a organização das forças produtivas, debates que incluíram argumentos teóricos sobre a economia social, mesmo quando omitiram a expressão.

Os *solidaristas* compunham uma corrente muito expressiva em finais do século XIX. Os doutrinadores e publicistas que assim se definiam, em especial aqueles que abraçaram as soluções cooperativas, colocaram o reformismo social em novos termos e propuseram novas formas de organização. O solidarismo não deixou de ser uma forma aperfeiçoada e mais republicana de associacionismo (CASTEL, 2012: 432-444). Mas é certo que os solidaristas cooperativistas foram muito além da ideia de associação e das respetivas práticas.

O princípio da cooperação voluntária passava a ser a chave da transformação radical, pacífica e global das relações entre os homens. A cooperação deveria constituir o código ético das organizações dedicadas ao progresso social. Charles Gide acreditava que a missão histórica e reformista dessas organizações da nova economia social, doutrina finalmente liberta do moralismo católico reacionário, haviam de opor-se aos monopólios constituintes do «regime económico» que saíra da economia política liberal. No seu relatório da célebre Exposição Universal de 1900, Gide definiu incisivamente as finalidades das «instituições do progresso social»: melhorar as condições de trabalho, buscar o conforto, garantir a segurança em relação ao futuro por meio da previdência; salvaguardar a independência económica do indivíduo e da sua família, mantendo ou criando propriedade individual (HORNE, 2004: 81-84).

Historiador do pensamento económico empenhado em fundar uma economia política comprometida com o seu tempo histórico e social, Gide interpretou o espírito do solidarismo, anunciando uma «economia nova» – a *economia social*. Sem recurso à violência revolucionária e evitando a expropriação, sem negar as liberdades da Revolução, mas sem abolir a propriedade privada, Gide acreditava numa progressiva extinção do sistema capitalista. Em seu entender, as práticas de ajuda mútua que haviam sido teorizadas pelos associacionistas e a defesa de uma educação económica perseverante que deveria ser confiada às cooperativas, seriam os fatores decisivos do «progresso social» e da própria transformação humana.

A economia social de Gide foi aquela que mais penetrou em Portugal, sobretudo através de António Sérgio, a partir dos anos vinte. Essa economia social moderna, fundamentalmente cooperativa, mas aberta a outras dinâmicas organizativas, era um *corpus* teórico distinto da linha social-cristã que a precedeu, dominada pelo pensamento de Le Play, e da economia política liberal na generalidade das suas ideias e autores (Garrido, 2016: 125-222).

Entre os afluentes doutrinais e práticos que atestam o pluralismo da economia social resta a filantropia. A tradição filantrópica é transversal a diversas ideologias e grupos sociais. Embora a filantropia tenha nascido vinculada às ideias conciliadoras do liberalismo social e à ousadia paternalista dos grandes patrões da indústria que praticavam obras sociais de inspiração cristã ou laica, ela também se identifica com o interesse mútuo das classes populares em construírem, por elas próprias, respostas coletivas para necessidades e riscos sociais comuns (Castel, 2012: 416-429). Mais ancestrais e muito enraizadas nas sociedades cristãs são as obras de caridade dirigidas aos pobres, e as associações laicas de beneficência. As segundas encontram na tradição britânica das *charities* e nas práticas de voluntariado em prol do bem-comum, muito frequentes nos países de cultura protestante e puritana.

Cada corrente da economia social e cada uma das suas atuais entidades e organizações tem a sua história e o seu percurso. Apesar destes múltiplos afluentes doutrinários e da diversidade de práticas que comporta, a economia social também sabe invocar a sua unidade e ritualizar aquilo que nela é comum. Começou, aliás, por se afirmar dessa maneira e por competir com outras doutrinas económicas e sociais através do culto identitário e da simbolização unitária.

A alegoria exibida por Charles Gide no pavilhão da economia social da Exposição Universal de Paris de 1900 comparava a «economia nova» a uma catedral (Horne, 2004: 80-101). Na grande nave central exibiam-se todas as formas de livre associação destinadas a emancipar a classe trabalhadora pelos seus próprios meios; numa das alas laterais mostravam-se todas as formas de intervenção do Estado na «questão social»; na outra ala do templo representavam-se todas as modalidades de proteção social promovidas pelos patrões. Em baixo, na cripta, uma visão do «inferno social»: o pauperismo, o alcoolismo, o analfabetismo e outras evidências de miséria social. No entendimento de Gide, a economia social era um conjunto, um espaço socioeconómico, que articulava as três dimensões em exposição e que não dispensava o reformismo social do próprio Estado.

O principal interesse de Gide eram as «instituições de progresso social» e o reformismo que podiam protagonizar. Para trás ficara o sincretismo moralista das primeiras formulações da economia social que, durante décadas, fora sobretudo um corretor de vícios do corpo social atingido por uma pobreza endémica. As «instituições de progresso social» incluíam as obras sociais do grande patronato – em acentuado declínio na viragem do século –, as associações (cooperativas, mutualidades e sindicatos de trabalhadores) e o direito social em emergência (Castel, 2012: 393). Dotadas de uma identidade comum traduzida na ideia de economia social, expressão que já fora aplicada na Exposição Universal de 1867, essas organizações seriam os agentes fundamentais da previdência, da dignidade humana e da melhoria das condições de trabalho. Já então se declarava uma economia social que assumia a sua função complementar do papel previdente do Estado.

A visão integradora de Gide não era, contudo, meramente social; a sua «república cooperativa» exprimia ideias de economia política inspiradas em Léon Walras e na sua crítica contundente às escolas liberal, socialista e histórica alemãs. No entendimento de Gide e Walras, a economia social era uma «economia nova», a ciência da repartição da riqueza, da justiça social e das relações humanas (Demoustier, 2003: 32-33).

Em suma, é a noção de «progresso social» – expressão muito mais comum na época do que a sucedânea de «justiça social» –, que dá corpo à economia social nascente. Era uma doutrina e uma prática que articulava o papel autónomo das associações livres, o reformismo social do Estado e a filantropia patronal. Na asserção lendária de Charles Gide, exaltava-se o socialismo associativo, mas afirmava-se a complementaridade do papel social das organizações voluntárias, privadas e auto-organizadas relativamente às funções sociais do Estado, uma invenção desta época. Havia, porém, um longo caminho a fazer.

REFERÊNCIAS BIBLIOGRÁFICAS

Águas, Frederico; Neves, José (orgs.), *O Espectro da Pobreza*, Lisboa, Mundos Sociais, 2016.

Alcoléa, A. M., *Pratiques et théories de l'économie solidaire*, Paris, L'Harmattan, 2004.

Audard, Catherine, *Qu'est-ce que le libéralisme? Éthique, politique, société*, Paris, Gallimard, 2009.

Blais, Marie-Claude, *La Solidarité. Histoire d'une idée*, Paris, Gallimard, 2007.

Bouchard, Marie J.; Richez-Battesti, Nadine, «L'évaluation de l'économie sociale et solidaire: une perspective critique et international», in *Économie et Solidarités*, vol. 39, n.º 1, 2008.

Briggs, Asa, «The Welfare State in Historical Perspective», in *European Journal of Sociology*, vol. 11, 1961, pp. 221-258.

Castel, Robert, *Les metamorfoses de la question sociale. Une chronique du salariat*, Paris, Gallimard, 2012.

Claeys, Gregory, «Non-Marxian socialism 1815-1914», *in* Gareth S. Jones e Gregory Claeys (eds.), *Nineteenth-Century Political Thought*, Cambridge, Cambridge University Press, 2011, pp. 521-555.

Cattani, Antonio David; Laville, Jean-Louis; Gaiger, Luiz Inacio; Hespanha, Pedro (orgs.), *Dicionário Internacional da Outra Economia*, Coimbra, Almedina/CES, 2009.

Defourny, Jacques; Nyssens, Marthe (dir.), *Économie sociale et solidaire. Socioéconomie du 3e secteur*, Bruxelles, De Boeck, 2017.

Defourny, Jacques; Monzón Campos, José Luis, *Économie sociale. Entre économie capitaliste et économie publique*, Paris, De Boeck, 1992.

Demoustier, Danièle, *L'économie sociale et solidaire*, Paris, Éditions La Découverte, 2003.

Demoustier, Danièle; Rousselière, Damien, «Social economy as a social science and practice: historical perspectives on France», Eleventh World Congress of Social Economics, *Social Economics: a Paradigm for a Global Society*, Albertville, 8-11 Juin 2004, [documento online].

Desroche, Henri, *Histoires d'économies sociales. D'un Tiers État au tiers secteur, 1971-1991*, Paris, Syros/CJDES, 1991.

– *Pour un traité d'économie sociale*, Paris, Coopérative d'Information et d'Édition Mutualiste, 1983.

Donzelot, Jacques, *L'invention du social. Essai sur le déclin des passions politiques*, Paris, Éditions du Seuil, 1994.

DORING, Ralph; KEGLER, Harald; ZIMMERMAN, Katrin, *People's Economy. Approach Towards a New Social Economy in Europe*, Berlin, Fund. Bahons, 1996.

ESPING-ANDERSEN, G., *The Three Worlds of Welfare Capitalism*, Princeton, Princeton University Press, 1990.

FAUQUET, Georges, *O Sector Cooperativo*, Lisboa, Livros Horizonte, 1979.

FERREIRA, Sílvia, *O papel das organizações do terceiro sector na reforma das políticas públicas de proteção social. Uma abordagem teórico-histórica*, Coimbra, Tese de Mestrado em Sociologia apresentada à FEUC, 2000.

FRASER, Derek, *The Evolution of the British Welfare State. A History of Social Policy since the Industrial Revolution*, London and New York, Palgrave Macmillan, 2003.

FRÉMEAUX, Philippe, *La Nouvelle Alternative? Enquête sur l'économie sociale et solidaire*, Paris, Alternatives Économiques/Les Petits Matins, 2011.

GARRIDO, Álvaro, *Cooperação e Solidariedade – Uma História da Economia Social*, Lisboa, Tinta-da-China, 2016.

– «A institucionalização do "social" no Estado Novo português: previdência corporativa e seguros sociais voluntários», in *Estudos Históricos*, vol. 31, n.º 64, maio-agosto 2018, pp. 197-218.

GARRIDO, Álvaro; PEREIRA, David, *A Economia Social em Movimento – Uma História das Organizações*, Lisboa, Tinta-da-China, 2018.

GODBOUT, Jacques, «Les bonnes raisons de donner», *La revue du MAUSS semestrielle: l'obligation de donner. La découverte sociologique capitale de Marcel Mauss*, n.º 8, 1996.

GUESLIN, André, *L'Invention de l'Économie Sociale. Idées, pratiques et imaginaires coopératifs et mutualistes dans la France du XIXe siècle*, Paris, Economica, 1998.

HESPANHA, Pedro, «A economia solidária em Portugal: algumas questões e desafios», in *Le Monde Diplomatique*, n.º 142, agosto de 2018, pp. 12-14.

HESPANHA, Pedro; SANTOS, Aline Mendonça dos (orgs.), *Economia Solidária: questões teóricas e epistemológicas*, Coimbra, Almedina/CES, 2011.

HOLYOAKE, George-Jacob, *Histoire des Équitables Pionniers de Rochdale*, Paris, Éditions du Commun, 2017.

HORNE, Janet, *Le Musée Sociale. Aux Origines de L'État Providence*, Paris, Belin, 2004.

JEANTET, Thierry, *L'économie sociale. Une alternative au capitalisme*, Paris, Economica, 2008.

LAVILLE, Jean-Louis, *A Economia Social e Solidária. Práticas, Teorias e Debates*, Coimbra, Almedina/CES, 2018.

– *L'économie solidaire. Une perspective internationale*, Paris, Hachette, 2007.

LÉGÉ, Philippe, «Socialismo y utilitarismo en la economia política de John Stuart Mill», in *Lecturas de Economía*, n.º 64, janeiro-junho 2006, pp. 167-185.

KAPLAN, Steven Laurence; MINARD, Philippe (dirs.), *La France, malade du corporatisme? XVIIIe-XXe siècles*, Paris, Éditions Belin, 2004.

LEITE, João Salazar, *Enquadramento Histórico-Social do Movimento Cooperativo*, Lisboa, INSCOOP, 1994.

LIPIETZ, Alain, *Pour le tiers secteur. L'économie sociale et solidaire: pourquoi et comment*, Paris, La Découverte/ La Documentation française, 2001.

MONZÓN CAMPOS, José Luis; CHAVES ÁVILA, Rafael, *Evolución reciente de la Économia Social en la Unión Europea*, Bruselas, Unión Europea, Comité Económico y Social Europeo, 2017.

MOSES, Julia, *The First Modern Risk: Workplace Accidents and the Origins of European Social States*, Cambridge, Cambridge University Press, 2018.

MOULAERT, Frank; AILENEI, Oana, «Social Economy, Third Sector and Solidarity Relations: A Conceptual Synthesis from History to Present», in *Urban Studies*, vol. 42, n.º 11, October 2005, pp. 2037-2053.

NAMORADO, Rui, *O Mistério do Cooperativismo. Da Cooperação ao Movimento Cooperativo*, Coimbra, Almedina, 2013.

– «O que é a Economia Social?», in *Economia Social em textos*, n.º 1, Coimbra, CECES-FEUC, 2017.

PEREIRA, Miriam Halpern, «As origens do Estado Providência em Portugal: as novas fronteiras entre o público e o privado», in *Ler História*, n.º 37, 1999, pp. 45-61.

ROSENDO, Vasco, *O mutualismo em Portugal: dois séculos de história e suas origens*, Lisboa, Montepio Geral/Multinova, 1996.

SÁ, Isabel dos Guimarães; LOPES, Maria Antónia, *História Breve das Misericórdias Portuguesas*, Coimbra, Imprensa da Universidade de Coimbra, 2008.

SINGER, Paul, *Ensaios sobre Economia Solidária*, Coimbra, Almedina, 2018.

TOPALOV, Christian, *Laboratoires du nouveau siècle. La nébuleuse réformatrice et ses réseaux en France*, 1880-1914, Paris, EHESS, 1999.

VIENNEY, Claude, *L'économie sociale*, Paris, Éditions La Découverte, 1994.

A ECONOMIA SOCIAL NA HIBRIDIZAÇÃO COM O ESTADO, O MERCADO E A SOCIEDADE: PERSPETIVAS ANALÍTICAS MACRO, MESO E MICRO

SÍLVIA FERREIRA*

1. Introdução

Em 2009, o Parlamento Europeu fez um conjunto de recomendações aos Estados-membros e à Comissão Europeia[1], apontando um vasto conjunto de papéis da economia social: reforço do espírito empresarial, criação e manutenção de emprego e melhoria da empregabilidade, promoção da integração social, combater os desequilíbrios do mercado de trabalho, criar e prestar serviços de assistência e de proximidade, contribuir para o desenvolvimento local e a coesão social, promover um funcionamento democrático no mundo empresarial, ajudar a reforçar o papel das comunidades e das autoridades locais, contribuir para a governação, permitir a criação de laços entre os cidadãos e os seus órgãos representativos, ser uma via para a participação, consulta e corresponsabilização.

A proeminência deste terceiro sector, entre o aparelho do Estado e a economia de mercado, tem início com a crise do Estado-providência,

* Professora auxiliar de Sociologia na Faculdade de Economia da Universidade de Coimbra (FEUC), investigadora do Centro de Estudos Sociais e do Centro de Estudos Cooperativos e da Economia Social da FEUC. É doutorada em Sociologia pela Universidade de Lancaster (RU). É cocoordenadora do programa de doutoramento em Sociologia e da pós-graduação em Economia Social: Cooperativismo, Mutualismo e Solidariedade e membro da direção da rede EMES – *European Research Network*. A sua investigação tem focado o terceiro sector e as políticas sociais, o papel das organizações do terceiro sector na promoção da igualdade entre sexos, empreendedorismo social e inovação social na economia social e solidária, empresas sociais, voluntariado, e a governação através de parcerias locais Estado/terceiro sector. Coordena atualmente o projeto TIMES – Trajetórias Institucionais e Modelos de Empresa Social em Portugal, no Centro de Estudos Sociais.

[1] Resolução do Parlamento Europeu, de 19 de fevereiro de 2009, sobre a economia social [2008/2250(INI)].

desde finais dos anos 1960 em várias partes do mundo. O surgimento de iniciativas da sociedade que expressavam ou implicavam uma crítica tanto ao Estado como ao mercado, coincidiu com uma crise fiscal, económica e de legitimidade do Estado-providência e do Estado desenvolvimentista, e com a busca de alternativas por parte da esquerda e da direita políticas (Santos, 2006). É então que o conjunto de organizações, algumas delas centenárias, são descritas como fazendo parte de um «sector» distinto. Ao mesmo tempo que este campo se povoa com um número crescente de organizações, os atores políticos incluem-nas em políticas de retração ou de expansão do Estado social.

Em Portugal, na sequência da Revolução Democrática, este campo de organizações, grandemente animado pelos movimentos sociais, desempenhava um papel importante nos processos de democratização criando canais de participação dos cidadãos e desenvolvendo e fornecendo todo um conjunto de soluções para o incipiente Estado-providência. E já em período de retração, nos anos 1980, as organizações não lucrativas eram preferidas em alternativa à expansão da provisão pública dos serviços sociais (Ferreira, 2000).

Na proposta da Terceira Via, idealizada por Giddens para o New Labour na Grã-Bretanha, que muitos governos de centro-esquerda seguiram a partir de meados da década de 1990, este terceiro sector viu reforçada a sua relevância, já não só como prestador de serviços e bens, monitor, advogado ou intermediário das relações entre o Estado e os cidadãos, mas como parceiro do Estado na nova governação. Em muitos países foram assinados «pactos» entre os governos e o «sector» como um contrato entre duas partes que prometem colaborar. Proliferam as parcerias intersectoriais em várias escalas de governação e áreas de política. Em Portugal, assina-se o Pacto de Cooperação para a Solidariedade Social em 1998, e estabelece-se um vasto conjunto de órgãos de governação em parceria, tanto de nível local, como a Rede Social, os Conselhos Locais de Ação Social, como de nível nacional, como a Comissão para o Mercado Social de Emprego.

Desenhando-se já antes da crise global iniciada em 2008, mas com maior intensidade no eclodir desta e das políticas de austeridade a partir de 2010, o papel deste terceiro sector passa a estar associado aos conceitos de empreendedorismo social e inovação social, num discurso sobre as competências empreendedoras dos indivíduos e das organizações e a sua capacidade de gerar mudança social. Novamente, a atenção e expectativas políticas em relação ao papel deste sector na resolução de problemas sociais e societais é grande.

Em Portugal, no primeiro momento da crise, associado a políticas de investimento como forma de ultrapassar a crise, o governo elabora o PADES – Programa de Apoio ao Desenvolvimento da Economia Social, que perspetiva o papel da economia social como contribuindo para o emprego e o desenvolvimento social; e é também por esta altura que é criada a CASES – Cooperativa António Sérgio para a Economia Social, e o CNES – Conselho Nacional para a Economia Social. Pela primeira vez há uma atenção política sistemática e uma mobilização das organizações no sentido da convergência na ideia de que possuem uma identidade comum, de que podem colaborar em iniciativas e órgãos abrangentes. O segundo momento da crise, pautado pela austeridade, tem como momentos significativos o Programa de Emergência Social, de 2011, com políticas viradas, quer para o apoio às organizações em crise, quer para a promoção do seu papel na resolução da emergência social. O discurso dominante é o do fracasso do Estado social e o da opção preferencial pela coordenação local do bem-estar pelo terceiro sector, como acontece na proposta da Rede Local de Intervenção Social, ou pela resolução de problemas sociais e societais de forma inovadora a partir de iniciativas da economia social e do mercado, como acontece no projeto-piloto Portugal-Inovação Social.

A Lei de Bases da Economia Social (Lei 30/2013 de 8 de maio) é um campo de consenso entre os diferentes partidos políticos com assento parlamentar, atores relevantes da economia social, confederações sindicais e especialistas.

A identificação do conjunto de dimensões sociais, económicas e políticas caracterizadoras destas organizações de um terceiro sector entre o Estado e a economia mercantil encontra-se, com mais ou menos variações não despiciendas, em outros lugares, como nos princípios cooperativos e mutualistas, nas definições internacionais da economia social, ou nos estudos sobre este campo, como o relatório de *Social Economy in Europe* (Monzón e Chaves, 2017).

É com base neste esquema tripartido que iremos trabalhar, ilustrando o carácter heurístico de compreender as organizações, o sector e o lugar que ocupam nas sociedades a partir das delimitações que servem de base às suas próprias autodefinições. Propõe-se, assim, um esquema analítico para uma perspetiva micro, meso e macro do terceiro sector/economia social e ilustra-se a forma como ele pode ser estudado tendo em conta a realidade portuguesa.

Para o fazer, parte-se, sobretudo, da discussão teórica europeia que concebe a existência de três pilares, racionalidades ou sectores – Estado, economia/mercado e sociedade/comunidade –, e posiciona o terceiro sector em relação a estes como um híbrido (EVERS e LAVILLE, 2004). Assume-se o conceito de terceiro sector como equivalente a economia social, e não numa perspetiva residual, anglo-saxónica, como oposto do Estado e do mercado e dos respetivos fracassos, mas numa perspetiva relacional em que o seu papel e características resultam das relações estabelecidas com estes sectores.

O conceito de terceiro sector, ou economia social, é também discursivo e estratégico, possuindo efeitos concretos no modo como estas organizações são enquadradas em programas políticos, quadros legais e fiscais e mecanismos de apoio (FERREIRA, 2009).

1.1. As funções híbridas do terceiro sector

A tradição filosófica e científica europeia inspira a ideia de um mundo moderno que se estrutura a partir das separações entre o Estado, o mercado e a sociedade. Esta descrição é, por exemplo, encontrada no trabalho de Habermas (1989) sobre a constituição da modernidade e da esfera pública. O modo como se especializaram as ciências sociais reflete essa divisão, pelo menos até à II Guerra Mundial (GULBENKIAN, 1996). A própria emergência do conceito de economia social relaciona-se com esta disciplinação. Para Walras, em 1896, a economia social era a parte da ciência económica dedicada ao estudo do que é justo, lado a lado com a economia política, dedicada a elaborar sobre as leis naturais da economia, e a economia aplicada, dedicada à aplicação dessas leis. A economia social suplementava a lógica do interesse da economia política com uma lógica de justiça orientada para a redistribuição da riqueza (*apud* BIDET, 2010).

Segundo Dash (2014), a economia social e solidária oferece ontologias, epistemologias e teorias alternativas como a ideia de que os seres humanos estão inseridos em múltiplas relações e motivações sociais (DASH, 2014), rejeitando a racionalidade instrumental da economia neoclássica.

Nos EUA, as críticas às limitações desta abordagem têm sido provenientes das outras ciências sociais, como é o caso da ciência política e da sociologia (DiMaggio e Anheier, 1990).

A ideia dos três espaços, Estado, mercado e sociedade, encontra-se nas discussões sobre as formas de organização das relações sociais, ou formas de coordenação. Estas formas de coordenação dão lugar a diferentes projetos políticos e a diferentes formas de governação. A literatura sobre a organização do mundo nestes três espaços é vasta, pelo que nos limitamos a identificar alguma.

Streeck e Schmitter (1985) referem como modos de coordenação, ou fontes de ordem social, a solidariedade espontânea da comunidade, a competição dispersa do mercado, o controlo hierárquico do Estado e a ordem corporativista-associativa gerada pela concertação das associações. Os autores referem que essa ordem surgiu do entrelaçamento entre as três velhas ordens.

No que se refere aos modos de governação, Jessop (2003) distingue uma conceção restrita e uma conceção alargada. Nesta última inclui-se a governação hierárquica, típica do Estado ou da grande empresa fordista; a governação anárquica, típica da mão invisível da troca mercantil; a governação pela solidariedade, típica da comunidade; e a governação no sentido restrito (habitualmente governança, em Portugal), a governação em rede. Para este autor, cada um destes modos de governação corresponde atualmente a quatro projetos políticos: o neo-estatismo, o neoliberalismo, o neocomunitarismo e o neocorporativismo (Jessop, 2002).

Na proposta da economia substantiva, Polanyi (2013) descreve as relações económicas atualmente sustentadas por instituições típicas, como o Estado, o mercado, a família e a comunidade. A redistribuição implica que existe um centro a partir do qual se realiza a coleta, armazenamento e redistribuição de bens e serviços. Nas sociedades modernas, é o Estado que mais desempenha esse papel, principalmente através da cobrança de impostos que ajudam a financiar a produção de bens públicos. Na permuta (*barter*) e troca individual de objetos, quer o objeto, quer o montante equivalente estão estabelecidos. O mercado é o lugar onde se realiza a permuta, a compra e a venda. A produção doméstica (*householding*) consiste na produção para uso próprio de uma pessoa ou grupo fechado, seja a família ou uma aldeia. A reciprocidade consiste em formas de distribuição de recursos organizadas numa «cadeia de dádivas e contra-dádivas recíprocas». Polanyi identifica a simetria das relações sociais – troca entre iguais – como o padrão institucional típico da reciprocidade.

1.1.1. Pilar político

Nas conceções modernas, atribui-se ao Estado o espaço político por excelência. Nos Estados-nação modernos, e em especial no Estado-providência, a governação pertencia sobretudo ao Estado e, mesmo no contexto da governação em rede, foram vários os autores que apontaram que esta se fazia à sombra do Estado (Jessop, 2003). Também Luhmann (2013) refere que os problemas gerados pelos outros sistemas sociais (económico, educação, família, saúde) são preferencialmente colocados ao Estado para os resolver.

Ao Estado está associada a ideia de centralidade e de poder. A governação pela hierarquia implica a existência de um centro a partir da qual as decisões são tomadas, com impacto sobre as posições hierarquicamente inferiores.

Na redistribuição, as relações económicas também se organizam a partir de um centro. A concentração da distribuição num indivíduo ou grupo garante-lhes poder político na medida em que têm a capacidade de determinar tanto as contribuições quanto a forma como os bens são distribuídos. Esse poder pode ser usado para colocar os recetores sob uma situação de obrigação, de modo que crie uma relação assimétrica, particularmente em sociedades menos democráticas. O Estado assumiu grandemente o papel de redistribuição.

1.1.2. Pilar económico

Nas sociedades modernas, a economia está associada à economia mercantil que se tornou dominante. Polanyi (2013) estudou este processo. Refere que o que é particular no princípio da troca em relação aos outros princípios é que ela é capaz de criar uma instituição específica, o mercado, isolando a economia da política e da sociedade de modo que as economias de mercado são autorreguladas. A economia de mercado ou mercantil é um sistema económico regulado pelos mercados, onde a procura e oferta de bens se equilibra e regula pelo preço, e o dinheiro significa o poder de compra nas mãos de seres humanos que agem para maximizar o ganho monetário.

Assim, a governação pelo mercado é concebida como surgindo de forma quase espontânea a partir da agregação de interesses entre diferentes atores sociais independentes.

Coexistem, portanto, subordinadamente, nas sociedades das economias mercantis, os princípios económicos da redistribuição, a economia doméstica e a reciprocidade.

1.1.3. Pilar social

O significado que este pilar da sociedade, comunidade ou família, assume também é variável no tempo e está fortemente marcado pelo que foi designado como o regresso da comunidade, após a colonização pelo Estado e o mercado (Santos, 2006). A comunidade está associada à ideia de relações entre iguais, interdependência, à existência de valores partilhados e de uma obrigação moral. A solidariedade é o modo de governação típico deste pilar.

O conceito de capital social exprime bem este pilar, nomeadamente na distinção entre *bonding* e *bridging*. O primeiro refere-se às relações face a face em pequenos grupos homogéneos. O segundo refere-se ao estabelecimento de pontes entre grupos sociais diferentes, portanto, ultrapassando as divisões e isolamento, estando associado à responsabilidade cívica e à preocupação com problemas sociais de larga escala (Wuthnow, 2002).

A reciprocidade ocorre nas relações simétricas entre pessoas semelhantes. As normas subjacentes a essas relações implicam que a sanção por desobedecer é a exclusão da ordem social e económica que se estabelece através dessas relações. De acordo com Caillé, a dádiva moderna, a dádiva a estranhos e fora das prescrições religiosas, pode ser descrita como uma incondicionalidade condicionada, ou seja, «aquela em que cada um compromete-se a dar incondicionalmente um ao outro, mas também está preparado para deixar o jogo a qualquer momento se os outros não o estiverem a jogar» (Caillé, 1998: 81).

2. Perspetiva macro: o terceiro sector nos Estados-providência

Na perspetiva macro estudamos o terceiro sector/economia social nas configurações sociais e institucionais. Partimos do pressuposto que o papel do terceiro sector e as suas características são moldadas e variam em função do peso que os diferentes modos de coordenação e de governação e os princípios económicos têm em diferentes sociedades. Nesta análise relacionamos o terceiro sector com o Estado-providência.

A partir dos modelos do Estado-providência (Esping-Andersen, 1999), e de autores que os complementaram para o sul da Europa (Andreotti *et al.*, 2001), e da tipologia mais recente de regimes de investimento social (Bernard e Boucher, 2007)[2] é possível identificar os seguintes grupos:

- O *regime liberal* privilegia as soluções do mercado, pelo que as prestações sociais têm um carácter residual que funciona só em caso de incapacidade do mercado, pelo que há uma grande dependência deste. No que diz respeito às políticas de *workfare*, há um forte incentivo à participação no mercado de trabalho. Isto acontece sobretudo nos Estados Unidos e no Reino Unido.
- O *regime social-democrático* dos países escandinavos – as políticas sociais tentam libertar os indivíduos da sujeição ao mercado (desmercadorização) e à família (desfamiliarização) através de prestações redistributivas e de nível relativamente elevado, e da provisão de serviços sociais pelo Estado. Nestes países verifica-se um elevado grau de investimento social, promovendo a educação, a saúde e a participação das mulheres no mercado de trabalho.
- No *regime conservador/corporativo*, as prestações estão vinculadas à trajetória dos trabalhadores, e é importante o papel da família e o trabalho das mulheres na esfera doméstica como complemento da provisão social. Existe um fraco investimento social, privilegiando-se as políticas compensadoras para os grupos no centro do mercado de trabalho. Exemplos são a Alemanha, a Áustria, a Bélgica e a França.
- O *modelo do Sul da Europa* possui como características a dependência do papel da família e das mulheres como cuidadoras, mas sem apoio das políticas públicas. São baixos os níveis de despesas sociais, elevados os níveis de pobreza e desigualdade. Exemplos são Portugal, Espanha e Itália.

A teoria das origens sociais, alternativa às teorias dos fracassos, concebe o terceiro sector e o Estado-providência coevoluindo no contexto

[2] Jenson e Saint-Martin (2003) observam, no programa do Estado de investimento social, as mudanças nas fronteiras entre as diferentes responsabilidades com o bem-estar do Estado para as famílias, o mercado e o terceiro sector.

das relações entre classes e das instituições sociais. Propõe a existência de regimes de terceiro sector articulando um papel específico do Estado e um lugar particular do terceiro sector no bem-estar (Salamon e Anheier, 1998; Salamon e Sokolowski, 2001)[3]. Estas análises foram retomadas e complementadas posteriormente numa perspetiva de *clusters* de países (Ferreira, 2006; Archambault, 2009). Cinco *clusters* foram identificados:

- *Países social-democratas*: predominam as atividades expressivas (direitos, cultura, desporto e lazer), o financiamento privado é elevado, tal como o peso do voluntariado. No campo da proteção social e serviços sociais, o terceiro sector teve sobretudo um contributo na expansão da provisão pública universal.
- *Países liberais*: forte presença do terceiro sector e do voluntariado, os quais desempenham um papel relevante como complemento da provisão pública insuficiente, mas com financiamento maioritariamente privado. Há uma ideia de oposição entre Estado e sociedade civil.
- *Países corporativos*: um terceiro sector de elevada dimensão com uma relação de parceria com o Estado na provisão de bem-estar, predominando as atividades de fornecimento de serviços. O financiamento é público e as organizações prosseguem responsabilidades públicas delegadas. O sector tem um papel relevante na elaboração de políticas dado o peso das organizações federativas.
- *Países familistas*: tanto o Estado como o terceiro sector são insuficientes na provisão de bem-estar, onde a família assume um papel fundamental, sendo reduzida a dimensão do sector e o peso do voluntariado. Fraco peso das atividades expressivas e baixo financiamento público. Peso do princípio da subsidiariedade e marca das relações de conflito entre o Estado e a Igreja Católica.
- *Países pós-comunistas*: limitada dimensão do terceiro sector, financiamento internacional, peso relativamente importante das atividades expressivas, e competição com o sector lucrativo para o fornecimento de serviços sociais, saúde e educação.

[3] A identificação de três ou quatro mundos do relacionamento entre o Estado e o terceiro sector é também adotada pelo CIRIEC no estudo *Third System and Employment* (CIRIEC, 2000).

É sabido que há muito que os Estados-providência estão em mudança, no sentido de recuo do papel do Estado e um papel mais relevante do mercado, quer no que diz respeito aos seus recursos e intervenção direta, quer no que diz respeito às suas lógicas, como a nova gestão pública. A crescente relevância do terceiro sector na partilha de responsabilidades públicas faz parte dessa tendência geral, mas também o sector tem sido afetado nas suas relações de parceria com o Estado pelas lógicas mercantis (Bode, 2011; Henriksen, Smith, e Zimmer, 2012).

2.1. Dimensões económicas

Um estudo recente sobre a economia social na Europa (Monzón e Chaves, 2017) identifica um peso de 5% no emprego remunerado, face a uma média europeia de 6,3%. Abaixo de Portugal estão quase todos os outros países pós-comunistas, a Grécia e a Suécia (a Suécia sofreu um decréscimo de 61,4% em número de trabalhadores na economia social entre 2010 e 2015). Acima da média europeia de 6,3% estão os países dos modelos social-democratas (com exceção da Suécia) e os países corporativos, sendo que o Reino Unido e a Irlanda estão abaixo da média europeia. Na Itália e em Espanha, a economia social tem um peso de 8,8% e 7,7%, respetivamente.

Entre 2005 e 2010, a economia social em Portugal sofreu um decréscimo de 14% em número de trabalhadores, com especial incidência no sector cooperativo, onde este decréscimo foi de 52,7%. Este decréscimo é em parte explicado pela crise que teve início em 2010, com efeitos devastadores no emprego em geral (Monzón e Chaves, 2017). Por isso é que, apesar da quebra no número de trabalhadores da economia social, o peso no emprego remunerado total aumentou de 5,5% em 2010 para 6% em 2013, o que significa que o emprego diminuiu menos na economia social (INE/CASES, 2016).

Confirmando o nosso enquadramento num *cluster* dos países do sul da Europa, verifica-se que o peso da economia social em termos do emprego remunerado dá-se na área da ação e segurança social (54,6%), seguindo-se o ensino e investigação (10,7%) e os cultos e congregações religiosas (9,3%), e só depois a cultura, desporto e recreio (6,3%) (INE/CASES, 2016).

No que diz respeito à distribuição das diferentes fontes de recursos da economia social, verifica-se que os recursos de transferências e subsídios têm um peso reduzido em qualquer uma das áreas de atividade, muito em especial nas áreas de intervenção da proteção social, como é o caso da ação e segurança social e da saúde e bem-estar (ver Tabela 1) –, o que é pouco comum quando o terceiro sector desempenha este papel na proteção social.

A área onde as transferências sociais e os subsídios são mais significativos são as dos cultos e congregações (33,2%), e organizações profissionais, sindicais e políticas (33,2%), o que reflete, por um lado, o peso das organizações religiosas e das organizações federativas num país que combina o peso da Igreja Católica e uma organização corporativa, ainda que limitada a alguns grupos de entidades[4].

A dimensão económica de prestação de serviços possui uma componente política na estreita relação que parte deste sector possui com o Estado social. Trata-se de uma relação de dependência mútua, na qual o Estado entrega às OES a parte substancial da provisão de serviços sociais – os acordos de cooperação com IPSS para fornecimento destes serviços representavam 80% do orçamento da ação social (IGFSS, 2016). Ao especializarem-se nos serviços de apoio à família, as OES desempenham também um papel importante na manutenção do modelo de *double breadwinner* e na participação das mulheres no mercado de trabalho.

[4] Schofer e Fourcade-Gourinchas (2001) descrevem os países do sul da Europa como possuindo um elevado estatismo e baixo corporativismo. No primeiro caso trata-se de um aparelho de Estado altamente centralizado, com uma elite burocrática bem desenvolvida, autónomo, que desconfia e exerce supervisão administrativa sobre a sociedade. O baixo corporativismo aponta para uma baixa incorporação dos atores sociais na política, individualmente ou em grupos organizados.

TABELA 1.

Dimensão e distribuição dos recursos da economia social por área de atividade

	Dimensão da ES (2013)		**Recursos das OES (2010)**				
	N. de Entidades	Emprego (ETC)	Produção (%)	Transf. e subsídios (%)	Propriedade (%)	Outros (%)	Recursos (10^6euros)
Agricultura, Silvicultura e Pescas	435	905	79,2	16,2	0,6	3,9	52,8
Atividades de Transformação	356	4 189	97,1	1,1	0,4	1,4	1 250,9
Comércio, Consumo e Serviços	805	6 260	91,1	5,1	2,0	1,8	359,5
Desenvolvimento, Habitação e Ambiente	2 925	4 586	69,0	26,3	0,8	3,8	385,3
Atividades Financeiras	130	8 239	55,7	0,3	43,5	0,5	1 441,0
Ensino e Investigação	2 492	23 429	63,3	32,3	0,5	3,9	1 447,6
Saúde e Bem-Estar	912	7 810	73,2	25,4	0,4	1,0	639,1
Ação e Segurança Social	9 539	118 378	51,8	31,0	13,8	3,4	5 627,6
Cultura, Desporto e Recreio	31 079	13 860	74,2	20,0	1,4	4,5	928,3
Cultos e Congregações	8 386	20 011	61,8	33,2	0,7	4,3	1 475,9
Organizações Profissionais, Sindicais e Políticas	2 944	9 229	60,4	32,9	0,4	6,3	467,4
Não Especificadas	1 265	848	64,7	18,3	0,7	16,3	102,4
Total	**61 268**	**217 744**					

Fontes: INE, 2013; INE/CASES, 2016.

2.2. Dimensões políticas

Portugal, como outros países do sul da Europa, evidencia dos mais baixos níveis de confiança nas instituições políticas (Parlamento, políticos, partidos...). Em 2012, só a Ucrânia e a Bulgária possuíam um índice de confiança inferior ao de Portugal. Em contrapartida, os países social-democratas, onde se tende a incluir a Holanda, verificam dos mais elevados níveis de confiança política. Ramos *et al.* (2016), a partir de um estudo com base em dados do *European Social Survey*, constatam que quanto maior a perceção de que o sistema é capaz de promover o bem-estar dos cidadãos, maior é a confiança nas instituições políticas.

A dimensão política do terceiro sector no Estado social evidencia-se pela debilidade que demonstra na mobilização para a participação cidadã. Van der Meer e van Ingen (2009) argumentam que existe uma correlação mais forte entre participação política e consciência cívica (interesse na política, confiança social, ausência de cinismo político, interesse pela política nos média) e participação em associações ativistas e promotoras de interesses, do que em associações onde a interação social é mais intensa, como as associações de lazer. Tal evidencia-se nos dados do voluntariado onde a parte substancial está envolvida nas áreas de beneficência ou apoio social (45%) e das organizações religiosas (22%), largamente acima da média da UE (11% e 9%, respetivamente). Em contrapartida, é quase insignificante o peso do voluntariado em organizações de defesas de direitos (0,5%) e em organizações profissionais e sindicatos (cerca de 1%), particularmente quando em comparação com a média europeia (cerca de 9% e 6,5%)[5].

Existe um reforço mútuo entre um fraco Estado-providência moderno e uma fraca sociedade civil moderna, falhando na transformação da esfera pública para uma esfera pública ampla, envolvendo a participação de grupos sociais subordinados e a presença de múltiplos públicos orientados para questões públicas ou de interesse comum (Fraser, 1990).

O peso da tradição católica tem como consequência o domínio do princípio da subsidiariedade[6] e, consequentemente, o incentivo à manutenção

[5] O peso do voluntariado em Portugal é um dos mais baixos da Europa (12%), apenas acima da Bulgária e da Polónia e um pouco abaixo da Espanha e da Grécia, sensivelmente metade da UE27 (INE/CASES, 2016).

[6] Definido em 1931 na encíclica *Quadragésimo Anno*, do papa Pio XI, o princípio da subsidiariedade, mencionado na Lei de Bases da Segurança Social e na Lei de Bases da Economia

do fornecimento de determinados bens e serviços sociais na família ou organizações sociais. Coloca as relações entre fornecedores e beneficiários de bem-estar numa esfera privada longe do controlo do Estado, e que este instrumentaliza para tornear a contradição entre a pressão das expectativas sobre o seu papel no bem-estar e a incapacidade de corresponder a estas expectativas.

2.3. Dimensões sociais

Poderíamos argumentar que a ausência de confiança nas instituições políticas é compensada pela confiança interpessoal, ou seja, a confiança social. Afinal, os países do sul da Europa têm vindo a ser caracterizados como sustentando o seu bem-estar na família e na vizinhança. Todavia, o que se verifica é que os níveis de confiança social[7] são dos mais baixos para os países do sul da Europa, e em especial em Portugal. Em contrapartida, Portugal é o país europeu onde a frequência da interação com a família é mais forte: segundo dados do *European Social Survey*, em 2016, 45% das pessoas referiam encontrar-se socialmente com amigos, parentes ou colegas todos os dias, e 23,5% várias vezes por semana.

Gráfico 1.
Percentagem de pessoas que dizem confiar nos outros (confiança social) (2016)

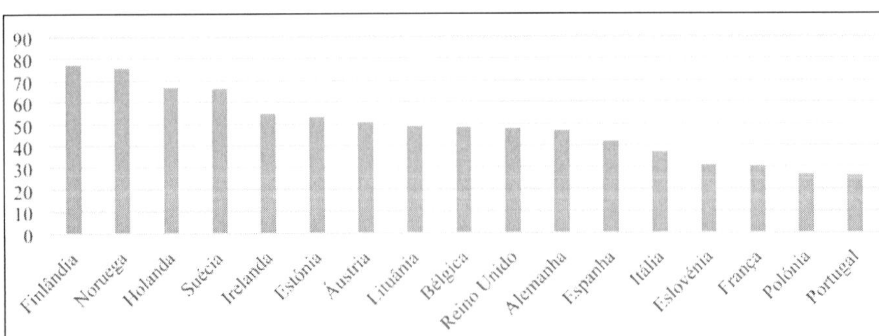

Fonte: *European Social Survey.*

Social, privilegia a intervenção de acordo com a seguinte ordem: indivíduo, família, grupos locais, grupos profissionais e Estado.

[7] Este indicador é medido sobretudo com uma questão no inquérito *European Social Survey*: «De um modo geral, você diria que a maioria das pessoas pode ser de confiança, ou que você nunca será demasiado cuidadoso a lidar com as pessoas?»

Mobiliza-se aqui o conceito de capital social ao qual o terceiro sector tem sido associado, quer como indicador, quer como causa[8]. Um estudo sobre a evolução do capital social nos países europeus entre 1990 e 2012 (Sarracino e Mikucka, 2017) verifica que os países ocidentais, mediterrânicos (Itália e Espanha), anglo-saxónicos e escandinavos verificam tendências moderadamente positivas em *participação em grupos e associações*, enquanto os países da Europa de Leste e Portugal verificam tendências negativas. Verifica-se que a *confiança social* diminuiu nos países mediterrânicos e anglo-saxónicos, e a *confiança política* verifica uma diminuição quase generalizada.

Em suma, em Portugal parece que nem o Estado, nem o terceiro sector conseguem atuar integralmente enquanto garantes do bem-estar, garantindo a confiança dos cidadãos, nem a comunidade produz as relações sociais que exprimem o dever dos indivíduos e organizações em relação ao bem-estar dos outros além da esfera doméstica, nem a sociedade civil constitui um espaço de referência e mobilização na esfera pública.

3. Perspetiva meso: um terceiro sector

Ao nível meso, analisamos o terceiro sector, ou seja, o campo povoado por uma grande diversidade de organizações e relações sociais que se descreve como terceiro sector, economia social ou outro termo. Implica observar de que modo é que a ideia de sector nasce em diferentes países ou regiões do mundo, quais os significados particulares que aí assume, quais os papéis que os diferentes atores sociais têm nesta ideia de um sector, quais as organizações que o integram, e quais as relações estabelecidas nas suas fronteiras (Ferreira, 2009).

A ideia de um terceiro sector é mais recente do que a existência das organizações que o povoam. Ela nasce nos anos 1970 nos Estados Unidos e na Europa. Significa um esforço, por parte das organizações, do sistema político e da academia, de encontrar traços comuns, em grande medida como estratégia de autoproteção das organizações em relação ao Estado (EUA), ou ao mercado (UK) (Ferreira, 2009). Na Europa deu-se também uma reconstrução da economia social a partir de finais dos anos 1970,

[8] Nos estudos comparativos internacionais tende-se a contabilizar as várias formas de participação em OTS, as várias dimensões da participação política e outras variáveis, como a confiança, como indicadores de capital social.

através do *Comité National de Liaison des Activités Mutualistes, Coopératives et Associatives* (CNLAMCA). Os diferentes impulsos acabam por marcar os significados e designações que este sector assume nos diferentes países.

Relembram-se aqui as duas definições mais populares. A de *non-profit sectors*, que provêm da tradição americana, mas com difusão internacional dado o papel que o projeto Johns Hopkins teve (SALAMON, SOKOLOWSKI, e ASSOCIATES, 2004):

- Formais, pois têm realidade institucional, com enquadramento legal ou possuindo continuidade organizacional;
- Privadas, no sentido de institucionalmente separadas do governo em termos de estrutura básica, mesmo que recebam apoio governamental;
- Sem fins lucrativos, no sentido de não distribuírem os seus lucros aos proprietários e diretores, reinvestindo-os nos objetivos da organização;
- Autogovernadas, pois têm procedimentos internos de governação, não sendo controladas por terceiros;
- Voluntárias, no sentido em que envolvem participação voluntária nas atividades da organização ou na sua gestão.

As organizações da economia social (OES) regem-se, segundo a *Charter of Principles of the Social Economy* da estrutura confederativa destas entidades ao nível europeu, a *Social Economy Europe*, por:

- A primazia do indivíduo e o objetivo social sobre o capital;
- Adesão voluntária e aberta;
- Controlo democrático pelos membros;
- A combinação dos interesses dos membros/utilizadores e/ou do interesse geral;
- A defesa e aplicação do princípio da solidariedade e responsabilidade;
- Gestão autónoma e independência das autoridades públicas;
- A maior parte dos excedentes é utilizada na busca de objetivos de desenvolvimento sustentável;
- Serviços de interesse para os membros ou para o interesse geral.

A ideia de hibridez permite dar conta da diversidade interna e de papéis e, ao mesmo tempo, continuar a falar de um sector. Num influente texto,

Evers (1995) coloca o terceiro sector no espaço público, um campo de tensão, sem fronteiras rígidas, onde diferentes discursos e racionalidades coexistem e se intersectam, estruturado sobretudo por associação livre, representação de interesses, solidariedade, ajuda e autoajuda. Recebem influências, quer do Estado, do mercado e da comunidade, quer de outras organizações presentes neste espaço (igrejas, sindicatos ou partidos, organizações populares, movimentos sociais, etc.).

Evers e Laville (2004) referem-se também ao terceiro sector como um híbrido de influências de três polos da economia, estruturados por três princípios económicos: o princípio do mercado, presente na economia de mercado e que se fundamenta na troca de bens e serviços mediados por um preço que se fixa no mercado; o princípio da redistribuição, presente na economia não mercantil e onde a distribuição de bens e serviços é controlada pela ação redistributiva do Estado; e o da reciprocidade, correspondente à economia não monetária e que consiste na troca direta numa relação social voluntária.

Em Portugal, a institucionalização de um sector é recente e é marcada por especificidades nacionais e influências das tendências internacionais. A Lei de Bases da Economia Social (Lei n.º 30/2013, de 8 de maio), que tem por referência a Constituição, delimita o sector, incluindo cooperativas, associações mutualistas, misericórdias, fundações, outras Instituições Particulares de Solidariedade Social (IPSS), associações com fins altruísticos que atuem no âmbito cultural, recreativo, do desporto e do desenvolvimento local, entidades abrangidas pelos subsectores comunitário e autogestionário. Além disso, contempla a possibilidade de inclusão de outras entidades que respeitem os princípios orientadores da economia social e constem da base de dados da economia social, a criar.

Além das formas e estatutos jurídicos, inclui um conjunto de princípios com ressonância, quer nas delimitações conceptuais europeias, quer nos códigos e estatutos que enquadram algumas organizações. Estes princípios incluem dimensões sociais, económicas e políticas (art.º 5.º):

1) O primado das pessoas e dos objetivos sociais;
2) A adesão e participação livre e voluntária;
3) O controlo democrático dos respetivos órgãos pelos seus membros;
4) A conciliação entre o interesse dos membros, utilizadores ou beneficiários e o interesse geral;

5) O respeito pelos valores da solidariedade, da igualdade e da não discriminação, da coesão social, da justiça e da equidade, da transparência, da responsabilidade individual e social partilhada, e da subsidiariedade;
6) A gestão autónoma e independente das autoridades públicas e de quaisquer outras entidades exteriores à economia social;
7) A afetação dos excedentes à prossecução dos fins das entidades da economia social de acordo com o interesse geral, sem prejuízo do respeito pela especificidade da distribuição dos excedentes, própria da natureza e do substrato de cada entidade da economia social, constitucionalmente consagrada.

Já a Conta Satélite, resultante da evolução da conta das Nações Unidas[9] e do trabalho do CIRIEC e do Eurostat (Barea e Monzón, 2006), inclui quer as organizações que são indicadas na *International Classification of Nonprofit Organizations* (ICNPO), desenvolvidas no âmbito do trabalho da Johns Hopkins, algumas das quais não eram habitualmente incluídas na economia social (associações e congregações religiosas, dioceses, confrarias ou sindicatos e associações patronais, partidos políticos), quer as áreas de atividade das organizações europeias que não estão presentes na ICNPO (agricultura, silvicultura e pescas, atividades transformadoras e comércio, consumo em serviços onde, em grande medida, atuam as cooperativas), numa Classificação das Atividades das Entidades da Economia Social (CAEES) (INE/CASES, 2016).

A proximidade entre os diferentes tipos de organizações e os três pilares, económico, político e social, variam também em função do modo como, em cada economia, estão organizados os diferentes sectores de atividade.

3.1. O político

No Estado-providência, a responsabilidade pelo bem-estar é um atributo do Estado-nação. É o Estado que tem por objetivo delimitar e garantir a prossecução do interesse geral. Essa definição do interesse geral, por sua vez, não é algo estanque, antes sendo objeto de disputa sobre as prioridades da ação pública. As OES têm um duplo papel. Por um lado, são reconhecidas como contribuindo para a prossecução do interesse geral, ou o interesse

[9] *Handbook on Non-Profit Institutions in the System of National Accounts.*

geral inclui a prossecução das suas atividades em prol do interesse comum, de grupos e comunidades específicos. Por outro lado, elas participam na definição desse mesmo interesse geral através do seu papel de advocacia e lóbi, e de participação em órgãos consultivos e de governação em rede, através dos quais procuram influenciar a agenda política.

Há um conjunto de enquadramentos que posicionam as organizações do terceiro sector em relação ao interesse geral e as identifica em termos da sua forma legal e das atividades que prosseguem. Um enquadramento mais geral é o estatuto de Pessoa Coletiva de Utilidade Pública[10], atribuído pela Presidência do Conselho de Ministros a associações, fundações e algumas cooperativas que desenvolvem atividades de interesse geral ou de interesse da comunidade nacional, regional e local (atividades de bem-estar, cidadania, advocacia, cultura, educação, etc.) em cooperação com a administração pública central e local, e não estando em concorrência com entidades que não podem adquirir o estatuto, nem desenvolvendo atividades que só beneficiam os seus membros.

Existem outros estatutos específicos que conferem automaticamente a natureza de utilidade pública. A situação especial das IPSS está consagrada desde 1976 na Constituição por prosseguirem fins que coincidem com os do Estado na efetivação dos direitos sociais.

As IPSS asseguram hoje o fornecimento de grande parte dos serviços sociais, sobretudo na área da proteção à infância, velhice, deficiência, desemprego e exclusão social.

Tabela 2.

Número de OES e de IPSS de acordo com forma legal (2013)

Total		Cooperativas		Associações Mutualistas		Misericórdias		Fundações		Associações com fins altruísticos		Comunidade e autogestão	
OES	IPSS	OES	IPSS	OES	IPSS	OES	IPSS	OES	IPSS	OES	IPSS	OES	IPSS
61 268	5 584	2 117	136	111	107	389	388	578	220	57 196	4 731	877	2

Fonte: INE/CASES, 2016.

10 Decreto-Lei 460/77 de 7 de novembro de 1977 e 391/2007 de 13 de dezembro de 2007.

Um outro caso da proximidade de determinados tipos de organizações ao Estado é o das associações mutualistas. Emergentes no pilar da comunidade, através de uma relação de interdependência voluntária entre os membros, evoluíram em aproximação ao pilar do Estado e do mercado.

São precursoras da segurança social, tendo inventado o seguro social no contexto da organização dos trabalhadores para autoproteção quando se deu a transformação das sociedades para o capitalismo e a industrialização. Com a criação dos sistemas públicos de segurança social e do Estado-providência, as mutualidades vieram a desempenhar um papel de parceria ou de complementaridade. Em Portugal, depois de um primeiro momento de expansão, atingindo o número de 688 em 1921 (Rosendo, 1996), as mutualidades sofreram revezes resultantes de dificuldades económicas e políticas, sob a ação limitadora do Estado Novo. Após a Revolução Democrática foram enquadradas no estatuto das IPSS, o que limitou o tipo de atividades que podem desenvolver, as afastou do mercado – por exemplo, atividade seguradora – e motivou o seu isomorfismo com as outras IPSS.

Em Portugal, as mutualidades desempenham as suas atividades no campo da segurança social e da saúde e fins acessórios ou complementares através de equipamentos e serviços de ação social. Estão sob a tutela do Ministério do Trabalho, Solidariedade e Segurança Social e do Ministério da Saúde. Com a alteração ao Código em 2018, as de maior dimensão são supervisionadas pela Autoridade de Supervisão de Seguros e Fundos de Pensões (Decreto-Lei n.º 59/2018, de 2/8).

3.2. Economia

A análise da relação entre o terceiro sector e a economia implica a mobilização de uma noção mais abrangente do que economia mercantil. Desde logo, a Conta Satélite divide as OES em mercantis e não mercantis (Barea e Monzón, 2006; INE, IP, 2013).

O subsector mercantil inclui as cooperativas, as mutualidades e os grupos empresariais controlados por cooperativas, mutualidades e outras entidades da economia social. O subsector não mercantil inclui as associações (de beneficência, ajuda e assistência, sindicais, profissionais ou científicas, de consumidores, religiosas, igrejas, partidos políticos, clubes sociais, culturais, recreativos e desportivos), as fundações, «todas as entidades cuja produção é distribuída maioritariamente de forma gratuita ou a preços economicamente pouco significativos»; e «entidades voluntárias não lucrativas de ação social que, não tendo uma estrutura democrática, produzem bens de reconhecida utilidade social» (INE, 2013).

TABELA 3.
Distribuição e dimensão da economia social por Sector Institucional (2010, 2013)

	Distribuição por grupos de entidades (2010)						Dimensão (2013)		
	N.	Coop.	Mut.	Miser.	Fund.	Ass. e outras	N.	Pprodução (10^6euros)	Emprego (ETC)
Sociedades não financeiras	3618	2155	2	0	10	1451	4 373	1 924,6	34 303
Sociedades financeiras	99	94	4	1	0	0	145	990,0	8 357
Administrações públicas	10	10	0	0	0	0	17	16,7	447
Famílias	4077	0	0	0	0	4077	*	*	*
Instituições sem fim lucrativo ao serviço das famílias	51 460	0	112	381	528	50 439	56 733	5 434,7	174 637
Total da Economia Social	**59 264**	**2259**	**118**	**382**	**538**	**55 967**	**61 268**	**8 365,9**	**217 744**

* O sector das Famílias está incluído no das Sociedades não financeiras em 2013.

Fonte: INE, 2013; INE/CASES, 2016.

As organizações mercantis incluem todas as cooperativas (incluindo as de solidariedade social), algumas mutualidades, fundações e outras organizações no sector mercantil. As cooperativas financeiras são as caixas de crédito agrícola mútuo. As mutualidades mercantis incluem as caixas económicas, as mútuas de seguros e as mútuas financeiras. No sector das sociedades financeiras são incluídas as fundações de universidades privadas e as fundações de empresas privadas. As associações comerciais, industriais e empresariais são também consideradas sociedades não financeiras (INE, IP 2013). Estas organizações são 6,3% do total das OES.

As organizações não mercantis incluem as Instituições sem fim lucrativo ao serviço das famílias, as Instituições sem fim lucrativo classificadas no sector Famílias, como associações de pais e de encarregados de educação, associações de moradores e condomínios e de proprietários e baldios, e as régies cooperativas, classificadas enquanto Administrações públicas, dado que são cooperativas cujos membros incluem o Estado (como a CASES).

O contributo das OES para economia é dado em termos do número de trabalhadores que empregam, do tipo de atividades que promovem e do seu papel nas economias locais. Em 2013, as OES possuíam 6% do emprego remunerado e 5,2% das remunerações no total da economia. Em termos de produção, mais de 60% correspondeu a produção não mercantil e 37% a produção mercantil.

Outros estudos assinalam o contributo das OES para o desenvolvimento local, como estudos sobre o papel das OES na promoção da inovação social (André e Reis, 2009), ou das cooperativas no apoio aos pequenos produtores de mel (Morais, 2011), no acesso das populações à eletricidade (Alves, 1999), ou na modernização da agricultura (Pereira, 2008).

Mais próximas do pilar da economia mercantil estão as cooperativas, pois na sua maioria atuam em concorrência com as sociedades comerciais, pelo que existe uma forte pressão isomórfica. Para funcionar têm de ser registadas na CASES, que certifica que as cooperativas cumprem o Código Cooperativo, incluindo o respeito pelos princípios da Aliança Cooperativa Internacional.

Em termos numéricos, elas estão presentes sobretudo no comércio e serviços, nas atividades manufatureiras e na agricultura, floresta e pescas, que obtêm a maior parte dos seus recursos em vendas. A Conta Satélite contabiliza ainda, de forma isolada, as sociedades comerciais participadas por capitais cooperativos, sendo 42 destas participadas em 100% num total de 340 participações de cooperativas (INE/CASES, 2016).

Algumas cooperativas estão mais próximas do pilar do Estado, nomeadamente as cooperativas culturais, sociais e de consumo, que têm estatuto de Pessoa Coletiva de Utilidade Pública ou, no caso das cooperativas sociais, equiparadas a IPSS.

TABELA 4.
Dimensão e distribuição dos recursos das cooperativas (2010, 2013)

	Dimensão (2013)		**Recursos das cooperativas (2010)**				
	N. coop.	N. IPSS	Produção (%)	Transfer. e subsídios (%)	Propriedade (%)	Outros recursos (%)	Recursos (10^6euros)
Agricultura, Silvicultura e Pescas	200	0	78,1	17,0	0,7	4,3	48,7
Atividades de Transformação	353	1	97,1	1,1	0,4	1,4	1 245,9
Comércio, Consumo e Serviços	568	2	92,2	3,9	2,1	1,7	347,4
Desenvolvimento, Habitação e Ambiente	314	3	79,8	17,9	2,2	0,0	109,4
Atividades Financeiras	95	0	51,6	0,5	47,1	0,7	738,3
Ensino e Investigação	127	10	70,2	29,0	0,3	0,4	308,8
Saúde e Bem-Estar	21	5	35,3	62,6	0,5	1,7	24,5
Ação e Segurança Social	142	109	31,6	66,0	0,2	2,2	58,3
Cultura, Desporto e Recreio	279	5	80,8	15,7	1,9	1,6	55,2
Cultos e Congregações							
Organizações Profissionais, Sindicais e Políticas	17	1	53,8	40,3	1,6	4,3	13,6
Não especificadas	1	0					
Total	**2 117**	**136**	**79,1**	**7,3**	**12,4**	**1,2**	**2950,1**

Fonte: INE, 2013; INE/CASES, 2016.

Designa-se de desmutualização a perda, por parte das OES, das características que as definem como formas alternativas de empresas, com subversão dos seus princípios e valores e aproximação às características das sociedades comerciais. Esta tem sido uma tendência global que ocorre sob efeito da pressão da concorrência e de quadros legais mais adaptados às características das sociedades comerciais (Chaddad e Cook, 2004). Um exemplo é a alteração recente do Código Cooperativo com a criação da figura do membro investidor, cujo poder de voto em algumas decisões varia de acordo com o montante de capital investido, para cooperativas dos ramos da produção, artesanato, pescas, consumo e solidariedade social com mais de 20 membros.

3.3. Sociedade/comunidade

A dimensão social está inerente a todas as entidades da economia social, na medida em que se trata de organizações orientadas para pessoas (e não para o capital). Elas também emergem da sociedade, da iniciativa de cidadãos para resolver problemas próprios (organizações de membros como as cooperativas e as mutualidades) ou de outros (organizações de apoio a terceiros, com a forma de associações sem fins lucrativos e fundações). Em diferentes momentos históricos desenvolveram-se diferentes tipos de movimentos sociais que deram origem a diferentes OES que hoje coexistem (Moulaert e Ailenei, 2005). O movimento da economia solidária corresponde atualmente a esta capacidade da sociedade se mobilizar (Baumgarten, 2017).

O subsector de organizações formais que mais se aproxima deste polo é o das associações. Viegas (2014) classifica as associações em associações de integração social, associações de defesa de interesses de grupo, e associações que expressam os novos movimentos sociais. Como nota o autor, as associações em que as pessoas mais se envolvem são as associações de integração social (desportivas, culturais e recreativas, de solidariedade social, e religiosas). Nota que os portugueses se envolvem pouco nas associações que contribuem para o debate na esfera pública, nomeadamente as que expressam os novos movimentos sociais (associações de defesa dos direitos de cidadania, associações de consumidores, associações ecologistas e ambientais, associações de defesa dos animais).

As associações constituem a esmagadora maioria das OES e a sua variedade é grande. Se tivermos presentes os números da Conta Satélite, verificamos que as dominantes são as de cultura, desporto e recreio. As de solidariedade social absorvem um número significativo de trabalhadores, enquanto as culturais, desportivas e recreativas se sustentam sobretudo em voluntariado e militância.

TABELA 5.

Dimensão e Distribuição dos recursos das associações (2010, 2013)

	Dimensão (2013)		**Recursos das associações (2010)**				
	N. ass.	N. IPSS	Produção (%)	Transfer. e subsídios (%)	Propriedade (%)	Outros recursos (%)	Recursos (10^6euros)
Agricultura, Silvicultura e Pescas	17	0	92,6	7,3	0,0	0,1	4,2
Atividades de Transformação	0	0	100,0	0,0	0,0	0,0	5,0
Comércio, Consumo e Serviços	235	3	59,0	36,9	0,1	3,9	12,1
Desenvolvimento, Habitação e Ambiente	2 002	161	65,1	29,8	0,3	4,8	273,5
Atividades Financeiras	14	0					
Ensino e Investigação	2 300	66	59,0	35,3	0,4	5,4	996,7
Saúde e Bem-Estar	862	157	70,4	28,7	0,3	0,6	454,6
Ação e Segurança Social	8 578	3 520	55,1	39,3	0,7	4,8	3 307,2
Cultura, Desporto e Recreio	30 690	348	68,9	24,6	0,7	5,8	664,7
Cultos e Congregações	8 351	431	61,8	33,2	0,7	4,3	1 460,3
Organizações Profissionais, Sindicais e Políticas	2 903	31	61,8	33,2	0,7	4,3	453,4
Não especificadas	1 244	14	60,6	32,7	0,4	6,3	99,9
Total	**57 196**	**4 731**	**65,2**	**17,5**	**0,6**	**16,7**	**7 731,6**

Fonte: INE, 2013; INE/CASES, 2016.

4. Perspetiva micro: a organização

Nesta secção estudamos as OES e o modo como os seus diferentes elementos se relacionam com os três pilares económico, político e social. Além de participarem no *welfare mix* e fazerem parte de um sector híbrido, as organizações têm também vindo a ser descritas enquanto híbridas, quer no que diz respeito às suas características internas, quer no que diz respeito aos seus papéis e atuação. Brandsen *et al.* (2005) apontam o modo como as organizações estão internamente em constante revisão, à medida que mudam os financiamentos e a prestação de contas em relação a atores do sector público, comercial e comunitário. Numa perspetiva funcionalista, Neumayr e Meyer (2010) relacionaram os papéis das OES com os sistemas económico, político e social, através de, respetivamente, atividades inovadoras na prestação de serviços, na advocacia e na criação de capital social, e Ferreira (2014) estuda o acoplamento das OTS a diferentes sistemas sociais. Refere que as OTS operam sob a ideia de inclusão de pessoas, e muitas enquadram a sua atividade nos sistemas funcionais do Estado de bem-estar social e na responsabilidade dessa forma de o Estado resolver problemas de diferenciação funcional relacionados com exclusão social e a desigualdade.

Para considerar a dimensão micro do relacionamento entre o terceiro sector e os três pilares/sistemas tem-se na base teorias das organizações. Os elementos que constituem uma organização são: programas, pessoal, canais de comunicação, decisões e papéis/posições na organização (Becker e Seidl, 2005). Em termos de pessoal, as OTS incluem trabalhadores, gestores, voluntários. Em termos de papéis/posições, incluem ainda membros, utentes, clientes, fornecedores, etc. Os canais de comunicação incluem o papel dos órgãos de governação (assembleia geral, direção, etc.), de direção e coordenação e outros mecanismos de participação de membros, trabalhadores e utilizadores na tomada de decisões. Os seus programas estabelecem os critérios das decisões a tomar e outros protocolos de atuação, quer de organização interna, quer de relação com os beneficiários (Ferreira, 2014).

A abordagem europeia estuda as empresas sociais discutindo as três dimensões, política, social e económica. A abordagem anglo-saxónica tende a centrar-se nas dimensões económica e social. No caso europeu, o enraizamento na tradição europeia implica a mobilização da perspetiva da economia substantiva, onde se concebe a presença de várias lógicas económicas. No caso anglo-saxónico, a economia é concebida apenas como a economia mercantil. Subsequentemente, enquanto a abordagem europeia trabalha, por exemplo, com a ideia de hibridização de recursos, a abordagem anglo-saxónica trabalha numa perspetiva de dicotomia entre o económico e o social (por exemplo, no debate sobre a *double bottom line*). Estruturamos, pois, a análise nas dimensões das empresas sociais de acordo com a abordagem da Rede EMES (Defourny e Nyssens, 2012) numa lógica heurística, e não para identificar o campo mais limitado das empresas sociais.

4.1. Dimensão económica

Nesta dimensão, os indicadores são: a produção de bens e serviços, a assunção de um risco económico (no sentido em que os recursos não estão garantidos), a existência de trabalho.

Na noção de risco económico está presente a ideia de que as organizações necessitam de recursos económicos para funcionar e de uma boa gestão desses recursos, pois não estão garantidos à partida. As OES são caracterizadas por terem acesso a uma pluralidade de recursos que não apenas mercantis ou monetários. Nestes se incluem subsídios públicos e privados, donativos, vendas, comparticipações ou quotizações de membros, e recursos não monetários como o voluntariado e outras dádivas, e ainda os benefícios fiscais que reconhecem o seu papel. Isto significa que coexistem, dentro de uma organização, recursos provenientes das diferentes lógicas económicas ou até híbridos destas como, por exemplo, no caso das IPSS, as comparticipações dos utentes sob protocolo de cooperação, fixadas em função dos rendimentos.

Os recursos têm influências diferentes dependendo do modo como são gerados, das lógicas que os enformam e dos seus doadores, e dos mecanismos de prestação de contas. Um estudo sobre organizações não lucrativas concluiu que as organizações com mais recursos públicos têm uma maior orientação para os utilizadores do que as que dependem mais da filantropia (Macedo e Carlos Pinho, 2006).

A dimensão do trabalho e do emprego, incluindo o voluntariado, é também um aspeto relevante, em termos de caracterização dos trabalhadores, estatutos laborais e relações contratuais, remunerações, igualdade entre os sexos.

4.2. Dimensão política

Na dimensão de governança inclui-se a autonomia, no sentido de não serem geridas direta ou indiretamente por entidades públicas, empresas, ou outras organizações, um poder de decisão não baseado na propriedade do capital (princípio uma pessoa = um voto), o carácter participativo, envolvendo os *stakeholders*.

O indicador da autonomia levanta a questão da própria unidade de análise, consoante estamos a falar da organização com uma determinada forma legal ou da empresa, ou seja, a unidade produtiva. No campo da economia social existe uma enorme variedade de situações, desde aquelas em que há uma correspondência muito próxima entre a organização e a empresa (muito comum nas cooperativas), àquelas em que uma organização possui várias unidades produtivas que não têm forma legal autónoma, ou àquelas em que a empresa tem uma forma legal distinta da organização da economia social que a controla.

A dimensão democrática e participativa implica olhar para as normas formais de tomada de decisão no âmbito dos vários órgãos, que em associações e cooperativas incluem assembleia de membros e direção onde a tomada de decisão é democrática, no sentido em que o valor do voto de cada pessoa é igual. Implica também ter em consideração o modo como os diferentes *stakeholders* (beneficiários, trabalhadores, voluntários, utilizadores, membros, financiadores, comunidade) são tidos em conta na organização ou empresa, quer em comités e grupos criados com esse propósito, quer com auscultações, etc. Algo distintivo das OES é o facto de os seus *stakeholders* pertencerem a diferentes sectores e sistemas, dada a pluralidade de recursos e programas.

Num um estudo extensivo à democracia interna das associações, Rego (2010) analisa o número de listas concorrentes a eleições, a limitação de mandatos, a participação dos membros em eleições, as características sociodemográficas e profissionalização dos presidentes das direções, entre outros. O enfoque nos *stakeholders* tem suscitado estudos sobre a satisfação dos membros das cooperativas (Figueiredo e Franco, 2018) ou a perceção dos clientes, familiares de clientes, colaboradores e diretores sobre a eficácia organizacional nas IPSS (Isidoro, Dias, e Leal, 2015).

4.3. Dimensão social

A dimensão social olha para a missão das organizações, a sua vinculação a uma orientação de serviço à comunidade ou a um determinado grupo de pessoas, a sua génese na iniciativa de cidadãos ou de organizações da sociedade civil e as limitações à distribuição de lucros ou excedentes, dada a primazia dos objetivos sociais.

As OES possuem um carácter de empreendorismo coletivo no qual um grupo de pessoas se junta para resolver um problema social ou uma necessidade. Pode ser num grupo de cidadãos, num movimento social, numa outra organização ou numa parceria. As CERCI, por exemplo, são cooperativas sociais que nasceram no contexto da Revolução Democrática a partir da mobilização de profissionais e de pais, procurando encontrar soluções de inclusão social alternativas às respostas deficitárias e assistencialistas públicas e do terceiro sector (Perista, 2001).

Nem sempre os objetivos que mobilizam uma iniciativa têm o reconhecimento da sociedade em geral, ou do Estado, como merecendo atenção. Muitas vezes é justamente destes movimentos que se gera a pressão para que os problemas sejam reconhecidos enquanto sociais. A sociologia das organizações destaca que o associativismo permite que indivíduos isolados se encontrem e percebam como comuns os problemas que pensavam individuais (Laville e Sainsaulieu, 1997). Daí a missão ter frequentemente uma ideia de mudança social (ou impacto social). Em alguns casos, essa mobilização inclui um papel político de militância e lóbi procurando sensibilizar e pressionar a sociedade e o sistema político para a resolução desses problemas e necessidades, o que nos transporta para o papel político das OTS.

As limitações à distribuição dos lucros ou excedentes tem também um forte impacto na governança das organizações e no seu enquadramento fiscal, e estão definidas nos quadros legais. Inclui a obrigatoriedade de reinvestimento total dos excedentes ou regras sobre a distribuição pelos membros, obrigatoriedade de reservas, etc. Para muitos especialistas, não se pode falar de lucro nas cooperativas, pois os excedentes resultam da existência de um *input*, em trabalho ou dinheiro, acima das necessidades. Outro aspeto desta limitação é também a distribuição dos bens da organização caso se dê a sua liquidação, estando contemplado legalmente que estes têm de ser alocados a outra organização semelhante, no caso das IPSS.

5. Conclusão

Sem possibilidade de exaustividade mostrámos neste texto como se pode analisar a economia social/terceiro sector e as suas organizações na sua relação com o económico, o social e o político aos níveis macro, meso e micro.

Ao nível meso verifica-se que o terceiro sector assume diferentes configurações em diferentes modelos de Estado-providência. Nos países liberais, o terceiro sector reflete e ajuda a suportar a relutância relativamente à intervenção estatal, enquanto nos países social-democráticos o seu papel foi justamente o de pressionar para a expansão do papel do Estado em sociedades onde a intervenção do Estado é vista favoravelmente (*state-friendly societies*). O carácter corporativo dos sistemas de proteção social reflete-se na partilha de responsabilidades pelo fornecimento do bem-estar entre Estado, terceiro sector e família. Em Portugal, país do modelo do Sul, o terceiro sector tem um papel central no bem-estar num contexto de debilidade do Estado e da própria sociedade, e de presença do princípio da subsidiariedade, resultante da tradição católica.

Observando estes modelos verifica-se que há um domínio da lógica mercantil no modelo liberal, da lógica estatal no modelo social-democrata, e da família no modelo conservador-corporativo e do Sul.

A consideração de uma perspetiva meso implica ter presente a própria construção da ideia de um sector distinto, povoado por organizações distintas e em relação com as organizações dos sectores estatal, económico e social. A própria possibilidade de falar de um sector implica ter presente que a variedade das organizações – cooperativas, mutualidades, fundações, associações – possuem proximidades e relações diferentes com esses sectores, que resultam também das características dos sectores de atividade em que atuam.

Ao nível micro percebe-se a presença das três dimensões nas várias características das organizações e dos quadros legais que as regulam. Estas características são fortemente moldadas pelas dinâmicas que acontecem aos níveis meso e micro, sendo que as próprias organizações têm efeitos nestas dimensões.

A relação das organizações com estes três sectores e dimensões não é permanente, antes se verificando movimentos de afastamento e aproximação determinados pelos contextos sociais mais gerais, tendências em determinados sectores de atividade e a dinâmica das organizações. Nos vários níveis de análise abordados ficou sugerido que, se na construção do

Estado-providência se deu um movimento do pilar da comunidade para o do Estado por parte de muitas organizações, atualmente verifica-se um movimento geral em direção ao pilar do mercado.

Por fim, a economia social/terceiro sector mostra também que se pode falar de outras lógicas políticas, económicas e sociais que não aquelas que foram sendo definidas com a modernidade, suscitando desafios à compreensão do mundo e às próprias ciências sociais.

REFERÊNCIAS BIBLIOGRÁFICAS

Alves, Jorge. 1999. «Cooperativismo e electrificação rural – a Cooperativa Eléctrica do Vale d'Este». *População e Sociedade* 5: 79.

André, Isabel, e Reis, João. 2009. «O circo chegou à cidade! Oportunidades de inovação sócio-territorial». *Finisterra – Revista Portuguesa de Geografia*, n. 88: 79-94.

Andreotti, Alberta, Garcia, Soledad M., Gomez, Aitor, Hespanha, Pedro, Kazepo, Yuri, e Mingione, Enzo. 2001. «Does a southern European model exist?» *Journal of Contemporary European Studies* 9 (1): 43-62.

Archambault, Edith. 2009. «The Third sector in Europe; Does it exhibit a converging movement?» *Comparative Social Research* 26: 3-24.

Barea, José, e Monzón, José Luís. 2006. *Manual for drawing up the Satellite Accounts of Companies in the Social Economy*. Liége: CIRIEC (On behalf of the European Commission, Enterprise and Industry Directorate-General).

Baumgarten, Britta. 2017. «Back to Solidarity-Based Living? The Economic Crisis and the Development of Alternative Projects in Portugal». *Partecipazione e Conflitto* 10 (1): 169-92.

Becker, K. H., e Seidl, D. (eds.) 2005. *Niklas Luhmann and organization studies*. Hernon, USA: Liber & Copenhagen Business School Press.

Bidet, Eric. 2010. «Social economy». Ed. Helmut K. Anheier e Stefan Toepler (Eds.). *International Encyclopedia of Civil Society*. New York: Springer, pp. 1405-1410.

Bode, Ingo. 2011. «Creeping marketization and post-corporatist governance: The transformation of state-nonprofit relations in continental Europe». Ed. Susan Phillips e Steven Rathgeb Smith. *Governance and regulation in the third sector*. London: Routledge.

Brandsen, Taco, de Donk, Wim van, e Putters, Kim. 2005. «Griffins or chameleons? Hybridity as a permanent and inevitable characteristic of the third sector». *International Journal of Public Administration* 28 (9): 749-765.

Caillé, Alain. 1998. «Don et association». Ed. A. Caillé e J. L. Laville. *Une seule solution, l'association?: socio-économie du fait associatif?*, Revue du MAUSS, 11.

Chaddad, Fabio R., e Cook, Michael L. 2004. «The economics of organization structure changes: A US perspective on demutualization». *Annals of Public and Cooperative Economics* 75 (4): 575-594.

CIRIEC. 2000. *The enterprises and organizations of the third system in the European union.* Liége: CIRIEC.

Dash, Anup. 2014. «Toward an epistemological foundation for social and solidarity economy». *UNRISD Occasional Paper: Potential and Limits of Social and Solidarity Economy.*

Defourny, Jacques, e Nyssens, Marthe. 2012. «The EMES approach of social enterprise in a comparative perspective» *EMES Working Papers,* 12/03.

Esping-Andersen, Gøsta. 1999. *Social foundations of postindustrial economies.* New York; Oxford: Oxford University Press.

Evers, Adalbert 1995. «Part of the welfare mix: the third sector as an intermediate area». *Voluntas* 6 (2): 159-182.

Evers, Adalbert, e Laville, Jean-Louis. 2004. «Defining the third sector in Europe». Ed. Adalbert Evers e Jean-Louis Laville. *The third sector in Europe.* Cheltenham; Northampton, Mass.: Edward Elgar.

Ferreira, Sílvia. 2006. «The South European and the Nordic welfare and third sector regimes-how far were we from each other?» Ed. Aila-Leena Matthies. *Nordic civic society organisations and the future of welfare services,* 299-323. Copenhagen: Nordic Council of Ministers.

— . 2009. «A invenção estratégica do terceiro sector como estrutura de observação mútua: Uma abordagem histórico-conceptual». *Revista Crítica de Ciências Sociais,* n. 84: 169-92.

— . 2014. «Sociological observations of the third sector through systems theory: an analytical proposal». *Voluntas* 25 (6): 1671-1693.

Ferreira, Sílvia Maria Dias. 2000. «O papel das organizações do terceiro sector na reforma das políticas públicas de protecção social: uma abordagem teórico-histórica». Tese de Mestrado. Coimbra: Faculdade de Economia da Universidade de Coimbra.

Figueiredo, Vítor, e Franco, Mário. 2018. «Factors influencing cooperator satisfaction: A study applied to wine cooperatives in Portugal». *Journal of Cleaner Production* 191.

Gulbenkian, Fundação Calouste. 1996. «Para abrir as ciências sociais». Mem Martins: Publicações Europa-América.

Habermas, Jürgen. 1989. *The Structural Transformation of the Public Sphere: an inquiry into a category of bourgeois society.* Cambridge,, MA: MIT Press.

Henriksen, Lars Skov, Smith, Steven Rathgeb, e Zimmer, Annette. 2012. «At the eve of convergence? Transformations of social service provision in Denmark, Germany, and the United States». *Voluntas* 23 (2): 458-501.

IGFSS. 2016. «Conta da Segurança Social 2016 – Parte II». Lisboa: Instituto de Gestão Financeira da Segurança Social.

INE. 2013. *Conta Satélite da Economia Social 2010.* 2013. Lisboa: Instituto Nacional de Estatística, I.P; CASES.

INE/CASES. 2016. «Conta Satélite da Economia Social 2013». Lisboa: Instituto Nacional de Estatística, I.P./CASES.

Isidoro, Anabela, Dias, Paulo C., e Leal Susana,. 2015. «Os determinantes da eficácia organizacional numa organização de economia social: um estudo de caso». *Revista da UIIPS*, n. 1: 19-38.

JENSON, Jane, e SAINT-MARTIN, Denis. 2003. «New routes to social cohesion? Citizenship and the social investment state». *Canadian Journal of Sociology/Cahiers canadiens de sociologie*, 77-99.

JESSOP, Bob. 2003. «Governance and Metagovernance: On reflexivity, requisite variety, and requisite irony». Ed. H. P. Bang. *Governance as social and political communication*, 142-72. Manchester: Manchester University Press.

— . 2002. *The future of the capitalist state*. Cambridge: Polity.

LAVILLE, Jean-Louis, e SAINSAULIEU, Renaud. 1997. *Sociologie de l'association: des organisations à l'épreuve du changement social*. Desclée de Brouwer.

LUHMANN, Niklas. 2013. *Theory of Society, vol. 2*. Traduzido por Rhodes Barret. Stanford: Stanford University Press.

MACEDO, Isabel Maria, e CARLOS PINHO, José. 2006. «The relationship between resource dependence and market orientation: The specific case of non-profit organisations». *European journal of marketing* 40 (5/6): 533-553.

MONZÓN, José Luís, e CHAVES, Rafael. 2017. «Recent evolutions of the Social Economy in the European Union». *Brussels: European Economic and Social Committee*, CIRIEC. DOI 10: 191345.

MORAIS, Ana Sara. 2011. «A produção de mel, um contributo para o desenvolvimento local das zonas serranas do Algarve – "Terra do Mel"». ACEESA, Finanças Alternativas, Moeda e Economia Solidária, 111-20.

MOULAERT, Frank, e AILENEI, O. 2005. «Social economy, third sector and solidarity relations: a conceptual synthesis from history to present». *Urban Studies* 42 (11): 2037-2053.

PEREIRA, Fernando. 2008. «Associativismo e cooperativismo agrário em Trás-os-Montes e Alto-Douro». *Revista Ruris*, 39-72.

PERISTA, Heloísa. 2001. *Social Entreprises in Portugal – The case of CERCI's-Cooperatives for Rehabilitation of People with Disabilities*. Lisboa: CESIS-Centro de Estudos para a Intervenção Social.

POLANYI, Karl. 2013. *A grande transformação*. Leya.

RAMOS, Alice, BRITES, Rui, e VALA, Jorge. 2016. «Confiança nas instituições políticas em países europeus. O papel dos valores, da experiência democrática e da perceção de eficácia do sistema político numa perspetiva multinível». *Sociologia e sociedade: estudos de homenagem a João Ferreira de Almeida*, 345-367.

REGO, Raquel. 2010. «Vendendo virtude? Contributo para a reflexão sobre a gestão democrática das organizações sem fins lucrativos» Em Congresso 3.º WI Próximo Futuro: Gestão das Organizações Culturais e Sociais. Lisboa: Fundação Calouste Gulbenkian.

SALAMON, Lester M, e SOKOLOWSKI, S. Wojciech. 2001. *Volunteering in cross-national perspective: Evidence from 24 countries*. Working Papers of The Johns Hopkins Comparative Nonprofit Sector Project 40. Baltimore: The Johns Hopkins Center for Civil Society Studies.

SALAMON, Lester M., e ANHEIER, Helmut K., 1998. «Social origins of civil society: explaining the nonprofit sector cross-nationally». *Voluntas* 9 (3): 213-248.

SALAMON, Lester M., SOKOLOWSKI, S. Wojciech, e ASSOCIATES. 2004. *Global civil society: Volume 2, Dimensions of the Nonprofit Sector*. Bloomfield, Conn.: Kumarian.

SANTOS, Boaventura de Sousa. 2006. «A Reinvenção Solidária e Participativa do Estado». Em *A Gramática do Tempo: Para uma Nova Cultura Política*, 317-49. Porto: Afrontamento.

SARRACINO, Francesco, e MIKUCKA, Malgorzata. 2017. «Social capital in Europe from 1990 to 2012: Trends and convergence». *Social Indicators Research* 131 (1): 407-432.

SCHOFER, Evan, e FOURCADE-GOURINCHAS, Marion. 2001. «The structural contexts of civic engagement: voluntary association membership in comparative perspective». *American Sociological Association Review* 66.

STREECK, Wolfgang, e SCHMITTER, Philippe C., 1985. «Community, market, state-and associations? The prospective contribution of interest governance to social order». *European Sociological Review* 1 (2): 119-138.

VAN DER MEER, Tom, e VAN INGEN, Erik. 2009. «Schools of democracy? Disentangling the relationship between civic participation and political action in 17 European countries». *European Journal of Political Research* 48 (2): 281-308.

VIEGAS, José Manuel Leite. 2014. «Associativismo, Sociedade Civil e Democracia, *Análise Associativa*, 1: 72-89

WUTHNOW, Robert 2002. «Religious involvement and status-bridging social capital». *Journal for the Scientific Study of Religion* 41 (4): 669-684.

DA REVOLUÇÃO DE ABRIL À ECONOMIA SOCIAL: UM ROTEIRO JURÍDICO-POLÍTICO

RUI NAMORADO*

1. Introdução

A revolução desencadeada em Abril de 1974 pode ser encarada como um episódio histórico circunscrito no tempo, fundamentalmente encerrado na superfície dos acontecimentos que então ocorreram e nos seus ecos mais óbvios nos anos subsequentes. Se assim for, poderemos estar a ignorar o essencial da marca histórica que deixou, não a compreendendo por completo, na medida em que estaremos a esquecer os frutos que talvez continuem a advir do que então foi semeado. Frutos esses que podem ainda transformar-se em sementes de novos horizontes, numa virtuosa espiral de esperança.

Ao considerarmos na nossa reflexão o longo arco do tempo que engloba o 25 de Abril de 1974 e o período vivido desde então, podemos compreender melhor o sentido histórico da Revolução, o lugar que nele ocupa e em que medida se repercute no tempo que se lhe seguiu. E a passagem do tempo vai-nos ajudando a compreender melhor tudo isso.

É certo que nem os contextos conjunturais globais que se foram sucedendo, nem o processo evolutivo internacional no seu todo, nem o fluir

* Licenciado em Direito e Mestre em Ciências Jurídico-Empresariais pela Faculdade de Direito da Universidade de Coimbra. Doutorou-se em Direito Económico, na especialidade de Direito Cooperativo, na Faculdade de Economia da mesma universidade, onde foi professor até ser jubilado em 2011 e a cujo Centro de Estudos Cooperativos e da Economia Social pertence. É presidente do Conselho Científico do CIRIEC-Portugal e membro do Conselho Nacional para a Economia Social (CNES). Faz parte do Comité Científico da *Revista Jurídica de Economia Social y Cooperativa*, publicada pelo CIRIEC-Espanha. Foi deputado à Assembleia da República pelo Partido Socialista, de 1995 a 1999. Recebeu o Prémio Cooperação e Solidariedade António Sérgio (2016), na modalidade de personalidade do ano, atribuído pela CASES. É autor de diversos livros e artigos sobre cooperativismo e economia social.

dos acontecimentos quotidianos, cujo encadeamento se lê depois como História, podem ser esquecidos ou desconsiderados. Mas se nos deixarmos aprisionar pelo imediatismo e pelo superficial, dificilmente poderemos condicionar o futuro. Se esquecermos as tendências longas e as grandes deslocações estruturais ocorridas na base económico-social que se projetam nas conjunturas, dificilmente atingiremos um grau aceitável de compreensão da realidade social em que nos inserimos.

É a esta luz que deve ser encarado o que pretendemos com este texto. Isto é, tentar compreender o processo de afirmação mais recente da economia social em Portugal que conduziu ao que ela é atualmente. Compreendê-lo, todavia, como um desenvolvimento inserido no processo social mais vasto desencadeado pelo 25 de Abril de 1974. Para isso, há que valorizar as raízes da economia social, mesmo quando ainda se não assumiam como tais, nem se reconheciam como conjunto único com uma lógica e um horizonte comuns. Em paralelo, há que olhar para o 25 de Abril dando atenção a todas as suas camadas, quer àquelas onde se situam as esperanças cumpridas, quer às que correspondem aos sonhos frustrados, quer às que refletem as dinâmicas de longo prazo, menos óbvias, mas ainda ativas.

É nesta perspetiva que se pode valorizar toda a densidade histórica e futurante do processo constituinte, do qual resultou a Constituição de abril de 1976 que continua a reger-nos e a projetar-se no futuro. Mas é também ela que nos permite compreender que a convergência da dinâmica de afirmação da economia social com o processo constitucional se traduz no seu acolhimento por parte deste, como reflexo de uma sinergia entre ambos. De facto, a CRP (Constituição da República Portuguesa) e a economia social vivem uma apreciável comunhão de valores e partilham com naturalidade desígnios e horizontes.

2. Uma convergência estimulada

Há uma economia social nova que veio emergindo em alguns países da Europa, entre os quais Portugal, a partir do início da década de 80 do século passado[1]. No essencial, é esta que está em causa nesse texto. Mas

[1] Ela começou a germinar em França ainda nos anos setenta do século XX, quando cooperativas, mutualidades e alguns tipos de associações resolveram criar uma estrutura de cooperação, através da qual se conjugassem e se projetassem mais robustamente no devir social. Estou a referir-me ao *Comité de Liason Coopération-Mutualité et Associations* criado em

não menosprezamos as diversas expressões, de algum modo antecipatórias ou premonitórias, que a precederam, partilhando o mesmo nome, mas exprimindo âmbitos ou sentidos diferentes, ainda que seja clara a proximidade de alguns deles. Serão trazidos à colação, quando for caso disso.

Dadas as raízes da sua afirmação, essa economia social nova só pode ser compreendida se for encarada como galáxia congregadora de diversas constelações há muito presentes no tecido social[2]. Uma galáxia de constelações, cuja conjugação e cuja proximidade não estavam até então inscritas no modo como elas se viam a si próprias. Por isso, a sua reemergência foi, em larga medida, um processo de autorreconhecimento de um conjunto de entidades que passaram a integrar a sua identidade específica de constelações autónomas numa identidade mais ampla que as sintetizava e projetava sinergicamente no futuro. Um autorreconhecimento estimulado e sedimentado por uma intervenção convergente do Estado.

Neste processo de autorreconhecimento, a economia social nova não deve furtar-se ao diálogo com as outras noções de economia social que a precederam, mas também não deve misturar-se aleatoriamente com elas como se fossem coincidentes. Na verdade, tudo se tornará mais confuso se ela se deixar reduzir a mais uma noção de economia social. Uma noção que, tal como outras, se inscreve numa trajetória em que as várias noções se relacionam, no essencial, entre si, através de um simples nominalismo. Nominalismo pouco fecundo, na medida em que induz necessariamente a perda de centralidade das trajetórias históricas específicas de cada uma das várias constelações, até há pouco longe de se reconhecerem como partes de um mesmo conjunto.

É indispensável dar relevo à dinâmica histórica das várias constelações na formação da galáxia da economia social. Mas esse relevo não dispensa uma ponderação adequada da medida em que cada Estado interferiu e participou nesse processo. É essa interferência e o modo como se projetou no plano jurídico que permitem compreender verdadeiramente, em cada país

1976. Este processo viria a robustecer-se, no início da década seguinte, já com explícita referência a uma «economia social», estimulado pela eleição do socialista François Miterrand como presidente da República Francesa.

[2] Pode ter-se uma visão atualizada do panorama da economia social, no plano europeu, através do relatório do Comité Économique et Social Européen (2017), *Évolutions recentes de l'économie sociale dans l'Union Européenne,* Bruxelles, CESE, cujos principais responsáveis foram José Luís Monzón e Rafael Chaves.

em concreto, o modo como a galáxia em causa aí se gerou. Muitas vezes isso ocorreu de modo assimétrico. No caso português, por exemplo, no plano jurídico, a constelação impulsionadora foi a cooperativa.

3. A CRP, a economia social e a transição para o socialismo

A comunicação entre a Revolução de Abril e o processo de gestação da economia social inscreveu-se na Constituição da República Portuguesa (CRP), logo no início da sua vigência em 1976. E, no plano estrutural, traduziu-se na valorização das cooperativas como um sector autónomo que partilhava o espaço económico-social, tal como a CRP o encarava, com um sector público e com um sector privado, estando garantida a existência de todos eles. Ao mesmo tempo, fiel ao seu espírito e aos parâmetros essenciais da sua lógica, a CRP valorizava a liberdade associativa e a prossecução de objetivos solidários, que amplamente especificava.

Ao conjugar-se a ocupação de um lugar constitucional pelas cooperativas com a evolução do processo político-social global, estimulou-se o amadurecimento da própria lógica constitucional, induzindo-lhe uma trajetória convergente com as dinâmicas sociais geradoras da emergência da economia social.

Percorramos com mais detalhe esse processo evolutivo, desencadeado com a Revolução de Abril de 1974 e no qual a entrada em vigor da CRP em 1976 foi um episódio fundador e estruturante. Como se disse, ela integrou desde início um embrião do que é hoje a economia social.[3] Isso ocorreu, principalmente, através da consagração de um sector cooperativo diferenciado, quer de um sector público, quer de um sector privado, bem como da autonomização no seio do sector público de uma componente não estatal, desdobrada numa vertente comunitária e numa vertente autogestionária (art.º 89)[4].

[3] Não vou analisar em detalhe neste texto todas as normas constitucionais que têm que ver com todas as componentes da economia social, mas apenas as normas que refletem direta e estruturalmente a aproximação entre os processos evolutivos que envolveram no seu todo a CRP e a economia social. Para uma análise desse tipo, pode ler-se o meu texto *A Economia Social e a Constituição* (2017), editado pelo CECES/FEUC, no âmbito da sua «Economia Social em Textos», e disponível na sua página virtual.

[4] Os artigos que refiro apenas pelo respetivo número pertencem à CRP. É respeitada a numeração seguida em cada uma das suas versões. Quando alguns excertos ou expressões, mesmo sem menção de um artigo, estiverem entre aspas, isso significa que está a ser reproduzido o texto constitucional.

Numa perspetiva menos estrutural, podem também mencionar-se, quer a explícita valorização e garantia da liberdade de associação (art.º 46), quer o reconhecimento implícito das «instituições particulares de solidariedade social», então ainda designadas como «privadas», quando são mencionadas em articulação com o sistema público de segurança social (art.º 63), o qual consubstanciava um direito social cuja materialização incumbia essencialmente ao Estado.

A presença implícita do que viria a ser a economia social, logo na primeira versão da CRP em 1976, é mais facilmente compreendida se for encarada à luz do modo como ela concebia então a «organização económico-social» portuguesa, cujo fundamento constava do seu art.º 80, o qual abria a Parte II da Constituição, que se ocupava da «organização económica». Nos termos deste preceito, o seu vetor estruturante era o «desenvolvimento de relações de produção socialistas», explicitando-se que ele implicava que fossem percorridos dois caminhos. Por um lado, o da «apropriação coletiva dos principais meios de produção e solos, bem como dos recursos naturais»; por outro lado, o do «exercício do poder democrático das classes trabalhadoras».

A CRP assumia assim que estava em curso um processo de transição para o socialismo, o que, aliás, estava bem expresso no art.º 89, o qual dizia respeito aos «sectores de propriedade dos meios de produção», iniciando-se pela seguinte frase: «na fase de transição para o socialismo». Esses sectores de propriedade abrangiam os «meios de produção, os solos e os recursos naturais». Eram definidos «em função da sua titularidade e do modo social de gestão».

A este preceito seguia-se um outro (art.º 90) que explicitava o sentido da evolução prescrita pela CRP, com a sugestiva epígrafe de «desenvolvimento da propriedade social». No seu n.º 1, indicava-se qual era a base de desenvolvimento desse tipo de propriedade, afirmando-se que ela viria a ser «predominante». Integravam essa base os «bens e unidade de produção com posse útil e gestão dos coletivos de trabalhadores», «os bens comunitários com posse útil e gestão das comunidades locais» e o «sector cooperativo». No n.º 2 fixavam-se as condições para esse desenvolvimento: «as nacionalizações», «o plano democrático», «o controlo de gestão» e «o poder democrático dos trabalhadores». Por fim, no n.º 3 afirmava-se que as «unidades de produção geridas pelo Estado e outras pessoas coletivas públicas devem evoluir, na medida do possível, para formas autogestionárias.»

Neste aspeto da CRP, é nítido o reflexo das dinâmicas sociais mais profundas suscitadas pelo 25 de Abril e filtradas pelos esquemas político-ideológicos próprios dos partidos políticos integrantes da Assembleia Constituinte. A transição para o socialismo que se constitucionalizava assentava no desenvolvimento da propriedade social concebido, não como um robustecimento crescente do Estado, mas como o seu gradual apagamento. Um apagamento gradual e programado, mas um apagamento.[5]

Ela era, de certo modo, uma conciliação implícita entre as perspetivas do PC (Partido Comunista) e as do PS (Partido Socialista). Podemos dizer, esquematicamente, que o primeiro sentia compensado a não consagração do modelo soviético pela expressa menção de uma transição para o socialismo, enquanto o segundo assumia essa transição tanto mais facilmente, quanto mais ela estava impregnada por uma atmosfera democrática que valorizava o social e limitava o protagonismo do Estado. A direita na circunstância tendia a ser, em termos estratégicos, pouco mais do que um apêndice do PS, tendo no essencial um papel que se reduzia ao reforço tático daquele. A relação de forças em termos parlamentares era claramente desfavorável ao PC.

Tornava-se assim natural que os consensos gerados se radicassem em larga medida diretamente nas dinâmicas sociais em curso que, embora não deixassem de refletir parcialmente as opções ideológicas e partidárias existentes, dispunham de uma autonomia relativa suscitada pelos automatismos sociais próprios dos períodos de fusão revolucionária. O facto de esses automatismos, embora ativos, se projetarem em grande medida no longo prazo como conformadores, e de ser objetivamente indispensável um grande protagonismo do Estado no curto prazo, facilitou o tipo de compromisso que a CRP refletiu.

A valorização da democracia e a dignificação do trabalho permitiram uma ampla oxigenação democrática do tecido económico-social implícito na CRP. Era fácil e politicamente fecundo corresponder ao essencial

[5] Este apagamento inscrevia-se, no longo prazo, como elemento do horizonte para onde se pretendia caminhar, mas não impedia um imediato aumento da importância do Estado como impulsionador no curto prazo do processo político de transformação rápida em curso. No entanto, o ponto de chegada visado pelo projeto constitucional não era o fortalecimento do Estado, mas o predomínio do «social». No horizonte não se inscrevia uma crescente robustez do Estado, mas um ilimitado empoderamento a ocorrer no plano «social».

da pressão popular oriunda das dinâmicas sociais, mas era politicamente arriscado, quer para o PS, quer para o PC, agirem ao arrepio das suas mensagens essenciais. Por isso, foi constitucionalmente valorizado o protagonismo direto dos trabalhadores, dos moradores, dos consumidores e das comunidades locais. Tudo isto, no quadro de um apurado enquadramento democrático-institucional e de um vasto leque de direitos sociais e económicos. E assim a pressão popular, inerente à fusão social revolucionária que sucedeu ao 25 de Abril, contribuiu em si própria para modelar, neste campo, as soluções jurídico-constitucionais encontradas.

4. A revisão constitucional de 1982

A revisão constitucional de 1982 teve uma repercussão reduzida na problemática em análise. A mais relevante foi o reflexo que nela teve a radical alteração do art.º 80, o qual deixou de consagrar «o fundamento da organização económico-social» para passar a conter os «princípios fundamentais da organização económica». Esta mudança levou ao desaparecimento da expressão «relações de produção socialistas» para cujo «desenvolvimento» antes se apontava, embora subsistisse a menção do essencial dos meios que antes se indicavam como necessários para aí chegar. Na verdade, entre os seis princípios então expressamente consagrados contavam-se, por um lado, a «apropriação coletiva dos principais meios de produção e solos, bem como dos recursos naturais», por outro, «a intervenção democrática dos trabalhadores».

No art.º 89, houve também algumas alterações. Deixou de incluir-se, na abertura do preceito, a expressão «na fase de transição para o socialismo», deixando-se implicitamente de considerar que a estávamos a percorrer. Passou apenas a garantir-se a existência dos três sectores de propriedade já existentes. O âmbito do sector público manteve-se, mas em vez de se afirmar que era constituído «pelos bens e unidades de produção coletivizados», passaram a referir-se os «bens e unidades de produção pertencentes a entidades públicas ou a comunidades». O sector cooperativo manteve-se, mas passou de segundo para terceiro na ordenação dos sectores, por troca com o sector privado. Este deixou de ser constituído pelos bens e unidades de produção não abrangidos pelos outros dois, passando a resultar de uma caracterização positiva e a incluir os «bens e unidades de produção cuja propriedade ou gestão pertençam a pessoas singulares ou coletivas privadas».

O art.º 90 foi também alterado. Deixou de se considerar que a propriedade social tenderia a ser «predominante». No n.º 2 passou a falar-se de «intervenção democrática» em vez de «poder democrático dos trabalhadores». O n.º 3 deixou de preconizar a evolução para formas autogestionárias das unidades de produção geridas pelo Estado e outras pessoas coletivas públicas, para fazer incidir neles o dever de evoluírem «para formas de gestão que assegurem uma participação crescente dos trabalhadores».

No art.º 53, que se refere à segurança social, as instituições de solidariedade social deixavam de ser consideradas «privadas» para passarem a ser designadas como «particulares». Os objetivos da segurança social partilhados pelas IPSS são especificados por remissão para diversos outros preceitos constitucionais.

Não houve, pois, nesta revisão constitucional, alterações muito significativas nas normas com incidência direta na temática em análise, embora o contexto jurídico-constitucional se tivesse deslocado no sentido de uma desvalorização da tonalidade socialista do processo de transformação social. Esbatia-se como desígnio explícito encarado como inevitável, mas as componentes que alimentavam a transição para o socialismo mantinham-se no essencial. Com uma dissimulação subtil, mas sem dramatismo, o socialismo deixava de ser considerado como um futuro a que não se podia fugir, para se transformar num horizonte apenas possível.

5. A revisão constitucional de 1989

A revisão constitucional de 1989 foi um episódio relevante no processo que está a ser analisado. A economia social em Portugal era então pouco mais do que um eco difuso do que vinha ocorrendo em França. Pode dizer-se que era ainda uma ideia sem corpo. Por isso, a sua interferência, no processo de revisão constitucional concluído em 1989, foi pouco mais do que um ruído de fundo, distante do cerne do debate que acompanhou a passagem de um «sector cooperativo» a um «sector cooperativo e social». Na verdade, esse alargamento do sector cooperativo não teve que ver diretamente com o processo de afirmação da economia social que decorria em França, despontava em Espanha e tivera uma falsa partida em Portugal alguns anos antes.[6]

[6] Como mais adiante se verá, ele teve origem em iniciativas oriundas do movimento mutualista e de início a ele circunscritas.

No art.º 82, dedicado aos «sectores de propriedade dos meios de produção», foram introduzidas modificações estruturais. Passou a garantir-se, não apenas a «existência» de três sectores de propriedade dos meios de produção, mas a sua «coexistência». O sector público ficou reduzido à sua componente estatal, passando a abranger apenas os «meios de produção cuja propriedade e gestão pertencem ao Estado e a outras entidades públicas». O texto sobre o sector privado mantinha a redação de 1982, apenas passando a mencionar, em vez de «bens e unidades de produção», «meios de produção» cuja «propriedade ou gestão pertence a pessoas singulares ou coletivas privadas».[7]

O anterior «sector cooperativo» passou a designar-se por «sector cooperativo e social», desdobrando-se assim em duas vertentes, uma cooperativa e outra social. À primeira, correspondia o subsector cooperativo; à segunda, os subsectores comunitário e autogestionário. Estes dois últimos subsectores tinham sido, até então, a componente não estatal do sector público. Ao considerar como parte do sector cooperativo e social – «os meios de produção possuídos e geridos por cooperativas, em obediência aos princípios cooperativos» –, mantinha-se no essencial o conteúdo normativo anterior.[8] Quanto ao novo subsector comunitário – «os meios de produção comunitários possuídos e geridos por comunidades locais» –, manteve-se também o essencial do seu conteúdo anterior, quando fazia parte do sector público.[9] Também não houve nenhuma alteração essencial do normativo referente ao subsector autogestionário que abrange «os meios de produção objeto de exploração coletiva por trabalhadores».

[7] Como última parte deste número, manteve-se a expressão «sem prejuízo do disposto no número seguinte», o qual diz respeito ao «sector cooperativo e social». Isso significa que basta a propriedade ou a gestão privadas para gerar a pertença dos meios de produção ao sector privado, quando está em causa a sua conjugação com o sector público. Mas o mesmo não acontece quando está em causa essa conjugação com o «sector cooperativo e social». Neste caso, qualquer entidade que tiver um nexo de pertença a este último sector será sempre considerada como fazendo parte dele.

[8] Apenas se substituiu a expressão «bens e unidades de produção» por «meios de produção» e se passou a falar em «cooperativas» e não de «cooperadores» como titulares dessas posições.

[9] Também neste caso houve apenas modificações ligeiras. Em vez de «bens comunitários» passaram a ser referidos «os meios de produção comunitários». Em vez de se mencionar a «posse útil e gestão» desses meios de produção pelas «comunidades locais», passou a falar-se neles como sendo «possuídos e geridos por comunidades locais».

Antes, este mesmo conteúdo tinha, no entanto, uma outra formulação: «bens e unidades de produção com posse útil e gestão dos coletivos de trabalhadores». Realmente, não foi defendido nunca que as duas formulações traduzissem uma alteração da mensagem normativa em causa, ficando implícito que o seu conteúdo era o mesmo, conquanto com uma formulação diferente.

No entanto, neste preceito abriu-se um espaço de confusão que deve ser comentado. Alegando-se que a formulação anterior estava assente num leque de conceitos, que nalguns casos suscitavam em si próprios um risco de confusão, achou-se que o artigo devia ser desembaraçado deles. Estavam em causa três conceitos: «modo social de gestão», «propriedade social» e «posse útil».[10]

Todavia, estava-se perante dispositivos conceptuais inseridos num contexto constitucional concebido em harmonia com uma lógica de «transição para o socialismo» que se esbatera ao deixar de estar explicitada na CRP, desde a revisão de 1982. Desde então, o horizonte constitucional deixara, como vimos, de ser necessariamente o socialismo, rumo ao qual até então se estava a percorrer uma transição imperativa, para passar ser a «realização da democracia económica, social e cultural» e o «aprofundamento da democracia participativa» (art.º 2). O socialismo passara a ser um horizonte possível, mas não um destino forçoso.

Assim, apressadamente, foi esquecida a conexão dos conceitos em causa com objetivos constitucionais parcelares que subsistiam, menosprezando-se o seu potencial estruturante que subsistia. Mas se «o modo social de gestão» e a «propriedade social» podiam ser esquecidos sem perturbarem diretamente os conteúdos normativos inerentes ao preceito em causa, o mesmo não ocorria com a «posse útil».[11] Neste caso, estávamos perante um

[10] Eis o que sublinhei em nota de rodapé na minha *Introdução ao Direito Cooperativo*, citando Almeida Santos, a partir dos trabalhos preparatórios, quando ele afirmou: «Achamos estes dois artigos altamente confusos. Aliás, têm sido fonte de polémica sobretudo na doutrina, e parece-nos que deveríamos deixar de trabalhar com três conceitos que nos parecem confusos, que são os conceitos de "modo social de gestão", de "posse útil" e de "propriedade social"». (2000: 156). No entanto, não podendo ter sido extinta uma confusão que realmente não existia, acabou por se criar uma nova.

[11] No mesmo sentido, escrevi em 2000 na minha *Introdução ao Direito Cooperativo*: «Esse ímpeto normalizador da conceptologia jurídica foi, contudo, pouco mais do que uma intenção falhada. Acompanhou-o (...) uma recomposição dos sectores (...), mas cada um dos sectores ou

conceito incrustado no próprio sentido normativo da regulação das várias vertentes do novo «sector cooperativo e social», em especial nos subsectores comunitário e autogestionário.

Na verdade, a «posse útil» era um direito real de proteção definitiva, e não apenas provisória, como é o caso da posse, no sentido clássico. Ora, isso implicava, necessária e objetivamente, uma partilha estrutural de poderes entre um possuidor útil e um proprietário. Um proprietário que via assim os seus poderes típicos diminuídos, exatamente na mesma medida em que um possuidor útil afirmava poderes próprios sobre o mesmo objeto.

Nessa medida, a formulação de 1989, quanto ao «sector cooperativo e social», quando fala em «meios de produção possuídos», não pode ser entendida como representando o abandono do conceito de «posse útil» até então usado. De outro modo, estar-se-ia a desequilibrar o dispositivo normativo em causa, suscitando-se uma alteração que ninguém defendeu ou assumiu. Uma alteração de consequências estruturais imprevisíveis que ninguém ponderou ou discutiu. Por isso, parece claro que a palavra «possuídos» no n.º 4 do art.º 89 reflete a perenidade do conceito de «posse útil» na nossa Constituição.[12]

Pode parecer menos nítida a sobrevivência do conceito de «posse útil» no caso do subsector autogestionário. No entanto, substancialmente, parece claro dever considerar-se que, quando agora se fala em «exploração coletiva pelos trabalhadores», não se visa modificar o conteúdo normativo do preceito. E considerar que esta «exploração coletiva» não implica necessariamente atribuição de uma «posse útil» aos trabalhadores em causa, implica retirar sentido à consideração autónoma deste subsector[13].

subsectores manteve no essencial a sua identidade, o que fez com que os conceitos jurídicos que a integravam sobrevivessem implicitamente com ela.» (2000: 150).

[12] «Foi exatamente para solidificar certas posições, quanto aos meios de produção, que o legislador recorreu ao conceito de posse útil, atribuindo-o aos coletivos de trabalhadores que protagonizavam as experiências autogestionárias. A posse útil foi também atribuída às comunidades locais, por se considerar que no essencial se estava perante uma situação equivalente à autogestão. Ao sector cooperativo foi aberta uma porta idêntica (...). No fundo, do que se tratava era de fazer com que os poderes de gestão atribuídos a certas entidades se radicassem num direito real de tipo novo, a posse útil, e não numa mera relação contratual.» (Namorado, 2000: 151 e 152).

[13] Isso significaria que a posição dos trabalhadores protagonistas da autogestão estava alicerçada num vínculo contratual e não num direito real ainda que limitado. Passaria desse modo a faltar uma característica básica da autogestão, tal como a CRP a consagrou desde início.

A integração da nova vertente social no sector em análise abrangeu a anterior componente não-estatal do «sector público». O impulso para esta mutação adveio da sua redução a um espaço de protagonismo exclusivo do Estado em todas a suas dimensões. Uma redução que implicou a transformação do «sector cooperativo» num conjunto mais complexo e mais amplo, envolvendo outros tipos de entidades, para além das cooperativas. Essas entidades tinham características próprias socialmente relevantes, que contrariavam não só a sua inserção direta e plena na esfera pública, mas também uma subordinação à lógica do lucro inerente ao imperativo de reprodução do capital.

Esta mutação deve ser encarada em conexão com a retirada da CRP da referência ao «desenvolvimento da propriedade social»[14] como horizonte desejável. Passou assim a ficar constitucionalmente consagrada uma economia mista que compreendia três sectores cuja coexistência se garantia. Desaparecia a imperatividade de uma transição para o socialismo impulsionada pelo desenvolvimento da propriedade social, embora a economia mista agora consagrada não correspondesse a um espaço petrificado e fechado à evolução.

Pelo contrário, estava implícito no projeto constitucional uma dinâmica virtuosa desse tecido económico-social complexo, sob o impulso de um aperfeiçoamento da democracia em todas as suas dimensões, rumo a mais justiça, mais liberdade, mais igualdade. Por isso, pode dizer-se que se a propriedade social deixou de ser um horizonte explícito, não deixou de estar presente como atmosfera qualificante do projeto constitucional. Presente, quer em diversas mensagens normativas, quer no conteúdo de

[14] Vale a pena recordar o que escrevi em nota de rodapé na *Introdução ao Direito Cooperativo*: «Era o desenvolvimento da propriedade social que dava sentido às limitações ao direito de propriedade que a posse útil suscitava. Mas, por outro lado, esta última continha um sinal estratégico que antecipava o perfil do que se pretendia que a propriedade social viesse a ser. Passar da prevalência estatal para a proeminência do social, implicaria que a posse útil fosse uma posição cada vez mais relevante e a propriedade jurídica uma posição cada vez com menos conteúdo prático. Ou seja, caminhar-se-ia para um horizonte em que a posse útil fosse cada vez mais uma propriedade económica e a propriedade jurídica correspondente cada vez mais um mero estatuto formal. O fim da transição seria também uma adequação do direito à realidade, reconstituindo a unidade do direito de propriedade, através da realização efetiva da propriedade social» (Namorado, 2000: 155).

diversos conceitos jurídico-constitucionais. E o essencial dessa presença implícita passou a consubstanciar-se no novo «sector cooperativo e social».

Isso, aliás, ficou claro, quando nos princípios fundamentais da organização económica o «desenvolvimento da propriedade social» foi substituído pelo da «proteção do sector cooperativo e social». Ficava implícito que o sector em causa, ao assumir uma estrutura complexa com componentes distintas, abria-se com naturalidade a novas componentes que partilhassem o essencial da sua lógica e prosseguissem horizontes compatíveis com os seus.[15] Cooperativas, empresas autogestionárias e entidades comunitárias passavam a ser valorizadas conjuntamente pela CRP; uma valorização semelhante à que antes incidia sobre a «propriedade social».

Esta revisão constitucional não foi, portanto, diretamente e em primeira linha, influenciada pelo despontar da problemática da economia social no nosso país, mas a lógica das modificações que induziu, abriu caminho ao que viria a ocorrer neste campo na revisão de 1997.

Aparentemente, a modificação verificada traduziu-se apenas numa junção de dois blocos normativos novos a um outro pré-existente que permanecia substancialmente incólume. A esta modificação foram alheios, no essencial, os movimentos sociais que abrangiam as entidades por ela envolvidas. Em contrapartida, ela foi mal recebida pelo movimento cooperativo por se temer que induzisse uma desgraduação jurídico-constitucional da cooperatividade.

Na verdade, no decurso dos trabalhos preparatórios desenhou-se a possibilidade de uma mudança da denominação de «sector cooperativo» para «sector social». Esse caminho acabou por não ser percorrido. A solução encontrada traduziu a aceitação das preocupações de quem temia uma desconsideração simbólica das cooperativas; o que, aliás, nem correspondia aos objetivos assumidos quanto às alterações introduzidas.[16]

[15] Pode compreender-se que na esteira de uma certa desvitalização da atmosfera socialista da CRP inscrita na lógica desta revisão constitucional, se tenha encarado esta evolução como um caminho mais suscetível de suscitar consensos e de atenuar oposições. Quem se conformava com o não-socialismo (ou até o desejava) não encontrava aqui razões para resistir, e quem encarava o socialismo no essencial como o resultado de um protagonismo crescente do Estado, valorizando essencialmente as alavancas públicas, tendia a encarar estas questões, predominantemente da esfera social, como menores.

[16] Envolvi-me lateral e indiretamente neste processo de revisão, por convicção cooperativista e beneficiando da proximidade pessoal com deputados do grupo parlamentar do Partido

6. Contexto político-social da revisão de 1989

A releitura de um texto que escrevi em 1988, publicado em novembro desse ano[17], quando já estava em curso o processo de revisão constitucional consumado no ano seguinte, pode ajudar a compreender como se colocava então em Portugal a questão da economia social.

Pelo que se conhecia dos vários projetos de revisão constitucional já apresentados publicamente, sabia-se ser muito provável que a noção de «propriedade social» desaparecesse da CRP, ganhando força a hipótese de, na sequência do seu alargamento às componentes não estatais do sector público de então, o «sector cooperativo» passar a ser denominado «sector social».[18]

Pode entender-se que isso refletia um ecoar difuso da problemática da economia social então latente. Mas não pode esquecer-se que era então dominante a ideia de que cabiam na economia social as cooperativas, as mutualidades e outras associações, mas não eram nela incluídas as entidades integradas nos subsectores que iam transitar do sector público para o sector cooperativo. Em contrapartida, nem as mutualidades nem outras associações entravam nesse acréscimo do sector cooperativo. Ou seja, as

Socialista que estiveram no cerne desta revisão. Lembro-me de, no decurso da fase final de fixação do texto constitucional revisto, ter recebido um telefonema de um deles que me pediu opinião sobre a solução de compromisso a que tinham chegado: passar a designar este sector como «cooperativo e social».

Vale a pena recordar a este propósito o que escrevi, no meu *Horizonte Cooperativo – política e projeto*: «Desse modo, só já em última instância foi possível travar a desqualificação simbólica da presença do cooperativismo na CRP, conseguindo-se que o anterior "sector cooperativo" não passasse a ser designado por "sector social", como esteve quase a acontecer, mas sim por "sector cooperativo e social". É justo destacar o papel que tiveram, no evitar desse deplorável erro, António Vitorino (deputado do PS), Alberto Martins (então deputado independente eleito pelo PS) e José Magalhães (então deputado do PCP). (2001: 151).

[17] *A Economia Social em Questão,* Oficina do CES (n.º 5), 1988, CES, Coimbra.

[18] No seu importante «Ensaio de Prefácio» ao livro de Fernando Ferreira da Costa, *As Cooperativas e a Economia Social*, escreveu Henrique de Barros, defendendo posição idêntica: «... prefiro a designação de "sector social" à de "economia social", pela simples, mas sólida razão (a meu ver) de que os centros de tomada de decisão e as atividades abrangidas transcendem, nas suas fundamentações e no seu comportamento, a regra materialista da economicidade. Ao apelarem para valores humanos mais elevados que os implícitos no programa de maximização da relação produto-custo, valores esses, em suma, de ordem moral, espiritual, intelectual, estética ou cívica.» (1986: 10).

modificações constitucionais que se previam não repercutiam uma valorização da economia social, tal como já então a doutrina dominante a concebia.[19]

Por outro lado, não houve qualquer pressão visível, oriunda dos movimentos sociais diretamente envolvidos, no sentido de se conseguir que as mudanças constitucionais previstas incorporassem, implícita ou explicitamente, a valorização da economia social no seu todo. Nem isso foi defendido por nenhum partido no decurso desse processo de revisão.

Mas foi real a inquietação no seio do movimento cooperativo, pelo risco de o «sector cooperativo», na esteira do seu alargamento, passar a ser designado como «social». Temia-se a desvalorização simbólica da cooperatividade, ao ser diluída numa identidade difusa que assim objetivamente a secundarizava. O meu texto reflete essa preocupação, naturalmente filtrada pela circunstância de se estar perante um risco e não perante um dano já consumado.

Isto não significava que não se entendesse que já então a economia social tinha uma presença implícita na Constituição, na medida em que a sua componente cooperativa estava aí bem enraizada. Significava que, estando-se perante uma noção ainda em amadurecimento e em clarificação, era prematuro acolhê-la constitucionalmente no seu todo e enquanto tal. Tanto mais que nos projetos de revisão existentes, não era um acolhimento verdadeiro o que estava em causa. E isso podia enfraquecer, em vez de fortalecer, a relevância constitucional das componentes da economia social que já a tinham. Era um receio legítimo, acentuado pelo facto de ser visível estar prestes a consumar-se a diminuição do tónus socialista da CRP, o que podia abrir caminho e potenciar a perda de importância da cooperatividade no plano jurídico-constitucional.

[19] Na verdade, a modificação que se preparava para o sector cooperativo não refletia o reconhecimento da economia social como realidade emergente, protagonizada por dinâmicas sociais que a reconheciam como uma segunda identidade possível que as envolvesse como conjunto e que a doutrina concebia como tais. Refletia apenas a junção ao sector cooperativo da componente não estatal, até então integrada no sector público, por simples impulso do poder constituinte, já que no terreno social ninguém exprimira interesse por essa mudança. Estas entidades autogestionárias e comunitárias viriam mais tarde a ser encaradas como componentes da economia social, talvez na esteira da sua integração no sector cooperativo e social, mas nessa altura não integravam ainda o conjunto de entidades encaradas já então como partes dela.

Como resulta desse meu texto, não estava em causa a utilidade (e até a necessidade) de uma intercooperação mais intensa entre as várias componentes que já então eram consideradas pela doutrina como partes da economia social. Estava em causa o carácter prematuro de fixar uma qualificação jurídica unificadora, envolvendo um espaço de natureza e contornos ainda equívocos.

Oscilava-se muito, nessa época, entre a ideia de que a noção de economia social era o regresso de uma identidade até então latente e a ideia de que ela era expressão de uma realidade nova ou de uma nova maneira de a encarar. E, num outro registo, o seu enraizamento substancial na tradição doutrinária do cooperativismo, a partilha dos seus princípios e valores, tornou legítimo sugerir-se que não estávamos afinal no essencial, perante mais do que uma proposta de um outro nome para o cooperativismo. Naturalmente, isso implicava que se questionasse o acerto, a necessidade e o sentido dessa mudança de nomenclatura.

Esse receio do movimento cooperativo, embora exprimisse uma vontade firme de evitar instrumentalizações por lógicas exteriores, não implicava desinteresse pela procura de vias de aproximação e convergência com outras lógicas associativas. Como pôr em prática essa aproximação era o que estava em causa. Duas vias se ofereciam: encorajar sinergias práticas dos diversos tipos de organizações potencialmente envolvidos, ou procurar sistematicamente as raízes teóricas e doutrinárias da noção de economia social.

Nesse meu texto de 1988, dava-se importância à procura do grau de univocidade da noção em causa, bem como do seu potencial de inovação social, para assim se poder apurar «a sua capacidade para estimular criatividades coletivas novas».[20]

Como então escrevi: «Os sinais públicos da presença da "economia social" de novo entre nós surgiram em conferências ou textos, não brotaram duma autêntica pressão dos movimentos potencialmente envolvidos».[21] Um dos primeiros desses sinais foi dado, em novembro de 1984, nas Jornadas de Mutualismo Agrícola, promovidas pelo Centro de Estudos Cooperativos de Viseu. Nas suas conclusões valorizou-se «um maior entrelaçamento entre as diversas organizações de economia social».

[20] (Namorado, 1988: 9).

[21] (*Ibidem*: 19).

Pouco depois, em 1985[22], foi publicada a primeira edição do livro de Ferreira da Costa, *As Cooperativas e a Economia Social.* Menos do que procurar-se fixar uma noção de economia social, tentava-se contrariar um eventual encapsulamento do sector cooperativo, salientando-se os protagonismos com eles convergentes das entidades mutualistas e solidárias inscritas na tradição portuguesa.[23]

No entanto, a economia social continuava sem provocar qualquer eco nas práticas e nas preocupações dos movimentos que potencialmente a protagonizavam. Tentando remar contra a maré, o V Congresso do Mutualismo, realizado em novembro de 1987, aprovou uma proposta de uma *Carta Portuguesa da Economia Social.*[24] Mas este impulso revelou-se inglório, para não dizer contraproducente, pelo menos no que concerne ao movimento cooperativo, no qual acordou não um novo entusiasmo, mas um reforço de ceticismo quanto à utilidade desse caminho.

Pode dizer-se, portanto, que as mudanças jurídico-constitucionais de 1989, tendo em conta o que elas realmente significaram, não refletiram uma pressão efetiva oriunda dos movimentos sociais em que a economia social se viria mais tarde a radicar. E, como vimos, também o poder político constituinte não agiu então com base numa intenção de afirmação e reforço da economia social. No entanto, essas mudanças, vemo-lo hoje, refletiam já sinergias profundas entre dinâmicas sociais então ainda em

[22] Recentemente, Álvaro Garrido chamou a atenção para uma alocução de Vítor Melícias feita no II Congresso Internacional das Misericórdias em 1985, na qual defendeu a «institucionalização da economia social», considerando por ela abrangidos: «mutualismo, misericórdias, IPSS, cooperativismo». (2018: 309).

[23] Este livro incluiu um importante prefácio escrito por Henrique de Barros, no qual, dando à realidade que Ferreira da Costa chamava «economia social» a designação de «sector social» e, encarando a economia no seu sentido dominante mais estrito, dizia: «Na verdade, restringir à Economia o sector social, isto é, considerar somente o que neste sem dúvida também existe no domínio da vida material do homem equivale a dele excluir a faceta mais nobilitante do carácter da nossa espécie, por mais generosa e desinteressada, faceta que no sector social se manifesta com vigor e inclui tudo quanto se refere às múltiplas relações sociais não-económicas, isto é, não inspiradas na defesa de interesses meramente materiais» (Barros, 1986: 9).

[24] Numa entrevista dada a *O Jornal* de 27.11.87, Vítor Melícias, então presidente da União das Mutualidades Portuguesas, disse: «... a Carta Portuguesa de Economia Social foi um projeto aprovado no congresso para se lançar em Portugal, como convite às duas vertentes deste sector como sucedeu em França (...) as linhas programáticas de atuação deste terceiro sector, ou seja, o da Economia Social».

amadurecimento, inscrevendo-se assim numa crescente simbiose entre a evolução do projeto constitucional e o desenvolvimento da economia social.

7. A Rede Portuguesa de Formação para o Terceiro Sector

A revisão constitucional seguinte com impacto na problemática da economia social foi a de 1997. Desde os finais de 1995, António Guterres liderou um governo minoritário do Partido Socialista que durou toda a legislatura. Antes, no decurso da década de governos de direita liderados por Cavaco Silva, pode dizer-se que, no essencial, a problemática da economia social estivera adormecida, sem prejuízo das dinâmicas próprias vividas pelas diversas constelações que mais tarde viriam a integrar a galáxia da economia social e das políticas públicas com incidência em cada uma delas. Com o novo governo essa letargia atenuou-se significativamente.

Uma das manifestações mais relevantes desse despertar, que pode ajudar a compreender a razão de ser e o significado neste campo da revisão constitucional de 1997, é a criação formal e solene da Rede Portuguesa de Formação para o Terceiro Sector (Rede), em 9 de outubro de 1996. Uma e outra inserem-se num mesmo processo de valorização político-jurídica da economia social.

Nesse ato solene, intervieram e usaram da palavra o ministro da Solidariedade e Segurança Social (Ferro Rodrigues) e o ministro da Educação (Marçal Grilo). Estiveram também presentes, e subscreveram o protocolo constitutivo, o presidente do INSCOOP (Canaveira de Campos), que havia liderado o processo agora consumado, bem como representantes de universidades, institutos superiores politécnicos e organizações da economia social.[25]

[25] Estiveram presentes no ato fundador da Rede representantes da Universidade de Coimbra (através da FEUC), da Universidade de Lisboa (Faculdade de Psicologia), Universidade Técnica de Lisboa (ISA e ISEG), Universidade Autónoma de Lisboa, Universidade Portucalense e Universidade Lusíada. Aderiram à Rede, não tendo podido estar presentes, a Universidade do Porto (Faculdade de Psicologia), a Universidade de Trás-os-Montes (Departamento de Economia e Sociologia), a Universidade Católica (Escola de Biotecnologia do Porto). Participaram igualmente nesse ato inaugural o ISCTE, os Institutos Politécnicos de Santarém e de Castelo Branco, o Instituto Superior de Serviço Social, o Instituto Piaget, o Instituto Superior de Matemática e Gestão, o Instituto Superior de Ciências da Saúde (Sul) e a Escola Superior de Atividades Imobiliárias. Entre as organizações da economia social aderiram à Rede a CONFAGRI, a CONFECOOP, a Federação da Cooperativas de Consumo, a Federação das

No seu processo de gestação, a Rede Portuguesa foi estimulada por uma iniciativa congénere de âmbito europeu, com sede em Bruxelas, lançada em 1994 – a Rede Europeia de Formação para o Terceiro Sector (REEN).[26] Sem menosprezo por esta convergência, no caso português, o impulso principal adveio da vontade da esfera pública de estimular o processo de instituição de um espaço congregador das várias componentes da economia social. Na verdade, como vimos atrás, a dinâmica endógena das organizações potencialmente abrangidas era fraca. Por isso, sem estímulos externos dificilmente viria a ganhar uma maturidade que lhe desse consistência e um protagonismo autónomo.

Deve aqui esclarecer-se o significado de a Rede se ancorar na noção de «terceiro sector» e não na de «economia social». Para além de se estar assim a seguir a escolha da REEN, encarou-se a noção preferida, não na sua versão anglo-saxónica, mas numa versão coincidente com a então assumida pela economia social[27]. Por outro lado, essa noção foi encarada como uma noção recipiente (e como tal provisória) que abrangeria potencialmente todas as entidades não públicas com um protagonismo económico não movido predominantemente por uma lógica lucrativa. Noção provisória que mais tarde poderia ser substituída por aquela que viesse a obter uma preferência da doutrina, que fosse aceite pelo poder político e pelas

Cooperativas de Habitação, a União das IPSS, a União das Mutualidades Portuguesas e União das Misericórdias; também aderiu à Rede, mas não esteve presente, a Caritas Portuguesa. Numa reunião imediatamente subsequente foi eleita a direção da Rede da qual fizeram parte: Belo Moreira, presidente (ISA-UTL), Rui Namorado (FEUC), Paulo Delgado (Univ. Portucalense), Manuel Ramos (Inst. Polit. de Santarém) e Maria da Conceição Couvaneiro (Inst. Piaget). Fui igualmente eleito para as direções seguintes, tendo sido escolhido como presidente em algumas delas.

[26] A REEN foi criada em 1994 com sede em Bruxelas. Numa reunião aí realizada em 20 de outubro de 1995, participaram três instituições de ensino superior portuguesas: o Instituto Superior de Agronomia, o Instituto Politécnico de Santarém e a Universidade Portucalense. Das dezoito instituições de ensino superior que estiveram representadas na reunião merecem destaque as universidades de Sorbonne (Paris I), Bremen (Alemanha), Cook (Irlanda), Liège (Bélgica), Roskilde (Dinamarca), Estocolmo (Suécia), Bolonha (Itália) e Alcalá de Henares (Espanha). No ano seguinte, a REEN já englobava mais de meia centena de aderentes. Apesar da pujança potencial que parecia ter, a REEN viria a esmorecer bem antes da Rede portuguesa.

[27] No art.º 2.º do protocolo constitutivo da Rede pode ler-se: «O Terceiro Sector é reconhecido pela Rede como o conjunto das cooperativas, mutualidades, misericórdias, fundações e associações sem fins lucrativos que se dedicam a atividades de interesse geral».

entidades envolvidas e que fosse acolhida pelas instâncias europeias. Foi isso que veio a acontecer com a expressão «economia social».

Este resultado estava já de algum modo antecipado nas preferências inscritas na lógica da Rede. Isso mesmo ressalta de alguns aspetos do seu protocolo constitutivo. De facto, na sua 3.ª cláusula, ao indicar-se quem pode ser membro da Rede, além das instituições de ensino superior, mencionam-se «as confederações, federações, uniões e outras entidades representativas do sector da economia social»; e ainda «institutos públicos ligados à área da economia social ou da formação». Em sentido convergente, a 5.ª cláusula atribui, aos membros da Rede que sejam instituições do ensino superior, o encargo de promoverem «cursos de pós-graduação e mestrados na área da economia social».

A Rede viria a existir desde 1996 até à conclusão do processo de transformação do INSCOOP na CASES[28]. Teve uma atividade apreciável durante os seus primeiros anos.[29] A partir de 2005 sofreu as sequelas do processo de transformação do INSCOOP que começou a ser então delineado. E nesse contexto foi sendo ponderada a possibilidade de a Rede se converter numa associação autónoma, ainda que vinculada ao que viesse a resultar daquela modificação. O arrastamento desse processo acabaria por se repercutir numa progressiva paralisação da Rede. E assim foi com alguma naturalidade que a criação da CASES em 2009 suscitou a dissolução da Rede.

Talvez, de algum modo, esta criação de uma cooperativa de interesse público, que congregava grande parte dos protagonistas da economia social, representasse objetivamente a materialização de um dos desígnios inscritos na sua criação. Possivelmente, o essencial. A Rede exprimiu o entrelaçamento de instituições do ensino superior e de outras entidades públicas com algumas das mais importantes entidades representativas da economia social, oriundas de várias das suas constelações. Visou a criação de um espaço jurídico-político socialmente valorizado onde coubessem

[28] O INSCOOP (Instituto António Sérgio para o Sector Cooperativo) era um instituto público apenas com incidência nas cooperativas; a CASES (Cooperativa António Sérgio para a Economia Social) é uma cooperativa de interesse público (ou *régie* cooperativa) que abrange toda a economia social.

[29] Podemos salientar, a título de exemplos, a sua responsabilização pelo lado português na realização dos Colóquios Ibéricos de Cooperativismo e Economia Social, realizados a partir de 2001, o seu envolvimento na preparação dos Congressos Cooperativos de 1999 e de 2004 e a sua colaboração na revista *Pensamento Cooperativo*.

todas as entidades pertencentes à economia social, o que traduzindo-se no seu robustecimento, implicava como condição de fecundidade que essas entidades entrassem nele por vontade própria.

Este desígnio e este processo convergiram com os aspetos da revisão constitucional que têm que ver com a problemática em causa. Entre eles suscitou-se naturalmente uma sinergia virtuosa. De algum modo, pode dizer-se que assim se criaram os alicerces de muito do que viria a ocorrer depois no campo da economia social.

8. A revisão constitucional de 1997

Com base no acaba de ser dito, podemos compreender melhor a revisão constitucional de 1997. Vamos agora percorrer o que nela disse respeito mais diretamente à economia social.

As alterações mais relevantes foram introduzidas no art.º 82, o qual se ocupa dos «sectores de propriedade dos meios de produção». Todas elas incidiram no «sector cooperativo e social», que passou a abranger um novo subsector. Um subsector que a doutrina veio a designar como subsector solidário. Este passou a ser constituído pelos «meios de produção possuídos e geridos por pessoas coletivas, sem carácter lucrativo que tenham como principal objetivo a solidariedade social, designadamente entidades de natureza mutualista» [alínea *d)* do art.º 82].

Esta inovação inclui no «sector cooperativo e social» as instituições particulares de solidariedade social, quer tenham natureza associativa ou fundacional, e exclui quaisquer entidades que assumam a forma societária, bem como as que não tenham como principal objetivo a solidariedade social. É destacada expressamente a relevância, dentro deste espaço solidário, das «entidades de natureza mutualista».[30]

A economia social, tal como então era doutrinariamente desenhada, passava assim a coincidir no essencial com o novo âmbito do sector constitucional em causa. Este último passava assim a ser jurídico-constitucionalmente a espinha dorsal da economia social, estando todo ele dentro dela e dando-lhe desse modo, no plano do direito, uma consistência mais forte. É certo que não estamos perante uma coincidência completa, não tendo também sido usada na CRP a expressão «economia social», mas

[30] As cooperativas de solidariedade social que já integravam o sector cooperativo por serem cooperativas ficam assim com uma dupla via de integração no sector.

as áreas de não sobreposição não envolvem regiões estruturantes desta última.[31]

Esta aparente incompletude é fácil de compreender, tendo em conta o contexto em que ocorreu a revisão e que atrás se comentou. Esta revisão constitucional deve, pois, ser encarada como um contributo estrutural para a aceleração de um processo de afirmação institucional da economia social que viria a consumar-se cerca de uma década depois.[32]

A outra alteração incidiu na componente cooperativa do mesmo sector. O texto até então vigente referia como âmbito cooperativo «os meios de produção possuídos e geridos por cooperativas, em obediência aos princípios cooperativos». Foi acrescentado um novo inciso: «sem prejuízo das especificidades estabelecidas na lei para as cooperativas com participação pública, justificadas pela sua especial natureza.»

O objetivo desta modificação foi o de integrar as cooperativas de interesse público, também designadas por «*régies* cooperativas», no subsector cooperativo. Na verdade, este tipo de cooperativas tem como característica diferenciadora e estruturante o facto de implicar o envolvimento de entidades públicas que nelas participam enquanto tais, estando assim potencialmente habilitadas a exercerem os poderes públicos que lhes forem outorgados por lei. Esta tonalidade pública implica, por si própria, que alguns princípios cooperativos não possam ter uma vigência completa

[31] Esta questão vê a sua complexidade aumentada pelo facto de haver na Lei de Bases da Economia Social alguns aspetos menos claros que contendem com ela. Meramente a título de exemplos, podem mencionar-se quer uma lógica pouco clara quanto aos tipos associativos abrangidos, quer alguma dúvida quanto ao acerto de incluir na economia social todas as fundações, quer a exclusão, em termos genéricos, de entidades societárias totalmente pertencentes a organizações da economia social, quer a inexistência de parâmetros nítidos capazes de delimitarem adequadamente a possibilidade de aceitação casuística de entidades societárias no seio da economia social

[32] Esta descoincidência não deve ser encarada como se tivesse apenas aspetos negativos, como se não fosse mais do que uma falha a superar numa futura revisão constitucional. Na verdade, perante a forte pressão que neste campo a evolução social exerce sobre as suas cristalizações jurídicas, pode ser positivo haver espaços de fluidez e flexibilidade nas estruturas jurídico-normativas. É que assim pode ser mais fácil acolher e exprimir as novidades inerentes ao desenvolvimento da economia social. E desse modo, a descoincidência em causa pode diminuir o risco de um excesso de rigidez estrutural que pudesse perturbar a evolução dos processos sociopolíticos que consubstanciam a economia social.

quanto a este tipo de cooperativas. Isso mesmo aconteceu no caso português, à luz da lei ordinária que as instituiu.[33]

Mas se a CRP impõe a obediência aos princípios cooperativos, não pode ser uma lei comum a legitimar qualquer exceção ou qualquer limitação ao âmbito dessa obediência ou à sua imperatividade. Daí que as cooperativas de interesse público tenham entrado na ordem jurídica portuguesa[34] em termos tais que ficaram excluídas do «sector cooperativo e social». Só a Assembleia da República, no exercício dos seus poderes constituintes, podia permitir, legitimar e delimitar essa possível não obediência[35] a uma diretiva jurídico-constitucional. Foi o que aconteceu na revisão constitucional de 1997. A partir dela, no caso português, as cooperativas de interesse público passaram a integrar o subsector cooperativo do sector cooperativo e social.

Duas outras alterações menores incidiram nas cooperativas, dizendo respeito ao art.º 61. Uma implicou a inclusão de um novo n.º 4 no preceito em causa: «A lei estabelece as especificidades organizativas das cooperativas com participação pública». Trata-se de uma norma que se conjuga com a alteração que se acaba de comentar quanto às cooperativas de interesse público. A outra alteração foi introduzida no n.º 3 do mesmo artigo e explicita a possibilidade de serem legalmente previstos novos tipos de cooperativas de grau superior além das uniões, das federações e das confederações.

Se refletirmos sobre o significado destas alterações, podemos ver que as IPSS deixaram de ser uma componente especial da esfera privada para se converterem numa componente especial do «sector cooperativo

[33] Foi esta argumentação que aduzi no *Memorando* que dirigi enquanto deputado ao grupo parlamentar do Partido Socialista, de que então eu fazia parte, para defender uma proposta de alteração constitucional nesse sentido. O PS acolheu a proposta que viria no essencial a ser adotada. Nesse mesmo *Memorando,* defendia a inclusão de um novo subsector no sector cooperativo e social, o subsector solidário, o que também viria a ser acolhido na revisão constitucional. (Namorado, 2001: 164 e 165).

[34] As cooperativas de interesse público (ou *régies* cooperativas) passaram a estar previstas na ordem jurídica portuguesa com a entrada em vigor do Decreto-lei n.º 31/84 de 21 de janeiro. Compreende-se assim que devia ter ocorrido na revisão constitucional de 1989 o ajustamento que estamos a comentar e que só veio afinal a ocorrer na de 1997.

[35] Verdadeiramente, não é uma desobediência que se consente, mas o campo onde se impõe a obediência que se restringe.

e social». Antes, faziam parte de um sector estruturado onde predominava uma lógica de lucratividade, alheia ao essencial da razão de ser das IPSS, a qual não se repercutia por isso na natureza do espaço em que estavam integradas. Agora, ao disporem de um lugar próprio no «sector cooperativo e social», integrando a sua estrutura, enriquecem-no qualitativamente. E a novidade implicada por essa integração aumenta a sua complexidade.

O âmbito da vertente social do sector cooperativo e social foi assim alterado e o acréscimo que recebeu modificou-o qualitativamente. Embora o conteúdo das diretivas jurídico-constitucionais com incidência na solidariedade social se tivesse mantido, o seu lugar constitucional passou a ser outro, o que implicou uma mudança estrutural significativa. E não só o sentido jurídico-constitucional do «social» passou a integrar a solidariedade como um dos seus vetores identitários, mas também assim se reforçou a não lucratividade como um dos eixos matriciais do «sector cooperativo e social».

A revisão constitucional de 1997 foi um impulso estrutural decisivo no processo global de afirmação da economia social no nosso país, gerando um ambiente jurídico-constitucional propício ao seu acolhimento político e à sua legitimação social. A sinergia entre a evolução das organizações envolvidas, o amadurecimento doutrinário, a vontade do poder político e a consequente produção jurídica viriam a produzir, cerca de uma década depois, a clara afirmação político-institucional da economia social.[36]

9. Conclusão

Estamos assim perante dois processos com sinergias entre si: a instituição e o amadurecimento da ordem democrática gerada pela Revolução de Abril de 1974 e consubstanciada na CRP de 1976; e a emergência de um rosto unificado do espaço socioeconómico distinto, quer do sector público, quer do sector privado lucrativo, identificado pela noção de economia social. É claro que, estruturalmente, o primeiro engloba o segundo, mas este não deixa de ser um aspeto marcante da fisionomia do primeiro.

[36] A CASES substituiu, em 2008, o INSCOOP, que havia sido criado em 1976, na esteira da Revolução de Abril; o CNES (Conselho Nacional para a Economia Social) foi criado em 2011; a Lei de Bases da Economia Social entrou em vigor em 2013; e em 2018 foi criada a CPES (Confederação Portuguesa da Economia Social).

Interagindo entre si, sem prejuízo das suas dinâmicas autónomas, foram gerando paralelismos e convergências que, provavelmente, continuarão a desenvolver-se no futuro.

Em 1976, a transição para o socialismo, tal como foi inscrita na Constituição, projetava um horizonte onde o Estado a prazo tenderia a ir cedendo proeminência a um «social» ainda algo nebuloso. A imperatividade dessa transição esvaiu-se e esse «social» foi esquecido, tendo sido absorvido pelo conjunto dos vários tipos de intervenção e protagonismo sociais valorizados e especificados pela CRP.

Da imperatividade de uma transição para o socialismo, ancorada num «social» mítico, passou-se para um processo evolutivo onde o socialismo é uma hipótese democraticamente em aberto, mas vivendo-se no presente numa economia mista. Uma economia mista onde, apesar da sua natureza predominantemente capitalista, tem lugar uma forte relevância de um «social» abrangente, cuja expressão mais consistente e amadurecida é a economia social. Uma expressão cuja ressonância constitucional é o «sector cooperativo e social».

Vale a pena, para concluir, sublinhar que a economia social, cuja reemersão em Portugal procurámos seguir, não é no essencial a ressurreição de um nome antigo que tivesse hibernado e agora reaparecesse pela mão de uma nova conjuntura histórica, nem é o reaparecimento de uma coisa que se tivesse perdido. Ou, pelo menos, só o será muito secundariamente.

Na verdade, embora nela desaguem rios antigos é nova a sua maneira de serem um todo, tal como é novo o âmbito desse todo. Por isso, esta economia social é nova ao refletir um salto qualitativo em contraponto com o que noutras épocas significou e envolveu essa mesma expressão. E, além de se afirmar como mutação daquilo que a antecedeu, pressupõe uma nova visão estrutural do contexto capitalista, na qual se radica a ambição de conquistar aí um lugar novo. Ambicionar não significa conseguir, mas implica uma vontade estruturada de contrapor a sua lógica própria à lógica capitalista dominante. Por isso, não se trata de aspirar a um lugar seguro, eternamente subalterno, mas assumir a vontade de ser uma plataforma persistente de antagonismo e concorrência, geradora de um espírito de resistência e capaz de englobar pulsões de alternatividade.

REFERÊNCIAS BIBLIOGRÁFICAS

ALMEIDA, Vasco (2011), *As Instituições Particulares de Solidariedade Social – Governação e Terceiro Sector*, Coimbra, Almedina.

BARROS, Carlos Pestana e SANTOS, J. C. Gomes, [coord.] (1998), *O mutualismo português: solidariedade e progresso social*, Lisboa, Editora Vulgata.

BARROS, Carlos Pestana e SANTOS, J. C. Gomes, [coord.] (1999), *Cooperativismo, emprego e economia social*, Lisboa, Editora Vulgata.

BARROS, Henrique de (1985), «Ensaio de Prefácio» in *As Cooperativas e a Economia Social*, Fernando Ferreira da Costa, (2.ª edição), Lisboa, Livros Horizonte.

BASTOS, João Carlos Pereira (1977), *Cooperativas depois de Abril – uma força dos trabalhadores*, Coimbra, Centelha

CAMPOS, Manuel Canaveira de, [coord.] (1999), *Congresso das Cooperativas Portuguesas* [actas], Lisboa: INSCOOP.

COMITÉ ÉCONOMIQUE ET SOCIAL EUROPÉEN (2017), *Évolutions recentes de l'économie sociale dans l'Union Européenne*, Bruxelles, CESE.

COSTA, Fernando Ferreira da, (1986), *As Cooperativas e a Economia Social*, (2.ª edição), Lisboa, Livros Horizonte.

GARRIDO, Álvaro (2016), *Cooperação e Solidariedade: uma História da Economia Social*, Lisboa, Edições Tinta-da-China.

GARRIDO, Álvaro e PEREIRA, David, (2018), *A Economia Social em Movimento – uma história das organizações*, Lisboa, Tinta-da-China.

NAMORADO, Rui (1988), *A Economia Social em Questão*, Coimbra, Oficina do CES.

NAMORADO, Rui (2000), *Introdução ao Direito Cooperativo*, Coimbra, Almedina.

NAMORADO, Rui (2001), *Horizonte Cooperativo*, Coimbra, Almedina.

NAMORADO, Rui (2004), *A economia social: uma constelação de esperanças*, Coimbra, Oficina do CES.

NAMORADO, Rui (2006), *Os quadros jurídicos da economia social: uma introdução ao caso português*, Coimbra, Oficina do CES.

NAMORADO, Rui, (*org.*), (2014), *Economia Social em Ação*, Coimbra, Almedina.

NAMORADO, Rui, (2017), *O que é a Economia Social*, [Economia Social em Textos-1], Coimbra, Centro de Estudos Cooperativos e da Economia Social da FEUC.

NAMORADO, Rui (2017), *A Economia Social e a Constituição*, [Economia Social em Textos-3], Coimbra, Centro de Estudos Cooperativos e da Economia Social da FEUC.

Que perspectivas para a Economia Social em Portugal? (1989), Lisboa, CEEPS.

POLÍTICA DE EMPREGO E POLÍTICAS DE EMPREGO NA ECONOMIA SOCIAL

MARGARIDA ANTUNES*

1. Introdução

A criação de emprego é comummente valorizada como um dos contributos positivos da economia social para a situação do mercado de trabalho em Portugal. De acordo com a Conta Satélite da Economia Social de 2016, em 2013 este sector era responsável por 5,2% do emprego total (equivalente a tempo completo) e 5,2% do total das remunerações. Este contributo tem sido analisado apenas do ponto de vista microeconómico, quer se trate de entidades da economia social, quer do indivíduo que beneficia desta mesma criação de emprego. O pendor macroeconómico deste contributo não tem sido assim objeto de estudo, muito porque as análises sobre a economia social, qualquer que seja o objeto, são na sua maioria feitas estritamente a partir do ponto de vista do próprio sector e no próprio sector, para além de que, presentemente, se desvaloriza a própria análise macroeconómica em si.

Este texto procura colmatar esta lacuna, ao analisar a criação de emprego na economia social de uma perspetiva macroeconómica. Isto implica, antes de mais, compreender a política de emprego no modelo económico presente, designado por modelo da economia global, e a forma

* Professora auxiliar da Faculdade de Economia da Universidade de Coimbra (FEUC) e investigadora do Centro de Estudos Cooperativos e de Economia Social (CECES) e do *Centre for Business and Economics Research* (CeBER). É doutorada em Economia pela Universidade de Coimbra. Presentemente, é coordenadora adjunta do CECES e cocoordenadora do curso de pós-graduação em Economia Social: Cooperativismo, Mutualismo e Solidariedade da FEUC. Os seus interesses de investigação incluem: políticas económicas do mercado de trabalho, emprego e economia social, aspetos macroeconómicos do subsídio de desemprego, comércio internacional e mercado de trabalho, macroeconomia em economia aberta e macroeconomia portuguesa.

como a economia social aí se enquadra. Por política de emprego entende-se a definição de objetivos e de instrumentos respeitantes ao emprego numa perspetiva macroeconómica, ou seja, tendo em conta a interligação, por um lado, entre os diferentes mercados (mercado de produtos, mercado de trabalho e mercados de capitais) e, por outro, entre cada um destes e as políticas económicas e sociais. A análise deste tema obriga igualmente a conhecer as políticas de emprego, considerando estas o conjunto de medidas estritamente dirigidas ao mercado de trabalho, com vista à criação de emprego ou à melhoria do seu funcionamento, e o papel atribuído à economia social no seu delineamento. A conceção de ambos os tipos de política reflete necessariamente escolhas políticas e não é anódina em termos sociais e económicos. Assim, com este texto pretende-se contextualizar a criação de emprego na economia social no modelo económico presente. No ponto 1, analisa-se a articulação deste sector com o Estado, o que permite identificar os instrumentos políticos e de política económica utilizados para a criação de emprego na economia social. No ponto 2, aborda-se este sector enquanto promotor de políticas de emprego, tendo em conta a relevância destas políticas na criação de emprego no modelo atual. Por fim, no ponto 3, avalia-se a importância macroeconómica da criação de emprego no sector social, à luz do conteúdo dos dois pontos anteriores.

2. A economia social no quadro do modelo da economia global

2.1. A reconfiguração da ação do Estado na área económica e social

Os anos de 1980 marcam o início da reconfiguração do Estado de acordo com o modelo económico vigente. Assiste-se progressivamente ao recuo da intervenção do Estado na economia, não só enquanto produtor e criador de valor acrescentado, como também como decisor da atividade produtiva. Este processo tem assumido diversas formas, umas mais explícitas, como a privatização de empresas públicas que efetivam uma transferência de propriedade, outras mais subtis que, sob diferentes formas e nomes e sem transferência de propriedade, consubstanciam um movimento de mercantilização do sector e dos serviços públicos. Este movimento abrange a abertura de monopólios públicos à concorrência, a abertura do seu capital a investidores privados, a aplicação de princípios da gestão empresarial privada nas empresas e administração públicas, a alteração do estatuto jurídico de empresas públicas, a externalização e a subcontratação de serviços ao sector privado, as parcerias de vários tipos entre o Estado e o sector privado e a aproximação de alguns regimes públicos aos regimes privados nas áreas da saúde, trabalho e pensões de reforma. Esta desvalorização do Estado enquanto produtor e prestador de serviços tem como inspiradores iniciais Hayek e Friedman, para quem a intervenção do Estado na economia mina as liberdades individuais e põe em causa, por isso, a livre concorrência dos mercados. Os argumentos foram evoluindo e passaram a incluir também a ideia de que o sector privado é mais eficaz que o público, por ser mais flexível, mais inovador, menos submetido a regras burocráticas, sendo o fator principal desta superioridade o efeito disciplinador da concorrência (Dardot e Laval, 2010: 373 e ss.). A estes argumentos, juntaram-se as justificações europeias, mais de ordem macroeconómica, para condicionar as políticas orçamentais no seio da zona euro e assim o papel dos estados nacionais. São elas as externalidades negativas eventuais nos outros Estados-membros decorrentes de políticas orçamentais nacionais expansionistas que, ao implicarem o recurso ao financiamento no mercado de capitais, correriam o risco de provocar uma subida das taxas de juro. Por seu lado, esta subida poderia levar o Banco Central Europeu a seguir uma política de aumento da liquidez, o que poria em causa o cumprimento do objetivo de estabilidade de preços da política monetária comum.

O recuo da intervenção direta do Estado na área económica teve como contrapartida o reforço da intervenção indireta nos mercados através de políticas de «re-desregulação» ou de governar para e pelo mercado. Como referem Dardot e Laval (2010: 275), aos governos cabe agora «o papel de guardião vigilante de regras jurídicas, monetárias, comportamentais, sendo-lhes atribuído a função oficial de supervisores das regras de concorrência num quadro de colusão oficiosa com os grandes oligopólios e, talvez mais, atribuindo-lhes o objetivo de criar situações de mercado e de formar os indivíduos adaptados às lógicas do mercado.» O modelo económico presente é assim um projeto político conduzido pelo Estado (Mitchell e Fazi, 2018: 106) e no qual se atribui a ele próprio funções bem precisas.

Esta reconfiguração das funções do Estado simbolizou uma alteração da regulação macroeconómica dos países. Passou-se a privilegiar o lado da oferta da economia como via de estímulo económico. É o caso das políticas de redução de custos de ordem burocrática e judicial, das políticas de controlo salarial e de flexibilização do mercado de trabalho e das políticas fiscais de redução da carga tributária no sector empresarial. A centragem neste tipo de políticas tem levado à redução da capacidade do Estado em manter e criar receitas fiscais, em especial as associadas aos rendimentos de capital e das empresas. Isto, em conjugação com políticas orçamentais de controlo das despesas públicas, constitui um limite no exercício das funções tradicionais do Estado. A zona euro é exemplar quanto a este aspeto. O enquadramento das políticas orçamentais nacionais é uma escolha política clara para reduzir a margem de manobra de decisão e de atuação dos governos nacionais em prol da decisão e atuação dos mercados, mesmo que aparentemente isso signifique uma transferência de soberania para as instituições europeias. As políticas orçamentais nacionais estão desde o início condicionadas pelo cumprimento de valores de referência para os pesos do défice público e da dívida pública no Produto Interno Bruto (PIB), respetivamente 3% e 60%, e cujos fundamentos foram referidos anteriormente. Adicionalmente, criou-se o pacto de estabilidade e crescimento, que estabelece a supervisão das políticas orçamentais nacionais por parte das instituições europeias e, mais recentemente, desde a crise europeia de 2010, definiu-se um outro conjunto de indicadores orçamentais a cumprir pelos Estados-membros e que atingem de forma mais precisa a ação discricionária dos governos nacionais, como é o caso do saldo orçamental estrutural.

O Estado Social também ele tem sido submetido a uma «reciclagem», sendo agora as políticas sociais orientadas preferencialmente para o tratamento dos excluídos. De acordo com Donzelot (2008: 3), «os neoliberais focaram, eles, o acento na concorrência, ...[e esta] é tanto mais forte quanto ninguém dela é excluída. E é esta precisamente a razão pela qual a luta contra a exclusão apareceu aos doutrinários neoliberais como o principal objetivo social do Estado, se não o único.»

Neste sentido, passou-se da identificação das causas objetivas, macroeconómicas, dos problemas sociais, para o reconhecimento das causas subjetivas, de ordem microeconómica, necessário à mobilização e à participação dos indivíduos no processo concorrencial. O caso do desemprego é representativo desta mudança. Até ao final dos anos de 1970, considerava-se que este era devido no essencial a desequilíbrios macroeconómicos, cabendo então à política macroeconómica a responsabilidade principal de o combater. O desemprego não era assim considerado um fenómeno microeconómico, de responsabilidade individual; os desempregados voluntários e os «moralmente suspeitos» existiam, mas constituíam apenas um «resíduo» e davam suporte às causas subjetivas do desemprego. Presentemente, desvalorizam-se as suas causas objetivas, porque ao contrário estar-se-ia implicitamente a assumir disfuncionamentos do modelo económico e/ou problemas na sua conceção geral, e enfatizam-se as causas subjetivas. O desemprego é então entendido maioritariamente como sendo de responsabilidade individual e tendo pouco que ver com problemas de ordem macroeconómica. Assume-se que o «resíduo» de outrora deixou de o ser, passando a constituir a fatia principal do desemprego.

Esta ideia de desemprego assenta na conceção neoclássica do mercado de trabalho, à luz da qual este mercado funciona de acordo com os mecanismos económicos automáticos subjacentes a um mercado de concorrência perfeita, sendo o emprego e o salário (real) determinados por um simples confronto entre uma procura e uma oferta de trabalho, a primeira da responsabilidade dos empresários e a segunda dos trabalhadores. Assim, à luz desta conceção, o trabalho aparece com um estatuto similar ao de uma qualquer outra mercadoria, a relação salarial é entendida apenas como uma relação de mercado e a situação normal, de equilíbrio, corresponde ao pleno emprego.

Com o perfilhar desta conceção de mercado de trabalho, a variável desemprego foi assim alvo da transformação estrutural referida. Este, a existir, ou é um desemprego voluntário e de responsabilidade individual, assim julgado por se pensar que resulta da recusa do trabalhador em oferecer trabalho em determinadas condições salariais ou por não ter a formação adequada, ou é involuntário devido à existência de variáveis institucionais. Estas variáveis são consideradas «imperfeições» exógenas ao mercado de trabalho, que impedem que este funcione de acordo com a sua própria natureza, a de ser um mercado de concorrência perfeita. Resultam da intervenção de sindicatos e do Estado, através de subsídios de desemprego, de legislação laboral respeitante à proteção no emprego, de salários mínimos e de contribuições para o sistema de segurança social. O desemprego nunca é assim perspetivado como sendo involuntário no sentido *keynesiano*, por insuficiência da procura agregada (consumo, investimento e exportações).

Dentro desta lógica, o desemprego/emprego é determinado exclusivamente no mercado de trabalho, sem qualquer ligação direta com os outros mercados, com o nível de produção, de investimento, de consumo, remetendo-se aquele para uma área de «engenharia social» com pouca ligação com o crescimento económico e a atividade económica. Desta forma, e conforme já foi assinalado, o desemprego passou a ser visto no essencial como um fenómeno de origem microeconómica, com causas subjetivas, de ordem individual, não resultante da política macroeconómica que é considerada, deste modo, desnecessária para o reduzir. Em apoio a esta perspetiva de desemprego, afirmou-se na política económica o conceito de taxa «natural» de desemprego, que tem por base o mesmo modelo de mercado de trabalho e que reforça a conclusão deste ao concluir que a política macroeconómica, para além de desnecessária, é ineficaz na descida da taxa de desemprego abaixo de um determinado nível, a sua taxa «natural». Apenas as políticas dirigidas diretamente ao mercado de trabalho são assim consideradas necessárias e eficazes no combate ao desemprego.

O salário passou igualmente a ser concebido de uma outra forma no delineamento da política económica. É entendido no essencial como um custo de produção e não como um rendimento capaz de assegurar fluxos elevados e estáveis de procura agregada interna (consumo e investimento), e como uma variável de ajustamento utilizada como instrumento de política económica.[1] Esta tem sido a visão predominante dos governos nacionais e instituições internacionais na definição da política salarial, que passou a ser orientada de acordo com a lógica empresarial de criação e manutenção de emprego, independentemente das condições de trabalho e salariais deste, com a política de competitividade e com as políticas de controlo orçamental e de estabilidade de preços, estas últimas mais visíveis e sentidas na União Europeia (UE).

2.2. A relação das entidades da economia social e o Estado em Portugal

A reconfiguração do Estado inerente ao modelo económico presente permite perceber o enquadramento da economia social neste modelo em Portugal e, em particular, o plano em que se situam neste contexto as Instituições Particulares de Solidariedade Social (IPSS), prestadoras de serviços de ação social que, segundo a Conta Satélite da Economia Social de 2016, em 2013 representavam 76,4% do total de IPSS e cerca de 3%

[1] O modelo de mercado de trabalho de conceção neoclássica tem sido alvo de variadíssimas análises críticas que questionam a sua validade como referência para políticas económicas. Para desenvolvimentos sobre este modelo de mercado de trabalho e respetiva crítica, ver Antunes (2005).

do emprego remunerado nacional. É no âmbito da externalização de serviços ao sector privado e das parcerias entre o Estado e o sector privado que se pode analisar este enquadramento. Um olhar sobre a evolução da relação do Estado com estas instituições desde a Revolução de 1974 é um exercício esclarecedor quanto à forma como esta relação se vai moldando à medida que o modelo da economia global se vai consolidando em Portugal.

Como via de acompanhar a democracia política com a democracia social, após a Revolução de 1974 inicia-se um período de afirmação do papel intervencionista do Estado em matéria de segurança social que se consubstanciou na primeira lei de bases em 1984. O Estado assume então este papel na prestação de serviços de ação social e, para isso, utilizou desde o princípio a capacidade instalada das IPSS, ainda designadas como Instituições Privadas de Solidariedade Social.[2] A própria Constituição de 1976 expressa que o novo sistema de segurança social não prejudicará estas instituições, que serão assim «permitidas» e passíveis de colaborar no cumprimento dos objetivos de segurança social (artigo 63.º do *Diário da República* n.º 86/1976 de 10 de abril). Assim, ao ser permitida a sua existência desde que cumprissem estes objetivos, criou-se o seu espaço formal de atuação, que foi regulamentado com o estatuto respetivo, publicado em 1979 (Decreto-lei 519-G2/79 de 29 de dezembro). Neste estabelece-se que ao Estado cabe o papel orientador e tutelar, com funções regulamentadora, fiscalizadora e interventiva, e também de financiador. A relação contratual entre o Estado e estas instituições é regulamentada em 1980 e traduz-se em acordos de cooperação, que definem o contributo das IPSS no prosseguimento dos objetivos de segurança social e o apoio técnico e financeiro a prestar pelo Estado para este efeito. Em 1983, um novo estatuto prevê o alargamento das suas áreas de atuação. Assim, para além da prestação de serviços na área da segurança social, estas instituições passaram a poder fazê-lo nas áreas da saúde, habitação, e educação e formação profissional (Decreto-lei n.º 119/83 de 25 de fevereiro).

Em meados dos anos de 1980, Portugal conclui o período de consolidação política, económica e social depois da instauração do regime democrático em 1974 e inicia o processo de adaptação e transição para o modelo da economia global, em certa medida devido à entrada na

[2] As antigas instituições particulares de assistência que existiam antes da Revolução de 1974.

Comunidade Económica Europeia, em 1986. A revisão constitucional de 1989 possibilitou a criação do contexto legislativo necessário para se avançar naquele processo. A Constituição, a partir de então, consagra «o direito de constituição de instituições particulares de solidariedade social não lucrativas com vista à prossecução dos objectivos de segurança social...» (artigo 63.º, alterado pelo artigo 35.º da Lei Constitucional n.º 1/89 de 8 de julho), pondo assim fim à versão original em que estas instituições eram simplesmente «permitidas». Esta alteração não só facilitou a criação destas instituições como proporcionou as condições para reforçar a transferência de competências do Estado para as IPSS no âmbito da prestação de serviços de ação social. É também a partir da revisão constitucional de 1989 que se assiste a um recuo na conceção de base do Serviço Nacional de Saúde, sendo a responsabilidade exclusiva do Estado na prestação desses serviços substituída pela responsabilidade conjunta do Estado e dos cidadãos, criando-se assim espaço de atuação para o sector privado e a possibilidade de transferência de competências nesta área para o sector social. De âmbito mais geral, é a partir de então que se acelera o processo de privatizações de alguns sectores económicos e se reforça a liberalização do mercado financeiro. A política macroeconómica portuguesa, ela própria, reconfigura-se, passando a privilegiar os mecanismos do lado da oferta da economia. Em 1987, surge o Programa de Correção Estrutural do Défice Externo e do Desemprego, que inaugura em Portugal a intenção política de reduzir o papel do Estado na economia, principalmente enquanto produtor de bens, limitando-o a uma mera função de promotor e incentivador da iniciativa privada. Esta intenção é reforçada no Quadro de Ajustamento Nacional para a Transição para a União Económica e Monetária, de 1990, o primeiro documento governativo em que se fala em «menos Estado e melhor Estado» e se assume macroeconomicamente o salário como um custo de produção e uma variável de ajustamento nas políticas anti-inflacionista e de competitividade, coerentemente com as alterações na legislação laboral no sentido de flexibilizar o mercado de trabalho decorridas no ano anterior. Trata-se também de um documento em que se assume de forma mais explícita a ideia da necessidade de ajustamento orçamental. Esta visão de política orçamental surge ainda politicamente mais legitimada quando o XII Governo Constitucional assinou, em 1992, o Tratado da União Europeia, que definiu os critérios de adesão à união monetária, incluindo os respeitantes ao défice público e à dívida pública (pesos no PIB não superiores respetivamente a 3% e a 60%) e o governo seguinte assumiu a vontade política de Portugal pertencer ao grupo fundador da zona euro, o que implicou uma aceleração no cumprimento daqueles critérios.[3]

É com esta nova regulação macroeconómica que, em 1996, é assinado o Pacto de Cooperação para a Solidariedade Social entre o sector social, a administração central e a administração local e regional. Assume-se explicitamente a ideia de «parceria social», considerada uma estrutura concertada de ação social e na qual a economia social é considerada um elemento estruturante. Entre os vários princípios aí consagrados, vale a pena referir o princípio da participação, à luz do qual as partes subscritoras contribuem para a conceção, a planificação, a execução e a avaliação das políticas sociais, e o princípio de subsidiariedade, que traduz a ideia de que o Estado confere capacidades e possibilidades às IPSS de atuarem na área da ação social a nível local. Este Pacto pode assim ser considerado o início de «hibridação» da ação pública na área da ação social. De acordo com Dardot e Laval (2010: 360), trata-se de uma forma de governação característica do modelo neoliberal e acontece quando as políticas públicas passam em grande medida a ser fruto de codecisões públicas e privadas, e a autonomia que o Estado mantém é, por vezes, prejudicada pela delegação de numerosas responsabilidades públicas a redes de entidades privadas, das quais fazem parte associações, comunidades religiosas e empresas privadas. O Estado deixa assim de ser um prestador direto de serviços, para exercer o seu poder de forma mais indireta e um orientador, tanto quanto possível, das atividades dos agentes privados. O Pacto deve também ser referido por um outro motivo. Ligado a este processo de hibridação, há uma intenção de transferir a gestão da despesa pública para as entidades do sector social e, simultaneamente, reduzir essa mesma despesa pelo incentivo ao aumento dos recursos próprios destas. Um dos objetivos deste documento é «a optimização dos recursos disponíveis», cabendo às instituições «optimizar os recursos disponíveis, nomeadamente os de origem pública, e gerar recursos próprios que permitam consolidar a sua autonomia financeira» (Ministério da Solidariedade e Segurança Social, 1996: 4 e 10).

As Bases Gerais do Sistema de Solidariedade e Segurança Social, de 2000, e as Bases da Segurança Social, de 2002, e as Bases Gerais do Sistema

[3] Para mais desenvolvimentos sobre a adoção do modelo da economia global em Portugal, ver Lopes e Antunes (2016).

de Segurança Social, de 2007, confirmam o Estado como administrador e incentivador de uma rede nacional de ação social e a participação e a subsidiariedade como um dos princípios de base do sistema. Ao Estado estão reservados os poderes de fiscalização e inspeção por forma a garantir o cumprimento dos objetivos contratualizados nos acordos de cooperação e as obrigações legais. E o exercício da ação social cabe ao Estado, às autarquias e ao sector social, sendo um dos princípios orientadores a valorização das parcerias entre entidades públicas e particulares. Isto é refletido nos Protocolos de Cooperação entre o Estado e o sector social, expressando já o de 2005 a ideia de uma parceria público-social entre as duas partes. Em 2011, com o Programa de Emergência Social (PES), este entendimento surge com novos contornos. Este programa surge durante o programa de assistência financeira das instituições europeias e do Fundo Monetário Internacional, e constitui um apelo às entidades da economia social para servirem de amortecedores dos efeitos económicos e sociais das crises económico-financeiras de 2008 e de 2010 e do programa que o próprio governo estava a levar a cabo. Mas mais relevante que o apelo em si, são os fundamentos deste apelo, uns mais explícitos que outros, que o tornam algo «natural» e sinal de uma boa governação na política social e orçamental. Enaltece-se a superioridade deste sector face ao sector público quanto à eficiência na gestão de recursos, à menor burocratização dos processos e à maior efetivação na resposta social. Como é referido no Protocolo de Cooperação de 2011-2012, «o PES não significa mais Estado, mas sim mais economia social e melhor política social» (Governo de Portugal, 2015 *apud* Governo de Portugal, 2012: 209). O próprio governo assume como uma das suas intenções durante a legislatura a «redução do peso do Estado para o limite das possibilidades financeiras do País e com vista a um melhor Estado» (Presidência do Conselho de Ministros, 2011: 29) e o apelo ao sector social surge como instrumental neste propósito.

Com base no PES, foi criada em 2013 a Rede Local de Intervenção Social (RLIS), que amplia o espaço de atuação das IPSS na área da ação social ao nível local, resultante da contratualização de serviços, via celebração de protocolos entre estas e os serviços centrais e locais da Segurança Social. Intensifica-se assim a lógica de partilha de objetivos e interesses comuns e de repartição de obrigações e responsabilidades entre o sector social e o Estado, em que este reforça a função de incentivo e de apoio ao alargamento das possibilidades e capacidades de atuação das entidades da economia social. Desta forma, o próprio Estado afirma-se cada vez mais como um promotor da iniciativa privada na área da ação social.

Em 2013, a economia social é reconhecida em termos legais como um corpo com princípios orientadores próprios através da publicação da sua Lei de Bases. Esta Lei traduz a visão de parceria público-social existente, sendo atribuídas ao Estado funções de estímulo e apoio à criação e à atividade das entidades da economia social, e no campo da primeira refere mesmo que cabe ao Estado «remov[er] os obstáculos que impeçam a constituição e o desenvolvimento das atividades económicas das entidades da economia social» (artigo 10.º da Lei n.º 30/2013 de 8 de maio). Há, mais uma vez, um reforço das áreas de atuação destas entidades, incluindo as IPSS, ao permitir o desenvolvimento de outras atividades, para além das respetivas áreas de atuação. Na sequência desta Lei, em 2014, surge um novo estatuto das IPSS, no qual se flexibilizam alguns atos de gestão destas instituições e onde se refere expressamente a intenção política de «alteração do paradigma de relacionamento existente, deixando o conceito de Estado Tutelar para uma relação de Estado Parceiro» (confrontar *Exposição de Motivos* do Decreto-Lei n.º 172-A/2014 de 14 de novembro). Este estatuto refere a possibilidade de as IPSS desenvolverem outras atividades, de carácter instrumental, através de outras entidades por elas criadas ou em parceria desde que o resultado económico reverta para as suas atividades principais. Esta possibilidade enquadra-se na intenção política de estas instituições reforçarem a sua autonomia económico-financeira, já revelada em 1996, que no caso das abrangidas por protocolos de cooperação significa potenciar uma menor necessidade de transferências públicas para estas instituições. O próprio estatuto reconhece que o modelo de atuação que tem sido seguido é menos dispendioso para o Estado (confrontar *Exposição de Motivos* do Decreto-lei n.º 172-A/2014 de 14 de novembro).

Como resultado lógico da valorização crescente do sector social, o Protocolo de Cooperação de 2015-2016 prevê o alargamento dos domínios de atuação abrangidos pelos acordos de cooperação, passando a abarcar, para além da área da segurança social, as áreas da saúde, educação e formação profissional.

Esta ideia de parceria mantém-se no Protocolo de Cooperação de 2017-2018, agora vigente. Há aqui algo de novo, vale a pena referir, que é o facto de os novos acordos de cooperação ou o alargamento dos existentes passarem a ser feitos através de procedimentos concursais e, tal como refere o documento, em consonância com o princípio da concorrência, entre outros. Assim, o Estado, para além de promotor da iniciativa privada nas áreas abrangidas pelos protocolos, passa igualmente a ser o promotor da concorrência entre as entidades da economia social.

Apesar de o modelo com base em acordo de cooperação ser considerado menos dispendioso para o Estado, as despesas públicas com estes acordos têm subido notoriamente desde os anos de 2000. Entre 2002 e 2008, estas despesas aumentaram 43,4%, e o peso das despesas públicas da ação social com estes acordos nas despesas totais da ação social tem crescido sucessivamente desde 1998 e isto resultando, com a exceção de 2011, 2012 e 2013, num crescimento relativamente maior das primeiras face às segundas. Em 1998, representavam cerca de 63% de todas as despesas públicas da ação social e, mais recentemente, em 2016, correspondiam já a 80%. Independentemente de se saber ou não se estas despesas seriam menores caso o Estado prestasse diretamente estes serviços de ação social, o que estes números indiciam é o recuo sucessivo do Estado na prestação destes serviços, estando hoje apenas 20% das despesas públicas da ação social fora dos acordos de cooperação.

A valorização crescente destes acordos e a consequente transferência de competências para o sector social simbolizam uma transferência de capacidades de criação de emprego que efetivam na política de emprego uma substituição de promotores de emprego em benefício do sector privado, conforme se verá mais adiante.

3. A economia social como promotora de políticas de emprego

3.1. Conceção económico-política das políticas de emprego

A análise macroeconómica da criação de emprego na economia social não fica completa sem um olhar para as políticas de emprego disponibilizadas pelos sucessivos governos. As entidades deste sector surgem como promotoras de medidas de emprego desde 1999, altura em que surge o primeiro plano nacional de emprego, delineado a partir das diretrizes definidas na Estratégia Europeia para o Emprego (EEE).

Importa assim conhecer, ainda que de forma breve, esta estratégia e perceber o seu quadro macroeconómico de conceção. A EEE surge em 1997 e o seu objetivo estava bem explícito no Tratado que Institui a Comunidade Europeia, artigo 125.º (hoje, artigo 145.º do Tratado sobre o Funcionamento da União Europeia): «Os Estados-membros e a

Comunidade empenhar-se-ão... em desenvolver uma estratégia coordenada em matéria de emprego e, em especial, em promover uma mão-de-obra qualificada, formada e suscetível de adaptação, bem como mercados de trabalho que reajam rapidamente às mudanças económicas.» A EEE traduz-se na definição de orientações comuns no que respeita aos objetivos e meios das políticas de emprego dos diferentes Estados-membros e num processo de acompanhamento da UE que visa controlar regularmente a aplicação dessas mesmas diretrizes nos países respetivos.

A redação do artigo anterior é explícita quanto à lógica presente nesta estratégia. Prevalece a lógica de flexibilização e ajustamento do mercado de trabalho, ou seja, a ideia da formação de trabalhadores adaptáveis e da criação de mercados de trabalho que reajam rapidamente às mudanças económicas. Não é por acaso que uma estratégia para o emprego com esta conceção de base surge em 1997, nas vésperas da criação da zona euro que se concretizou em 1999. A EEE representa claramente o entendimento assumido quanto ao papel do mercado de trabalho na arquitetura de políticas económicas da zona euro conforme foi concebida, ou, por outras palavras, esta estratégia acaba por ser a estratégia necessária para tornar os mercados de trabalho com a flexibilidade suficiente para servirem de via de ajustamento macroeconómico.

A ideia de necessidade de flexibilidade do mercado de trabalho está presente desde o lançamento do projeto da moeda única. Em 1992, as instituições europeias já assumiam a preferência por ajustamentos macroeconómicos via mercado de trabalho, em detrimento de políticas orçamentais nacionais expansionistas, no caso de necessidade de políticas de estabilização económica, e apelavam a políticas de «moderação salarial», tendo em conta também o objetivo de estabilidade de preços (Comissão das Comunidades Europeias, 1993). Sucessivamente, desde então, nas orientações gerais de política económica dos anos de 1990, a flexibilização dos mercados de trabalho e dos salários é uma intenção política e de política económica bem fincada.

Com a criação da zona euro, uma vez desaparecidas no plano nacional a política monetária e a possibilidade de desvalorizações cambiais, e tendo-se decidido condicionar as políticas orçamentais de cada Estado-membro, definiu-se o mercado de trabalho como o mercado através do qual se processariam os ajustamentos macroeconómicos em caso de necessidade de políticas nacionais de estabilização económica e de melhoria da competitividade. Com isto, o salário passou a ser considerado uma variável de ajustamento macroeconómico e concebido essencialmente como um custo de produção que influencia, assim se pensa, o nível de emprego, a estabilidade de preços e a competitividade dos Estados-membros.

O ajustamento macroeconómico assim pretendido tem subjacente a noção de que o mercado de trabalho tem de funcionar de acordo com a sua conceção neoclássica, referida anteriormente. Cabe então às políticas de emprego, consideradas necessárias e eficazes para este efeito, diminuir ou eliminar as «imperfeições» exógenas deste mercado e, se isto não for possível, colmatar ou atenuar os seus efeitos, de modo a aproximar o mercado de trabalho tanto quanto for possível de um mercado de concorrência perfeita, que, por definição, garante a flexibilidade do mercado de trabalho necessária aos ajustamentos macroeconómicos pretendidos na zona euro.

Isto tem sido evidente nas diretrizes para o emprego dirigidas aos Estados-membros no âmbito da EEE. Estas contêm orientações e recomendações que genericamente se podem incluir em três domínios: 1) Criação de incentivos para a procura e aceitação de empregos, através da revisão dos sistemas fiscal e de prestações sociais, e por ações de formação e requalificação profissional. É neste grupo que se incluem as políticas do tipo *making work pay*, em que se incentiva a aceitação de empregos através do aumento da diferença entre o salário líquido e os rendimentos de substituição, através da imposição de condições mais restritivas no acesso e no funcionamento dos subsídios de desemprego e dos rendimentos mínimos, ou pela isenção (total ou parcial) das contribuições para a segurança social e nunca via aumento dos salários. Ambas as medidas levam à ocupação de postos de trabalho aos quais estão associados níveis salariais baixos que correspondem, em regra, a trabalho pouco qualificado. 2) Aumento da flexibilidade dos mercados de trabalho pela reorganização do trabalho, incluindo fórmulas de trabalho flexível, a anualização do tempo de trabalho, o desenvolvimento do trabalho a tempo parcial, a criação de tipos de contratos mais adaptáveis e a promoção da mobilidade do trabalho. 3) Medidas respeitantes aos salários, sugerindo-se custos do trabalho que permitam o aumento da competitividade e que sejam favoráveis ao emprego, ou seja, evoluções nos salários reais em linha com o crescimento da produtividade do trabalho no médio prazo e consistentes com uma taxa de lucro que permita investimentos que melhorem a produtividade, a capacidade produtiva e a criação de emprego.

No mesmo sentido do anterior, a EEE introduziu no âmago das políticas de emprego a ideia de «empregabilidade», que significa, conforme é entendida na estratégia, colocar a ênfase na adaptabilidade e em iniciativas individuais e de grupos, em vez de se procurar diretamente em assegurar o emprego e rendimentos estáveis não só ao nível individual, como também ao nível macroeconómico (Gazier, 2006: 4). Esta ideia de «empregabilidade» é consonante com a visão referida anteriormente de que as origens dos problemas sociais residem no essencial no plano microeconómico.

3.2. As políticas de emprego e a economia social em Portugal

A leitura dos planos nacionais de emprego portugueses (1999 a 2008-2010), onde estão identificadas as diretrizes para o emprego emanadas da EEE que apelavam então às entidades da economia social, e a análise dos apoios e incentivos ao emprego que envolvem atualmente as entidades públicas ou privadas sem fins lucrativos, permitem identificar três tipos de políticas de emprego: a) a inserção no mercado de trabalho de grupos específicos: pessoas com deficiência e incapacidades, minorias étnicas, imigrantes, jovens, desempregados subsidiados e desempregados de longa duração; b) a promoção de ações de formação através de incentivos fiscais ou financeiros; e c) a promoção de estágios, a criação de emprego a tempo parcial ou não, a criação do próprio emprego, a criação de emprego com reembolso da taxa social única ou com o apoio direto à remuneração.

O facto de se direcionarem certas políticas de emprego para as entidades da economia social revela alguns contornos do enquadramento da economia social no modelo económico presente. A este propósito, vale a pena relembrar Donzelot (2008) quando refere que o «social», hoje, se encontra definido tendo como preocupação central a luta contra a exclusão, o que levou a privilegiar as causas subjetivas dos problemas sociais. Assim, no âmbito das políticas de emprego, apela-se à economia social para que esta participe, colabore nesta conceção do «social», característica do modelo económico presente. No que se refere propriamente ao desemprego, desvalorizando-se as suas causas objetivas que decorrem dos problemas e desequilíbrios macroeconómicos, a questão que se coloca já não é tanto identificar e resolver os disfuncionamentos do sistema económico que o podem gerar, mas sobretudo promover a igualdade de oportunidades para os grupos menos favorecidos do mercado de trabalho ou, utilizando a linguagem do modelo, melhorar a sua «empregabilidade», podendo-se assim de seguida envolvê-los no objetivo coletivo de melhoria da concorrência. Aliás, esta perspetiva está de acordo com a conceção microeconómica do desemprego e com a ideia de que o desemprego é de responsabilidade individual, analisadas anteriormente. O envolvimento destes grupos tem sido feito aproveitando as especificidades e as necessidades de algumas entidades da economia social, ou promovendo no seu seio ações de formação profissional e estágios que pretendem melhorar as capacidades e as possibilidades de quem beneficia delas. Para Donzelot (2008: 23), estas entidades «são utilizadas não só para melhorar a gestão do social [tal como é entendido agora] como também para difundir junto do público deste a mensagem da concorrência, a inclusão social que passa necessariamente pela adesão às regras daquela.» Em 2010, a própria UE assume nitidamente esta perspetiva quanto à economia social quando num documento da Comissão Europeia, intitulado *Um Acto para o* ***Mercado Único****. Para uma economia social de mercado* ***altamente competitiva****: 50 propostas para, juntos, melhor trabalhar, empreender e fazer comércio* (negrito nosso), propõe a utilização do «enorme potencial de inovação no domínio da economia social» para reduzir «problemas socioeconómicos graves, com frequência radicados em situações de exclusão» (Comissão Europeia, 2010: 29).

Em Portugal, o documento *Portugal 2020. Acordo de Parceria 2014--2020* (Governo de Portugal, 2014), que enquadra as atuais políticas de emprego, permite ver com clareza a forma como se valorizam as causas subjetivas do desemprego e se apela à economia social para as colmatar. Apesar de se afirmar que, em Portugal, o nível elevado de desemprego se devia então à crise económica, nada mais é refletido sobre este assunto. Passa-se imediatamente a referir as características do mercado de trabalho e dos trabalhadores que se julgam impeditivas da criação de mais e melhor emprego e, nesse sentido, sugere-se então políticas de emprego dirigidas diretamente àquele mercado. Neste contexto e na linha de argumentação do PES, salienta-se a ideia de que as entidades da economia social têm papel relevante na criação de emprego e no suporte na concretização destas mesmas políticas.

4. Criação de emprego na economia social do ponto de vista macroeconómico

Conhecido o contexto da economia social, e em particular das IPSS da área da ação social, no modelo económico português e o enquadramento político e de política económica da criação de emprego neste sector, importa agora analisar macroeconomicamente os efeitos das políticas de emprego, nas quais as entidades da economia social surgem como promotoras. Uma avaliação da criação de emprego das políticas de emprego implica ter em conta não só a criação direta de emprego, denominada de efeito bruto, como também um conjunto de efeitos indiretos sobre o mercado de trabalho. Entre estes, existem dois efeitos que atenuam os efeitos diretos que vale a pena ter em conta neste tipo de análise, conforme se verá já de seguida. É o caso dos efeitos de deslocação que ocorrem quando os empregos criados numa certa categoria, através de programas de criação de empregos e de subsídios ao emprego, substituem categorias de emprego «normal», não subsidiado, devido à alteração dos seus salários relativos, e o caso dos efeitos de «ganho inesperado», que se verificam quando a criação de emprego ocorreria mesmo na ausência deste tipo de programas.

O Contrato Emprego-Inserção (CEI) ajuda a esclarecer estes dois efeitos. Trata-se de uma medida de emprego criada em 2009 com o objetivo de melhorar a «empregabilidade» e estimular a reinserção no mercado de trabalho de trabalhadores desempregados, beneficiários de subsídio de desemprego ou do subsídio social de desemprego. A concretização deste objetivo passa pela realização de «trabalho socialmente necessário» no âmbito de projetos promovidos por entidades coletivas públicas ou privadas sem fins lucrativos durante o período de concessão do subsídio de desemprego ainda não decorrido e desde que não exceda doze meses. Por «trabalho socialmente necessário» entende-se o trabalho realizado por desempregados inscritos no Instituto do Emprego e Formação Profissional em atividades que satisfaçam necessidades sociais ou coletivas temporárias, atividades estas que não podem visar a ocupação de postos de trabalho. O beneficiário da medida continua a receber o subsídio de desemprego que é complementado por uma bolsa correspondente a 20% deste subsídio ou do Indexante de Apoios Sociais (IAS), caso receba o subsídio social de desemprego, e por apoios a despesas de transporte, alimentação e seguros de cobertura de riscos laborais. A bolsa complementar é da responsabilidade das entidades promotoras, embora as entidades da economia social recebam apoios correspondentes a 50% do seu valor.

O CEI tem sido utilizado sucessivamente pelas entidades promotoras, entre elas as entidades da economia social, mas a sua utilização tem sido bastas vezes desvirtuada face ao objetivo de ordem social original. Os seus beneficiários nem sempre realizam «trabalho socialmente necessário», uma vez que lhes são atribuídas tarefas que correspondem a postos de trabalho que satisfazem necessidades permanentes. Com a apresentação sucessiva de projetos de inserção nos quais se inclui este tipo de contrato, as entidades promotoras vão renovando os beneficiários no mesmo posto de trabalho, evitando contratar um trabalhador «normal». Deste modo, há uma substituição destes por beneficiários da medida e isto pode ocorrer em duas situações. Quando a relação contratual entre o trabalhador «normal» e a entidade promotora cessa ou, no caso da criação de um emprego «normal», a entidade promotora opta por ocupar o posto de trabalho correspondente com um beneficiário da medida em vez de ser com um trabalhador «normal». Não há assim a contratação de trabalhadores «normais», que poderiam exercer de forma mais permanente as funções inerentes a este posto de trabalho. Daqui resultam dúvidas quanto à criação líquida de emprego desta medida. Na verdade, havendo um efeito de deslocação que decorre da substituição de trabalhadores «normais» por trabalhadores beneficiários do CEI, isto leva à destruição ou à não criação de um emprego «normal» em prol de um «emprego» subsidiado ao qual não está associado um estatuto de trabalhador.

Uma análise macroeconómica sobre esta questão não pode limitar-se a abordar apenas a questão quantitativa do emprego. É preciso analisar a contrapartida do rendimento criado com esta medida. Uma vez que a remuneração auferida é o próprio subsídio de desemprego, caso se trate de uma substituição de um trabalhador «normal», há uma redução do rendimento salarial correspondente a esse posto de trabalho dada pela diferença entre o salário deste último e a bolsa atribuída ao beneficiário da medida (não considerando o apoio às despesas de transporte, alimentação e seguros). Mesmo que o trabalhador «normal» receba posteriormente o subsídio de desemprego, o que deixa de receber (35% do seu salário, uma vez que o subsídio de desemprego corresponde a 65% da sua remuneração de referência bruta, que pode corresponder ou não ao salário bruto, tudo depende da estabilidade salarial nos catorze meses anteriores e da existência de subsídios de Natal e de férias, e desde que não exceda 75% da sua remuneração de referência líquida) não é compensado com a bolsa atribuída ao beneficiário da medida (20% do subsídio ou 20% do IAS), a não ser que o salário que o primeiro deixa de receber seja inferior a 37% do salário que o segundo recebia antes de passar à situação de desempregado.[4] Quando se refere à criação de um posto de trabalho, se for ocupado por um desempregado subsidiado, significa que o rendimento adicional gerado é menor que o rendimento criado, caso o novo posto de trabalho fosse ocupado por um trabalhador «normal». Em ambos os casos, isto pode levar a uma distorção na relação macroeconómica entre o emprego e o rendimento salarial. No primeiro caso, mantém-se o nível de emprego, mas no conjunto o rendimento é menor e, no segundo caso, o emprego aumenta, mas sem que o rendimento suba de forma correspondente, atendendo às tarefas exercidas. Este resultado decorre do facto de, a partir de 2011, os beneficiários do CEI serem contabilizados como empregados, quando na verdade não o são, pois não têm um estatuto de trabalhador nem um salário equivalente. Mas decorre também de no delineamento desta medida estar uma conceção de subsídio de desemprego que desvirtua a sua ideia original e que se deve à conceção neoclássica do mercado de trabalho. Este subsídio constitui por natureza um rendimento de substituição para quem está desempregado e que o apoia igualmente na procura de um novo emprego. É um direito de quem contribui durante um período mínimo para o sistema de segurança social. De acordo com o mercado de trabalho de conceção neoclássica, como se viu, o subsídio de desemprego é entendido como um obstáculo à flexibilização deste mercado. Considera-se equivalente a um «salário de reserva» que desincentiva a procura de emprego e limita as possibilidades de aceitação de emprego, e é com esta fundamentação que se têm alterado os sistemas de subsídio de desemprego em muitos países europeus no sentido de reduzir o seu montante e o período de atribuição. Deste modo, o subsídio de desemprego vai-se tornando cada vez mais num subsídio à procura de emprego, negligenciando-se assim a sua

[4] Antes da utilização do CEI, o rendimento de origem salarial correspondia ao conjunto da remuneração do trabalhador «normal» e do subsídio de desemprego auferido pelo trabalhador desempregado. Com o CEI, aquele rendimento passa a ser o subsídio de desemprego do trabalhador «normal» substituído, caso tenha direito a ele, ou seja, 65% do seu salário, ao qual se junta o subsídio de desemprego do beneficiário da medida, correspondente a 65% do seu salário anterior, e a bolsa complementar a que tem direito e igual a 20% deste subsídio. Assim, a substituição de trabalhadores apenas gerará um aumento do rendimento de origem salarial, caso a diferença entre o rendimento conjunto após a utilização do CEI e o anteriormente auferido seja positiva, o que acontece somente quando o salário do trabalhador «normal» substituído for inferior a 37% do salário que o beneficiário da medida recebia enquanto empregado.

característica de estabilização de rendimentos. Ora, com o CEI, o subsídio de desemprego já não é considerado um rendimento de substituição de quem perde um emprego, também não é visto como um subsídio à procura de emprego; ele constitui, antes, um subsídio ao emprego atribuído ao empregador pelo próprio beneficiário da medida. Com esta transfiguração sucessiva, é a própria lógica de proteção social que é inerente ao subsídio de desemprego que é posta em causa.

Para além desta situação, pode acontecer que a criação de emprego através da contratação de um trabalhador «normal» ocorreria mesmo sem o CEI e, neste caso, o recurso a esta medida impossibilita a criação de um emprego «normal» e do rendimento correspondente, beneficiando apenas as entidades promotoras de uma vantagem financeira no campo das despesas com o pessoal. Pode assim acontecer um efeito de «ganho inesperado» para estas entidades pelo facto de se poder utilizar um beneficiário de um CEI, cujos encargos financeiros são suportados maioritariamente por ele próprio, através do subsídio de desemprego a que tem direito, deixando de se contratar alguém que se pensaria contratar independentemente da existência desta medida de emprego e cujos encargos seriam da responsabilidade do empregador. É neste sentido que apontam Paiva *et al.* (2015) num estudo sobre a empregabilidade na economia social em Portugal. Esta perspetiva de ordem financeira de um CEI por parte das entidades deste sector claramente privilegia a ideia de o salário como um mero custo de produção, e coloca dúvidas quanto ao cumprimento do objetivo formal desta medida, que é o de promover a «empregabilidade» de quem está numa situação de desemprego.

Há um outro efeito, não devido a políticas de emprego, mas à transferência de competências do Estado, que se verifica desde os anos de 1980, para as entidades da economia social através dos acordos de cooperação. Estes acordos, ao traduzirem uma transferência de competências na prestação de serviços de ação social do Estado para estas entidades, estão simultaneamente a transferir capacidades de criação de emprego e isto tem-se verificado a dois níveis. Por um lado, no momento da transferência da prestação de serviços já existentes, o que leva à redução do emprego público em favor do emprego destas entidades; e, por outro, quando se alarga a cobertura na prestação dos serviços existentes ou se criam outros serviços, em que o emprego em vez de ser criado na esfera pública é antes gerado no sector privado, nestas entidades. Verifica-se assim um efeito *crowding out* ao contrário que beneficia a criação de emprego no sector privado.[5] No momento da transferência pode mesmo acontecer que não haja continuação da garantia de emprego para todos os trabalhadores, podendo eventualmente assistir-se a uma redução do emprego. São conhecidos casos de transferência de competências para as IPSS sem que o Estado tenha garantido simultaneamente a transferência de responsabilidades quanto aos trabalhadores envolvidos, embora tivesse permitido que as funções anteriormente exercidas por estes trabalhadores passassem a ser exercidas nas IPSS por trabalhadores beneficiários do CEI, enquanto os funcionários públicos foram deslocados para a categoria de excedentários (Hespanha e Caleiras, 2017: 29). Macroeconomicamente, tem-se assim assistido a um efeito de substituição de promotores de emprego, politicamente consentido, que justifica em alguma medida o peso do emprego nas IPSS no emprego total. Também neste caso valeria a pena analisar os efeitos sobre os rendimentos salariais decorrentes deste efeito de substituição. As estatísticas disponíveis não permitem uma análise exaustiva, bem pelo contrário. Sabe-se que, em outubro de 2016, o ganho médio mensal nas atividades de apoio social na administração pública foi de 1282,2 euros, enquanto nas entidades da economia social foi cerca de 63% deste valor.[6] Estes valores indiciam assim que o efeito de substituição de promotores de emprego penaliza a remuneração salarial nestas atividades e, no plano macroeconómico, o rendimento nacional.

5. Conclusões

O percurso da relação entre o Estado e o sector social em Portugal tem sido sinónimo de uma hibridação crescente nas políticas públicas no campo

[5] O efeito de *crowding out* expressa o impacto negativo eventual que a subida da dívida pública tem no investimento privado pelo aumento das taxas de juro. O investimento público, financiado por acréscimo de dívida, pode assim inibir o investimento privado, levando a uma substituição de promotores de investimento.

[6] As fontes estatísticas utilizadas foram o *Boletim Estatístico do Emprego Público* n.º 18 e o *Quadros de Pessoal 2016*, publicados em 2018 respetivamente pela Direção-geral da Administração e do Emprego Público e pelo Gabinete de Estratégia e Planeamento do Ministério do Trabalho, Solidariedade e Segurança Social. O *Quadros de Pessoal* é elaborado a partir da informação sobre a atividade social das empresas/entidades e a sua disponibilização constitui uma obrigação anual a cargo dos empregadores. O ganho mensal inclui a remuneração de base como outras remunerações pagas pelo empregador, como horas extra, subsídio de férias ou prémios.

da ação social (incluindo a saúde, a educação e a formação profissional), hibridação que resulta de uma decisão política e de política económica dos governos sucessivos, que tem como argumentos as mesmas ideias que têm levado à promoção da concorrência na esfera privada mercantil e que passam pela superioridade do sector privado na gestão de recursos e na concretização de objetivos, e pela necessidade de redução das despesas públicas no quadro da ação direta do Estado na área económica e social, embora esta última justificação nem sempre surja de forma explícita. A ambos os argumentos subjaz um outro, que é a menorização do papel do Estado enquanto produtor de bens e prestador de serviços e a valorização deste como promotor da iniciativa privada e das regras da concorrência.

Com a transferência de competências e a promoção de atividades na área da ação social nas entidades da economia social deliberada e politicamente consentidas, houve simultaneamente uma transferência de capacidades de criação de emprego, efetiva e potencial, que justifica em certa medida o volume de emprego neste sector. Macroeconomicamente, verifica-se assim um efeito de substituição que não permite avaliar com rigor a criação líquida de emprego e os efeitos sobre os rendimentos salariais.

Através de políticas de emprego, claramente associadas à EEE e à conceção neoclássica do mercado de trabalho, o Estado tem também promovido a ocupação de postos de trabalho no sector social, mas neste caso em muitas circunstâncias de uma forma que desvirtua o objetivo para cujo cumprimento foi convocado, e comportando-se as entidades deste sector como se de empresas do sector mercantil se tratassem. O caso do CEI é exemplar.

Assim, a política de emprego e as políticas de emprego na economia social vinculam neste campo este sector ao modelo da economia global, comprometendo-se com ele. Neste sentido, a economia social tem sido um instrumento político e de política económica no processo de redução da dimensão do Estado na área social e de restrição das despesas públicas inerente a este mesmo modelo.

Do ponto de vista da economia social, esta transferência de competências, ao alargar o seu campo de atuação, significa uma maior visibilidade e preponderância. Significa também o reconhecimento por parte do Estado das capacidades distintivas que possui face ao sector mercantil na prestação de serviços na área da ação social. Mas por ser assim, a economia social não pode estar de todo vinculada a um modelo que contraria um dos seus princípios orientadores: o primado das pessoas e dos objetivos sociais sobre o capital.

REFERÊNCIAS BIBLIOGRÁFICAS

Antunes, Margarida (2005). *O desemprego na política económica – Uma reflexão sobre Portugal no contexto da União Europeia*. Coimbra: Coimbra Editora.

Comissão Europeia (2010). *Comunicação da Comissão ao Parlamento Europeu, ao Conselho, ao Comité Económico e Social Europeu e ao Comité das Regiões. Um Acto para o Mercado Único. Para uma economia social de mercado altamente competitiva: 50 propostas para, juntos, melhor trabalhar, empreender e fazer comércio*. Bruxelas: Comissão Europeia, COM(2010) 608 final.

Comissão das Comunidades Europeias (1993). *Growth, competitiveness, employment. The Challenges and Ways Forward into the 21st Century – White Paper*. Bruxelas, COM(93) 700.

Dardot, Pierre; Laval, Christian (2010). *La nouvelle raison du monde. Essai sur la société néolibérale*. Paris: Éditions La Découverte.

Donzelot, Jacques (novembro, 2008). «Le social de compétition». *Esprit*, http://www.donzelot.org/index.php?type=article.htm [16 de fevereiro de 2011].

Gazier, Bernard (2006). «An analysis of employability in the context of globalisation in the European Union», in 11th EU-Japan symposium *Promoting employability in the context of globalization in the EU and Japan*. Bruxelas, Bélgica 20-21 de março.

Governo de Portugal (28 de julho, 2014). *Portugal 2020 – Acordo de Parceria 2014-2020*. Lisboa: Governo de Portugal.

Governo de Portugal (2015). *Solidariedade Social, um Caminho de Parceria na Construção de um Novo Paradigma*. Lisboa: Governo de Portugal.

Hespanha, Pedro; Caleiras, Jorge (março, 2017). «O labirinto das políticas de emprego», *Cadernos do Observatório* 10. Lisboa: Observatório sobre Crises e Alternativas.

Lopes, Luís; Antunes, Margarida (2016). «From budgetary instrument to the budgetary objective: the Portuguese case», *Institute for International Political Economy Berlin Working Paper* 79. Berlim: Berlin School of Economics and Law.

Ministério da Solidariedade e Segurança Social (1996). *Pacto de Cooperação para a Solidariedade Social*. Lisboa: Ministério da Solidariedade e Segurança Social.

Mitchell, William; Fazi, Thomas (2017). *Reclaiming the State*. Londres: Pluto Press.

Paiva, Júlio *et al.* (2015). *Empregabilidade na economia social: O papel das políticas ativas de emprego*. Porto: Rede Europeia Anti-Pobreza.

Presidência do Conselho de Ministros (2011). *Programa do XIX Governo Constitucional*. Lisboa: Governo de Portugal.

QUE PAPÉIS PODE DESEMPENHAR A GESTÃO DA QUALIDADE NAS ORGANIZAÇÕES DA ECONOMIA SOCIAL? UMA REFLEXÃO EM TORNO DOS SEUS CONTRIBUTOS INTERNOS E EXTERNOS

PATRÍCIA MOURA E SÁ*

1. Introdução

Com o crescimento da sua dimensão e importância, a economia social tem, ao longo dos últimos anos, sido alvo de cada vez maior atenção e escrutínio. As organizações que a compõem sentem necessidade de evidenciar que criam valor nas atividades que realizam e de demonstrar que atingem os seus propósitos. Ao mesmo tempo, as organizações da economia social, como quaisquer outras, confrontam-se com recursos necessariamente limitados para exercer as suas funções e realizar as suas missões. Tal como destacado por Al-Tabbaa *et al.* (2013), a crescente incerteza dos financiamentos governamentais, o carácter volátil de muitos donativos e a maior competitividade (inclusivamente dentro do sector), tornam a sustentabilidade destas organizações um desafio. Paralelamente, estamos em muitos casos perante organizações relativamente pequenas e pouco profissionalizadas, carentes de abordagens e instrumentos que apoiem a sua gestão, tanto em termos estratégicos, como em termos operacionais. Como salientado por Greiling (2007), estas organizações enfrentam com alguma frequência críticas algo contraditórias: por um lado, é referido que não são suficientemente geridas como empresas e são, por isso, ineficientes

* Professora auxiliar com agregação da Faculdade de Economia da Universidade de Coimbra (FEUC), investigadora integrada do Centro de Investigação em Ciência Política (CICP) e membro do Centro de Estudos Cooperativos e de Economia Social (CECES). Tem sido responsável na FEUC pela lecionação de disciplinas nas áreas da Gestão da Qualidade e Gestão das Organizações. A sua investigação centra-se na avaliação da qualidade em serviços, em particular serviços públicos e de interesse geral, e na medição da *performance* organizacional. É autora de diversos capítulos de livros e artigos em revistas científicas, incluindo, entre outras, a *Total Quality Management & Business Excellence*, *Technovation*, *TQM Journal*, *International Journal of Quality & Reliability Management* e *Policy Studies*.

e, por outro, é-lhes apontado um afastamento face aos valores tradicionais do sector, tornando-as indiferenciáveis das suas «concorrentes» lucrativas.

A gestão da qualidade, inicialmente orientada para o sector industrial, foi a pouco e pouco penetrando no sector dos serviços. Ao longo das últimas décadas do século XX tornou-se bastante popular na Administração Pública e nos Serviços de Interesse Geral[1], com a promessa de tornar estes contextos mais eficientes no uso dos recursos e mais próximos daqueles a quem servem. Os modelos e ferramentas da qualidade incentivam as organizações a ouvir os seus clientes (e outras partes interessadas) e a incorporarem esse *feedback* no desenho dos produtos e serviços. Por outro lado, ao apelar para a medição dos processos e das atividades, a gestão da qualidade pode fomentar a prestação de contas, assente no reporte de informação relevante para as diversas partes interessadas. Adicionalmente, sobretudo quando ligada a mecanismos de garantia da qualidade[2], pode desempenhar um papel importante no fomento da confiança. Estas características da gestão da qualidade parecem estar a suscitar cada vez mais o interesse das organizações da economia social. De acordo com Melão *et al.* (2017), este interesse deve-se à capacidade de os referenciais da qualidade reduzirem os riscos para os utilizadores dos serviços decorrentes de potenciais falhas, fornecerem garantias aos financiadores de que os recursos estão a ser bem aplicados, constituírem uma arma competitiva assente na diferenciação e assegurarem que os direitos dos utilizadores são respeitados.

O presente texto propõe-se analisar os papéis que a gestão da qualidade pode desempenhar nas organizações da economia social. Começa-se por clarificar o atual entendimento do que é a gestão da qualidade e apresentam-se sumariamente os seus principais modelos. Em seguida, olha-se

[1] Trata-se de serviços cuja missão é a de satisfazer as necessidades fundamentais de todos os cidadãos. A designação «Serviço de Interesse Geral» refere-se, assim, a bens (ex. água, energia, educação, saúde) que, pela sua natureza, estão sujeitos a obrigações de serviço público, incluindo acesso universal e equidade. Uma das grandes categorias de Serviços de Interesse Geral é a dos Serviços Sociais. Note-se, em qualquer caso, que o está em causa é a natureza de bem de interesse comum, e não as questões de propriedade ou das formas privadas, públicas, solidárias, mistas, ou quaisquer outras, de prestação dos mesmos (Scott, 2000).

[2] A garantia da qualidade diz respeito à prevenção dos problemas de qualidade, fundamentalmente através de atividades sistemáticas de planeamento e documentação. Desta forma, inclui a conceção e implementação de um sistema de gestão da qualidade, bem como a sua avaliação, auditoria e revisão regular.

com algum detalhe para os seus potenciais contributos, organizando-os em dois grupos: internos e externos. Finalmente, enunciam-se alguns desafios que é necessário encarar para que a adoção dos referenciais da qualidade tenha o sucesso desejado.

2. A qualidade como filosofia de gestão e os seus principais referenciais: uma breve síntese

Não cabendo neste texto uma reflexão alargada sobre o âmbito e os significados da qualidade, nem uma explanação dos princípios que norteiam a sua gestão, fará sentido defini-la de forma breve recorrendo a alguns autores de referência:

> «A Gestão pela Qualidade Total é uma filosofia de gestão que promove uma cultura organizacional centrada na satisfação do cliente através da melhoria contínua» (Kanji, 2002)

> «A Gestão pela Qualidade Total é uma abordagem que visa melhorar a eficácia e flexibilidade de uma organização. É essencialmente uma forma de organizar e melhorar a organização no seu todo, todos os departamentos, funções, atividades, cada uma das pessoas a todos os níveis» (Oackland, 1999)

> «Uma filosofia de gestão centrada na qualidade, baseada na participação ativa de todos visando o sucesso a longo prazo, através da satisfação dos clientes, e o benefício de todos os membros da organização e da sociedade em geral» (Dale *et al.*, 1997)

Não existindo um consenso entre os investigadores quanto ao corpo teórico desta disciplina (Al-Tabbaa *et al.*, 2013), para a afirmação da gestão da qualidade como um campo importante da gestão das organizações muito tem contribuído a ideia de que a adoção de certas práticas e princípios – nomeadamente, usando a síntese proposta pela norma ISO 9001: 2015, o foco no cliente, a liderança, o comprometimento das pessoas, a abordagem por processos, a melhoria, a tomada de decisões baseada em evidências e a gestão de relacionamentos – está na base de um desempenho organizacional superior.

De forma sumária, pode dizer-se que os referenciais da qualidade genericamente compreendem as normas ISO e os modelos de excelência (fundamentalmente o europeu, desenvolvido pela EFQM, e o americano, designado por Malcolm Baldrige), criados no final da década de oitenta do século passado, mas sucessivamente ajustados e revistos, para melhor refletirem preocupações atuais, como a da sustentabilidade, da responsabilidade social e da inovação.

As normas ISO constituem um referencial, amplamente adotado a nível mundial nos mais diversos sectores, para desenvolver sistemas estruturados que identifiquem, coordenem e documentem as atividades-chave no domínio da qualidade. O sistema de gestão da qualidade clarifica o que a organização faz para gerir os seus processos e atividades de forma a satisfazer de modo consistente os requisitos dos seus clientes, cumprir com a legislação aplicável e atingir os seus objetivos. A sua estruturação exige que sejam explicitadas as responsabilidades e padronizadas algumas atividades. Os impactos da adoção das normas ISO 9001 têm sido muito reportados na literatura, e geralmente apontam para benefícios decorrentes da organização interna e sistematização dos procedimentos – nomeadamente, maior produtividade, menos defeitos e não conformidades, melhor comunicação interna e maior motivação dos funcionários – e vantagens de mercado, incluindo melhoria da imagem e maior satisfação dos clientes (Melão *et al.*, 2017). Alguns inconvenientes são também destacados, especialmente quando o referencial é aplicado em pequenas organizações de forma algo mecanicista. Tais inconvenientes englobam o acréscimo de burocracia, os custos da certificação, a linguagem técnica das normas e os pesados requisitos de medição e documentação (Melão *et al.*, 2017).

Por seu turno, os modelos de excelência servem de base à atribuição de uma gama mais ou menos vasta de prémios, os quais pretendem distinguir e divulgar boas práticas. No caso do modelo europeu (EFQM/BEM), são destacados oito conceitos fundamentais da excelência e propostos nove critérios de avaliação, cinco de meios e quatro de resultados (EFQM, 2013). Sendo um referencial genérico, é aplicável em qualquer sector e por qualquer organização, independentemente da sua dimensão e modelo de governação. Trata-se de um modelo holístico que incorpora um conjunto de elementos essenciais da gestão da qualidade e que destaca os seus impactos na satisfação das várias partes interessadas (Al-Tabbaa *et al.*, 2013).

Se o propósito principal da implementação e certificação de sistemas da qualidade de acordo com as normas ISO é o de gerar confiança nos clientes e outras partes interessadas, já os modelos de excelência funcionam essencialmente como referenciais de autoavaliação organizacional com o intuito de permitir identificar os pontos fortes e as áreas de melhoria. Os seus critérios servem de guia para que a organização reflita em conjunto sobre o seu desempenho e, a partir dessa reflexão, identifique e priorize as ações de melhoria (Sá, 2016). Os sistemas de pontuação propostos geram ainda um conjunto de indicadores que podem ser usados no âmbito de processos de *benchmarking* internos e externos.

A generalidade destes referenciais tem origem no sector privado, e a sua capacidade para captar as realidades das organizações da economia social tem sido um dos temas de maior debate na literatura (Greatbanks *et al.*, 2010). Como destacado por Al-Tabbaa *et al.* (2013), tanto o modelo da EFQM como o de Malcolm Baldrige se têm revelado relevantes em diferentes contextos, nomeadamente na saúde, na educação ou na administração pública em geral. Contudo, é de esperar, em função das suas especificidades, que a transposição destes referenciais para as organizações da economia social careça de algumas adaptações. O exemplo porventura mais consolidado deste trabalho de adaptação é o das normas EQUASS. Seguindo as normas europeias e os fundamentos gerais das ISO, o referencial EQUASS constitui um sistema de avaliação da qualidade com uma dupla vertente: certificação e reconhecimento de excelência. Trata-se de uma abordagem específica para o sector dos Serviços Sociais com uma linguagem ajustada a este contexto.

3. Potenciais contributos da gestão da qualidade para as organizações da economia social

Nesta secção analisam-se os principais papéis que a gestão da qualidade pode desempenhar nas organizações da economia social. Entende-se que alguns destes papéis remetem essencialmente para a ligação das organizações ao meio em que operam, refletindo-se no modo como as organizações se apresentam perante os seus clientes, financiadores externos e reguladores, enquanto outros papéis se fazem sentir essencialmente numa ótica interna, repercutindo-se na forma como as organizações trabalham, se estruturam, se autoavaliam e procuram sistematicamente melhorar.

Da correta implementação dos referenciais da qualidade podem assim surgir benefícios internos e externos. Naturalmente que alguns destes contributos não são específicos deste contexto. Potencialmente são gerados pela aplicação bem-sucedida dos referenciais em qualquer organização. No entanto, a gestão da qualidade pode, como se procura evidenciar em seguida, ser um auxiliar poderoso para que as organizações da economia social respondam a diversos desafios que se lhes colocam especificamente.

A) Contributos Internos

- **Promoção da organização interna, da eficiência e da eficácia**

Num plano interno, enquanto filosofia de gestão que promove a mensuração dos processos, a tomada de decisão baseada em evidências e o pensamento estratégico e holístico, a qualidade pode gerar importantes ganhos de eficácia e eficiência.

A gestão da qualidade assenta desde logo numa análise dos processos. A organização é vista como uma rede complexa de processos interdependentes, os quais, para funcionarem adequadamente em conjunto, terão de estar alinhados por uma missão e por objetivos globais comuns. No âmbito da análise de processos, a gestão da qualidade combate a variabilidade (entendida como uma indesejável inconstância nos resultados de um processo) e procura sistematicamente eliminar todo o tipo de desperdício. No primeiro caso, para aumentar a consistência, a gestão da qualidade utiliza os princípios do controlo estatístico dos processos[3]. O controlo estatístico dos processos assume que existe uma variabilidade natural (atribuível às causas comuns) e uma variabilidade especial (atribuível a causas assinaláveis). As medidas a aplicar para a combater dependem do tipo de causas de variabilidade. Já o desperdício é atribuível a um conjunto de fatores – excesso de produção, tempos de espera, deslocações excessivas de pessoas, materiais e informação, processos inadequados, excesso de inventários, movimentos desnecessários devido à desorganização dos locais de trabalho e defeitos[4]

[3] O controlo da qualidade consiste num conjunto de atividades e técnicas no sentido de alcançar e manter a qualidade de um produto, serviço ou processo. Inclui, assim, uma vertente de monitorização (acompanhamento) ou inspeção, mas comporta igualmente a procura e remoção das causas da «não qualidade». Neste âmbito, a aplicação de técnicas estatísticas de análise é fundamental, dando origem ao designado controlo estatístico dos processos.

[4] As sete formas de desperdício identificadas correspondem, na metodologia *Lean*, aos sete tipos de *muda*.

– e pode ser atacado com algumas metodologias da qualidade, como seja os *5S*, o *Lean Management* e o *Seis Sigma*[5].

A metodologia *5S*, que deve o seu nome a cinco palavras iniciadas pela letra S – *Seiri* (Triagem), *Seiton* (Arrumação), *Seison* (Limpeza), *Seiketsu* (Normalização) e *Shitsuke* (Disciplina) –, tem como objetivo promover um ambiente de trabalho limpo, seguro, agradável e organizado, onde existe uma localização específica para tudo e onde só está aquilo que é mesmo absolutamente necessário à realização do trabalho, ou seja, apenas os materiais e equipamentos que permitem acrescentar valor ao trabalho que é necessário realizar, eliminando tudo o que não é preciso (Sá *et al.*, 2014).

O *Lean Management* é uma popular abordagem de eliminação dos desperdícios, identificando as atividades que não acrescentam valor e procurando a perfeição. A designação *Lean* remete para a ideia de *organização magra*, significando que se produz *apenas o necessário, nem mais cedo, nem mais tarde*. A aplicação do *Lean* implica que a organização identifique bem as necessidades dos clientes (para que crie efetivamente valor), conheça bem a cadeia de fornecimento do bem ou de prestação do serviço (i.e., o conjunto de etapas necessárias à satisfação dos pedidos dos clientes), procure aumentar a fluidez do processo eliminando tudo o que não seja necessário, aplique o sistema *pull* (ou seja, produza apenas aquilo que é necessário quando for necessário, em função dos pedidos dos clientes) e melhore continuamente.

O *Seis Sigma* é uma metodologia que pode ser descrita como uma coleção de ferramentas e de conceitos de gestão e de estatística, focalizada na redução da variabilidade dos processos e na prevenção de defeitos nos produtos (Gryna *et al.*, 2007). Procura os *zero defeitos* baseando-se numa análise rigorosa dos processos a partir da recolha criteriosa de factos e dados. A adoção da metodologia *Seis Sigma* exige que a organização esteja focada nas necessidades dos seus clientes, encontre novas formas de resolução de problemas crónicos, elimine o desperdício em todas as atividades e procure melhorar continuamente, sustentando os progressos alcançados, valorizando e investindo nas competências dos seus funcionários (Sá *et al.*, 2014).

[5] Para uma descrição breve de cada uma destas metodologias veja-se, por exemplo, o manual *Qualidade em Ação* (capítulo 1, «Breve Introdução às Ferramentas e Metodologias da Qualidade»).

A adoção de sistemas de gestão da qualidade por parte das organizações é a consequência lógica da concertação dos esforços e iniciativas que comecem a ser implementados. Também eles dão um contributo importante para a eficiência e eficácia ao fomentarem a organização interna, clarificarem responsabilidades, estabelecerem um conjunto de procedimentos e obrigarem à formulação de objetivos e planos.

Existindo um amplo consenso em torno da ideia de que a qualidade é um fator relevante para a melhoria do desempenho das organizações da economia social ao contribuir para uma maior eficiência e eficácia (Al-Tabbaa *et al.*, 2013), são ainda escassos os estudos empíricos que avaliam tal contributo.

- **Apoio à avaliação (e melhoria) do desempenho organizacional**

É reconhecida a necessidade de as organizações da economia social avaliarem o seu desempenho regularmente de forma a serem sustentáveis (Al-Tabbaa *et al.*, 2013). Neste sentido, os modelos da qualidade (em particular os modelos de excelência) assumiram-se ao longo dos anos como importantes ferramentas de autoavaliação organizacional, e as organizações da economia social não têm ficado à margem desta tendência (Paton *et al.*, 2000).

Com base na autoavaliação feita, a organização pode estabelecer uma agenda para a melhoria coerente e significativa, porque fundada num conhecimento das áreas de mais fraco desempenho e perceção daquelas que têm um impacto mais relevante no alcance dos propósitos organizacionais. Simultaneamente, os modelos de excelência constituem referenciais que promovem um diálogo entre aqueles que trabalham nas organizações, assente numa linguagem comum.

Alguns trabalhos (ex. Al-Tabbaa *et al.*, 2013) reportam que os gestores das organizações pretendem que a avaliação de desempenho, para além dos processos de autoavaliação, tenha também uma componente externa, com o envolvimento de entidades independentes. Os modelos de excelência podem precisamente ser usados nesta dupla perspetiva. A participação de entidades independentes acontece quando as organizações, de forma mais ou menos voluntária, se candidatam a mecanismos de reconhecimento (prémios, certificações no âmbito de alguns modelos, etc.)

B) Contributos Externos

- **Gerar satisfação e fornecer confiança aos clientes (incluindo àqueles que são mais vulneráveis)**

A ideia de que a qualidade coloca os utilizadores dos produtos e serviços (e os clientes em geral) no centro das preocupações da organização é geralmente apontada como um dos seus principais benefícios. Pelo facto de estarem focadas nos clientes, as organizações que adotem a gestão da qualidade tendem a conhecer melhor as necessidades e expectativas de quem procura os seus produtos e serviços e a conseguirem definir modos de lhes dar resposta.

Convém lembrar que as organizações da economia social, na sua maioria, atuam no sector dos serviços. Os serviços são por natureza intangíveis e, consequentemente, mais difíceis de medir e avaliar precocemente. Em muitas situações, a qualidade dos serviços só pode ser aferida após o seu consumo. Nestas circunstâncias, os clientes tendem a recorrer a formas de minimizar o risco de consumir serviços de fraca qualidade, especialmente quando estes podem comprometer o seu futuro (como acontece na saúde ou na educação, por exemplo). Os serviços profissionais[6] (Silvestro, 2015) são particularmente difíceis de avaliar por não especialistas, mesmo após o seu consumo (Greiling, 2007). Nestes contextos, a confiança é fundamental, inclusivamente como critério de escolha.

Porventura, a primeira questão que se coloca a qualquer organização é a identificação clara de quem são os seus clientes. Neste exercício, especialmente difícil para as organizações deste sector (Jones e Shandiz, 2015), há que ter em conta que o utilizador direto do serviço nem sempre é quem paga por ele. Muitas vezes, o financiamento dos serviços prestados pelas organizações da economia social, fundamentalmente no caso dos serviços sociais, é feito indiretamente, por via de contribuições e impostos, o que faz com que as organizações tenham também de responder

[6] Silvestro (2015) apresenta uma tipologia dos serviços que utiliza dimensões como o volume de clientes atendidos por unidade de tempo, o nível de customização e o grau de discricionariedade na prestação do serviço. Segundo esta tipologia, os serviços profissionais são caracterizados por um elevado tempo de contacto, uma significativa necessidade de individualização da prestação em função das necessidades de cada cliente e, consequentemente, pela criação de valor depender grandemente das competências das pessoas.

perante os contribuintes e a sociedade em geral. Existem também organizações que prestam serviços de que todos beneficiam de forma compulsiva. Adicionalmente, existem serviços sujeitos a critérios de elegibilidade, geralmente como forma de condicionar a procura. Neste contexto diverso, as relações não transacionais colocam dificuldades acrescidas à identificação do cliente e, por maioria de razão, à definição de qual o seu papel. Como é de esperar em face de um leque diversificado de clientes, existem expectativas difíceis de compatibilizar (Jones e Shandiz, 2015). Adicionalmente, a (cabal) satisfação das expectativas individuais tem muitas vezes de ser ponderada face às necessidades coletivas e à importância de alcançar objetivos de equidade.

O uso do termo cliente é, em si próprio, um aspeto que merece alguma reflexão. Como enfatizado por alguns autores (Aberbach e Christensen, 2005; Clifton *et al.*, 2005; Davis, 2009; Jung, 2010), os conceitos de utente, cliente e cidadão têm significados diferentes e não devem ser usados indiferentemente. Sumariamente, o utente é aquele que beneficia diretamente de um produto ou serviço como utilizador. A noção de cliente é mais ampla, uma vez que, para além do utilizador direto, contempla todo aquele para quem a organização pretende gerar valor com o produto que fornece ou o serviço que presta. Por sua vez, o conceito de cidadão é ainda mais abrangente. Os cidadãos têm direitos (e obrigações) que vão muito além dos que estão associados a relações transacionais, e consubstanciam-se na possibilidade de terem uma voz na definição das políticas públicas e, posteriormente, na sua avaliação. Assim, neste âmbito, são clientes das organizações da economia social os indivíduos ou entidades visados pela criação de valor.

Uma outra questão importante é a do reconhecimento da existência de clientes vulneráveis (i.e., que estão em condições económicas, políticas, sociais, físicas ou psicológicas particularmente desfavoráveis, seja devido a fatores estruturais ou meramente circunstanciais) e a definição da melhor forma de assegurar que as suas necessidades e expectativas são ouvidas. A gestão da qualidade assume frequentemente existência de um cliente médio, esquecendo que os clientes são muito diversos, não só quanto às suas necessidades, mas também no que se refere às suas competências e capacidades para influenciar a prestação dos serviços (Sá, 2018). As organizações da economia social prestam muitas vezes serviços a utilizadores que não estão em condições de avaliar (pelo menos de forma consciente, autónoma e livre) a qualidade dos serviços. Um dos casos típico é o dos idosos institucionalizados (Greiling, 2007). As organizações da economia social são frequentemente responsáveis pela produção ou a prestação de serviços que respondem a necessidades básicas e, como analisado por Bruce (1995), em vários domínios têm considerável poder sobre os beneficiários e utilizadores das atividades que prestam, sobretudo quando operam em mercados pouco competitivos ou quando existe um excesso de procura face à oferta. Em diversas situações, os mecanismos de *exit* (abandono do atual prestador e sua eventual substituição por outro) e mesmo de *voice* (expressão de [in]satisfação através de mecanismos como a reclamação) estão assim comprometidos. Cabe à gestão da qualidade desenvolver novas ferramentas e instrumentos que permitam a clientes mais vulneráveis expressar as suas necessidades e que fomentem a resposta a estas expectativas por parte das organizações prestadoras dos serviços.

- **Apoiar a prestação de contas e fomentar a confiança naqueles com quem se relacionam**

No caso das organizações da economia social, e pelo facto de elas terem de prestar contas perante um leque diversificado de atores, os modelos da qualidade podem ser um instrumento útil para que possam evidenciar um bom funcionamento. Paton *et al.* (2000) mostram como a utilização destes modelos por parte das organizações estudadas contribuiu para transmitir confiança aos seus *stakeholders* externos. Como Paton *et al.* (2000, p. 31) salientam «um dos grandes valores dos modelos da qualidade nos tempos que correm é a sua credibilidade junto da sociedade em geral, permitindo aos gestores simultaneamente darem resposta a aspetos substantivos e apresentarem externamente as organizações como bem-sucedidas, focadas no cliente e alinhadas com os desafios contemporâneos».

Esta função dos referenciais da qualidade é especialmente apelativa quando as organizações da economia social competem por financiamento (como quase sempre acontece) e, particularmente, quando querem mostrar os méritos das atividades que desenvolvem aos doadores e financiadores. O mesmo raciocínio é aplicável quando se trata de atrair trabalho voluntário (um elemento importante para muitas destas organizações), dado que esse tipo de compromisso geralmente implica confiança na causa e nos resultados gerados (Kruger *et al.*, 2004; *apud* Jones e Shandiz, 2015, p. 57). A mesma confiança é suscetível de facilitar a cooperação e o trabalho em rede.

A necessidade de gerar confiança e a ligação que esta pode ter à medição do desempenho são assuntos discutidos por vários autores, entre os quais Greiling (2007, p. 9), a qual salienta que desde o início deste século se assiste a uma mudança de uma cultura de «confia em mim» para uma cultura de «mostra-me o que fazes» (*from a «trust me» to a «show me» culture*), e que isso afeta consideravelmente as organizações deste sector. O seu desempenho passou a ser aferido e monitorado de forma regular. Naturalmente que a transparência que decorre da medição e relato do desempenho pode ser o resultado de pressões internas ou de pressões externas de reporte, decorrente das condições impostas por entidades que têm peso no financiamento ou por entidades reguladoras.

- **Criação de bases para modelos de supervisão indireta**

Tradicionalmente, as organizações da economia social responsáveis pela prestação de serviços de interesse geral, mormente sociais, eram objeto de uma supervisão direta do Estado, que realizava inspeções regulares de diversa natureza para garantir que as obrigações de serviço público eram cumpridas e que os serviços eram prestados com qualidade. Esses modelos de supervisão direta revelaram-se caros e algo ineficazes. Foram sendo substituídos por modelos de supervisão indireta, em boa medida assentes em mecanismos de garantia da qualidade. Para os governos que os promovem, estes mecanismos (certificações e prémios) são vistos como formas de alcançar melhores desempenhos sem os custos e as responsabilidades da supervisão direta (Paton e Foot, 2000).

As auditorias que ocorrem no âmbito de vários esquemas de garantia da qualidade servem como formas de controlo que visam lidar com as perceções de risco e com a erosão da confiança pública nas organizações. Certificações e reconhecimentos derivados das normas e modelos de excelência afirmaram-se capazes de gerar confiança, a qual, como salientado por Greiling (2007), é suscetível de substituir mecanismos explícitos de controlo.

Paton e Foot (2000) destacam quatro características das auditorias que passaram a ser comuns neste domínio: a) de carácter voluntário (como indicação da observância de padrões elevados de funcionamento, a qual pode fazer parte de estratégias promocionais); b) conducentes a certificações independentes, por uma terceira parte; c) com um âmbito alargado, o qual contempla os sistemas de governação e de gestão das organizações;

d) valorizando evidências não documentais, resultantes de observações e entrevistas realizadas em visitas. Facilmente se constata que as auditorias promovidas no âmbito dos referenciais da qualidade preenchem estes requisitos.

Adicionalmente, os modelos da qualidade são muitas vezes essenciais no relacionamento entre as organizações e os reguladores (sejam eles o Estado ou qualquer entidade independente) ao fornecerem critérios e indicadores de avaliação e ao facilitarem o fornecimento de informação.

4. Notas finais

Nas últimas décadas tem emergido a necessidade de as organizações da economia social vencerem alguns défices de credibilidade (em boa parte resultantes da expansão que o sector tem registado), quanto à sua capacidade de gestão e de realização consequente das finalidades a que se propõem. Este texto procurou evidenciar o potencial que a gestão da qualidade tem, com os seus modelos e ferramentas, para apoiar a gestão das organizações e gerar confiança nos vários atores com quem as organizações se relacionam.

Como se procurou mostrar, a adoção de referenciais da qualidade tem potencialmente consequências importantes no modo como a organização é vista pelas partes externas interessadas (clientes, parceiros, fornecedores, financiadores, reguladores, etc.). Contudo, este potencial não pode ignorar os desafios que as organizações da economia social, em especial as mais pequenas, enfrentam na adoção dos referenciais da qualidade.

Desde logo, as normas e os modelos de excelência estão marcados por uma linguagem que reflete os contextos que estão na sua génese e que correspondem à realidade das grandes empresas industriais. Não é assim surpreendente que sejam frequentes as críticas dos dirigentes das organizações da economia social, que classificam a linguagem dos modelos como pouco clara e desajustada (Paton *et al.*, 2000). Esta mesma preocupação foi expressa pelos dirigentes que participaram na pesquisa de Al-Tabbaa *et al.* (2013), os quais manifestaram dúvidas quanto ao entendimento dos critérios da liderança e dos clientes. No primeiro caso, consideraram que o critério não reflete bem os órgãos de governo destas organizações e, no segundo, sugeriram mesmo que o termo «clientes» fosse substituído por «beneficiários e doadores». Adicionalmente, embora reconhecessem a relevância dos critérios do modelo da EFQM, afirmaram que os pesos relativos sugeridos pelo referencial eram inadequados para a realidade destas organizações. Podemos verificar que alguns modelos especificamente concebidos para este sector – em especial para as organizações que prestam serviços sociais –, ainda que inspirados nos referenciais genéricos, colocam maior ênfase em aspetos éticos, como o respeito pela dignidade humana, a conduta ética dos profissionais e a segurança.

Note-se que as organizações na adoção destes modelos da qualidade enfrentam as mesmas dificuldades que têm na implementação de qualquer sistema de medição do desempenho. Entre outras, Greiling (2007) destaca os desafios decorrentes da necessidade de escolher um conjunto limitado e consensual de objetivos de desempenho, identificar para cada um deles indicadores relevantes, e ter uma ideia do seu inter-relacionamento. As organizações da economia social perseguem, regra geral, propósitos vastos e algo ambíguos, interagindo com uma multiplicidade de partes interessadas. Na medição do desempenho é importante combinar diferentes tipos de indicadores, designadamente de *input*, de *output* e de *outcome* (impacto). Os indicadores de impacto, embora mais difíceis de definir e aplicar, são, na verdade, os mais importantes (Greatbanks *et al.*, 2010), na medida em que permitem avaliar os benefícios criados pelas atividades desenvolvidas, ligando-se estritamente com as missões das organizações. Este é um desafio fundamental.

Estas dificuldades são reforçadas pelo problema da falta de qualificações em muitas das organizações da economia social, tornando mais difícil reunir as competências necessárias para adotar os referenciais da qualidade. Com frequência estamos perante organizações bastante pequenas e com um quadro de profissionais reduzido. Em face da falta de competências internas, muitas recorrem a consultores externos. Contudo, não só há uma escassez de consultores suficientemente conhecedores da realidade deste sector, como o recurso a consultores externos nunca pode substituir o necessário envolvimento daqueles que trabalham diariamente nas organizações. Só assim haverá uma efetiva assimilação e apropriação dos conceitos e princípios da qualidade.

Por fim, os próprios referenciais da qualidade precisam de evoluir no reconhecimento de uma dimensão mais coletiva dos beneficiários dos serviços. Na verdade, continua a imperar o mero reconhecimento do cliente individual, cuja satisfação deve ser perseguida. Para as organizações da economia social está frequentemente em causa a prestação de serviços, onde não se pode aceitar a soberania absoluta do cliente, especialmente se isso colidir com a satisfação de necessidades coletivas. Contribuir para o empoderamento dos consumidores e dos cidadãos em geral, incluindo os mais vulneráveis, é um desafio em aberto para a gestão da qualidade neste contexto.

REFERÊNCIAS BIBLIOGRÁFICAS

Aberbach, J., Christensen, T. (2005), «Citizens and Consumers: An NPM dilemma», *Public Management Review*, vol. 7, no. 2, pp. 225-245.

Al-Tabbaa, O., Gadd, K., Ankrah, S. (2013), «Excellence models in the non-profit context: strategies for continuous improvement», *International Journal of Quality & Reliability Management*, vol. 30, no. 5, pp. 590-612.

Bruce, I. (1995), «Do not-for-profits value their customers and their needs?», *International Marketing Review*, vol. 12, no. 4, pp. 77-84.

Clifton, J.; Comín, F., Fuentes, D. (2005), «Empowering Europe's Citizens? Towards a charter for services of general interest», *Public Management Review*, vol. 7, no. 3, pp. 417-443.

Dale, B., Cooper, C., Wilkinson, A. (1997), *Managing quality & human resources: a guide to continuous improvement*, Oxford: UK: Blackwell.

Davis, J. (2009), «Entrenchment of New Governance in Consumer Policy Formulation: A Platform for European Consumer Citizenship Practice?», *Journal of Consumer Policy*, vol. 32, pp. 245-267.

EFQM (2013), *EFQM Excellence Model, European Foundation for Quality Management*, Bélgica: Bruxelas, disponível em http://www.efqm.org/index.php/efqm-model-2013/download-your-free-copy/ (acedido em 28 de dezembro de 2018)

Greatbanks, R., Elkin, G. (2010), «The use and efficacy of anecdotal performance reporting in the third sector», *International Journal of Productivity and Performance Management*, vol. 59, no. 6, pp. 571-585.

Greiling, D. (2007), «Trust and Performance Management in Non-Profit Organizations», *The Innovation Journal: Public Sector Innovation Journal*, vol. 12, no. 3, article 9, pp. 1-23.

Gryna, F., Chua, R., Defeo, J. (2007), *Juran's Quality Planning and Analyisis for Enterprise Quality*, New York. EUA: McGraw-Hill.

Jones, J., Shandiz, M. (2015), «Service Quality Expectations: Exploring the Importance of SERVQUAL Dimensions from Different Nonprofit Constituent Groups», *Journal of Nonprofit & Public Sector Marketing*, no. 27, pp. 48-69.

Kanji, G. (2002), *Measuring business excellence*, Routledge Advances in Management and Business Studies, Routledge.

Melão, N., Guia, S., Amorim, M. (2017), «Quality Management and Excellence in the third sector: examining European Quality in Social Services (EQUASS) in non-profit social services», *Total Quality Management & Business Excellence,* vol. 28, nos. 7&8, pp. 840-857.

Oakland, J. (1999), *Total organizational excellence: achieving world-class performance,* Butterworth-Heinemann.

Paton, R., Foot, J. (2000), «Nonprofit's Use of Awards to Improve and Demonstrate Performance: Valuable Discipline or Burdensome Formalities?», *Voluntas: International Journal of Voluntary and Nonprofit Organizations,* vol. 11, no. 4, pp. 329-353.

Paton, R., Foot, J., Payne, G. (2000), «What Happens When Nonprofits Use Quality Models for Self-Assessment?», *Nonprofit Management & Leadership,* vol. 11, no. 1, pp. 21-34.

Sá, P. M. (2018), «Clientes vulneráveis: um desafio para os modelos da qualidade», *Qualidade,* no. 1, pp. 31-33.

Sá, P. M. (2016), «Teorias Organizacionais», in *Introdução à Gestão das Organizações* (capítulo 2), Lisboa, Portugal: Escolar Editora (pp. 33-96).

Sá, P. M., Rosa, M. J., Sarrico, C. (2014), «Breve introdução às ferramentas da qualidade», in *Qualidade em Ação* (capítulo 1), Lisboa, Portugal: Edições Sílabo (pp. 29-87).

Scott, C. (2000), «Services of General Interest in EC Law: Matching Values to Regulatory Technique in Public and Privatised Sectors», *European Law Journal,* vol. 6, no. 4, pp. 310-325.

Silvestro, R. (2015), «Service Processes» in *Willey Encyclopedia of Management,* John Willey & Sons, 3.ª edição (https://doi.org/10.1002/9781118785317.weom100212)

CONTROLO DEMOCRÁTICO E RESPONSABILIDADE CIVIL DOS ADMINISTRADORES DE COOPERATIVAS

MARIA ELISABETE RAMOS*

1. Soberania dos cooperadores e controlo democrático da administração

A introdução aos *Principles of European Cooperative Law*[1] vinca dramaticamente a necessidade de ser especificada e preservada a identidade cooperativa, e identifica alguns «cantos de sereia» que, por vezes, distraem do essencial. Na verdade, esta importante obra de projeção internacional recorda que «it is crucial to specify that identity, since its specificity is the only reason why cooperatives should be subjected to particular regulation. It violates no secrecy to state that some cooperative practices, as well as some legislations, have weakened the differences between cooperatives and companies. This process can be described as the "companisation" of

* Professora auxiliar da Faculdade de Economia da Universidade de Coimbra (FEUC). É docente da pós-graduação em Economia Social: Cooperativismo, Mutualismo e Solidariedade, da FEUC. É coautora da obra *Governação e regime económico das cooperativas*, Porto: Vida Económica, 2011. É coordenadora (juntamente com Deolinda Aparício Meira) do *Código Cooperativo Anotado*, Almedina, 2018, autora e coautora de vários comentários. É coautora do relatório «European Social Business Initiative: Member State Legal and Regulatory Profile – Portugal» (2013), preparado para a Comissão Europeia. É investigadora do Centro de Estudos Cooperativos e da Economia Social de FEUC. Integrou a Comissão Redatorial para a revisão do regime do sector cooperativo. Em 2015, foi distinguida com o Prémio Cooperação e Solidariedade António Sérgio, com Deolinda Aparício Meira.

[1] Vd. Gemma Fajardo, Antonio Fici, Hagen Henrÿ, David Hiez, Deolinda Meira, Hans-H. Münkner, Ian Snaith, *Principles of European Cooperative Law. Principles, Commentaries and National Reports*, Intersentia Ltd, Cambridge, 2017; Gemma Fajardo, A. Fici, H. Henrÿ, D. Hiez, H. Münkner, I. Snaith, «El nuevo grupo de estudio en derecho cooperativo europeo y el Proyecto "Los principios del derecho cooperativo europeo"», *CIRIEC-España, Revista Jurídica de Economía Social y Cooperativa*, n.º 24, 2013, pp. 331-347; A. Fici, «Cooperative Identity and the Law», in *European Business Law Review*, n.º 24, 2013, pp. 37-64.

cooperatives or, more positively, as "hybridisation". As legal scholars, we have no opinion about the opportuneness of these developments, but we can affirm that they provide arguments to abolish cooperative-particular legal rules»[2].

Há que ter presente que a «societarização» das cooperativas é, como refere a introdução aos *Principles of European Cooperative Law*, um fenómeno europeu que pode desvirtuar ou até subverter a identidade cooperativa[3].

Inserido na matriz identitária das cooperativas está, por força do princípio da gestão democrática ou gestão pelos membros[4], a *responsabilização dos cooperadores administradores da cooperativa.* Os operários, confrontados com problemas que urgia resolver (obter emprego, adquirir bens a preços razoáveis, eliminar o intermediário, construir casas a custos aceitáveis), tomando o seu destino em mãos, gizam uma organização de matriz democrática que, através da *cooperação* para a satisfação das *necessidades dos seus membros*, procura conseguir uma vida melhor para cada um deles. É este cunho democrático, *autónomo e emancipatório* que torna a cooperativa um instrumento virtuoso de entreajuda[5-6].

[2] Hagen Henrÿ, «Introduction», in *Principles of European Cooperative Law. Principles, Commentaries and National Reports*, Gemma Fajardo, Antonio Fici, Hagen Henrÿ, David Hiez, Deolinda Meira, Hans-H. Münkner, Ian Snaith, Intersentia Ltd, Cambridge, 2017, p. 13.

[3] Na doutrina portuguesa, sobre a «societarização» das cooperativas, vd. Deolinda Aparício Meira, «A societização do órgão de administração das cooperativzs e a necessária profissionalização da gestão», *CIRIEC-España. Revista Jurídica* n.º 25/2014, p. 1 e ss.

[4] Sobre este vd. Rui Namorado, «Artigo 3.º», *Código Cooperativo Anotado*, Deolinda Aparício Meira, Maria Elisabete Ramos (coords.), Coimbra: Almedina, 2018, p. 27, ss., e bibliografia aqui referida.

[5] Luiz da Cunha Gonçalves, *A evolução do movimento operário em Portugal*, Lisboa: A. de Mendonça, 1906, p. 74, ss.; *Comentário ao Código Comercial português*, vol. I, Lisboa: Empreza Editora J. B., 1914, p. 541, refere que as diferentes ideias políticas que fundaram o cooperativismo, embora partindo de pontos doutrinários diversos e opostos, comungavam do propósito de libertar o proletariado do «regime do salariado, da exploração capitalista, eliminando o patrão; e eliminando o comerciante, o banqueiro, o proprietário urbano».

[6] Maria Elisabete Ramos, «Gestão democrática das cooperativas – que desafios?», *A economia social e civil: estudos*, coordenação de João Carlos Loureiro e Suzana Tavares da Silva, vol. 1, Coimbra: Faculdade de Direito da Universidade de Coimbra, Instituto Jurídico, 2015, p. 133, ss.

Na ordem jurídica portuguesa, os princípios cooperativos alcançaram consagração jurídico-constitucional (art. 61.º, n.º 4, da CRP)[7]. Embora a Constituição da República Portuguesa não concretize, os princípios cooperativos convocados são os definidos pela Aliança Cooperativa Internacional e, na ordem jurídica interna, os que se encontram enunciados no art. 3.º do Código Cooperativo[8]. A não observância dos princípios cooperativos pode determinar a dissolução da cooperativa [art. 112.º, n.º1, *h*), do CCoop].

No contexto do sector cooperativo e social [arts. 80.º, *b*), 82.º, n.º 4, da CRP] – «um sector assaz compósito»[9] –, é reconhecida a especificidade do *subsector cooperativo*. A particularidade do sector cooperativo e social está na circunstância de abranger formas de exploração dos meios de produção que se caracterizam «pelo facto de não obedecerem à lógica da acumulação capitalista»[10]. Escreveu Orlando de Carvalho que «Se o fenómeno cooperativo corresponde à introdução de um elemento ético na selva da especulação comercial, não há dúvida de que, para lá do que haja de ingénuo ou de mítico no sonho de uma transformação das estruturas através da

[7] Vd. Rui Namorado, *Os princípios cooperativos*, Coimbra, 1985; *Introdução ao direito cooperativo: para uma expressão da cooperatividade*, Coimbra: Coimbra Editora, 2000; «A ordem jurídico-constitucional do cooperativismo português», *Oficina do Centro de Estudos Sociais*, n.º 154, 2000; *Cooperatividade e direito cooperativo – Estudos e Pareceres*, Coimbra: Almedina, 2005, p. 22, ss.; Joaquim Lourenço, «O cooperativismo e a Constituição», *Estudos sobre a Constituição*, vol. II, Lisboa, 1978, p. 373, ss.; Jorge Ferreira Alves, *O cooperativismo e os princípios cooperativos na Constituição Portuguesa*, 1980; J. M. Coutinho de Abreu, «Limites constitucionais à iniciativa económica privada», *Estudos em Homenagem a Ferrer Correia*, n.º especial, 3, 1991, p. 411, ss.; Deolinda Aparício Meira, *O regime económico das cooperativas no direito português. O capital social*, Porto: Vida Económica, 2009, p. 65, ss.; «O quadro jurídico-constitucional do cooperativismo em Portugal», *Cooperativismo e Economía Social*, n.º 33 (2010-2011), Universidade de Vigo, p. 31, ss.; Francisco Vicent Chuliá, «El futuro de la legislación cooperativa», *Cooperativismo e Economía Social*, n.º 24 (2001-2002), Universidade de Vigo, p. 30, entende que os Princípios Cooperativos são normas obrigatórias. Em sentido diverso, defendendo a natureza *soft law* dos princípios cooperativos, vd. David Hiez, *Coopératives. Création, Organisation, Fonctionnement*, Paris: Éditions Delmas, Daloz, 2013, pp. 46-49.

[8] J. J. Gomes Canotilho, Vital Moreira, *Constituição da República Portuguesa anotada* (artigos 1.º a 107.º), Coimbra: Coimbra Editora, 2007, p. 793, consideram que «as "cooperativas" que não respeitem estes princípios não são verdadeiras cooperativas no sentido constitucional, não podendo gozar portanto das respetivas garantias».

[9] J. J. Gomes Canotilho, Vital Moreira, *Constituição da República Portuguesa anotada*, cit., p. 987.

[10] J. J. Gomes Canotilho, Vital Moreira, *Constituição da República Portuguesa anotada*, cit., p. 987.

cooperação pura e simples, nem sempre a psicologia que acompanhou esse fenómeno foi uma psicologia verdadeiramente anticapitalista. Sobretudo nas cooperativas de produção, há mais apelo à luta contra o intermediário do que um apelo à eliminação da própria ideia de lucro»[11].

O *princípio da gestão democrática* das cooperativas proclama que «os homens e as mulheres que exerçam funções como representantes eleitos são responsáveis perante o conjunto dos membros que os elegeram» (art. 3.º, CCoop)[12-13]. É inerente a este princípio o *controlo* por parte dos cooperadores do poder exercido pelos representantes[14]. Expressão da «permanente soberania do conjunto dos membros de cada cooperativa»[15], o exercício deste controlo democrático pode determinar, por exemplo, a destituição dos dirigentes quando os representados perdem a confiança que neles depositaram.

A responsabilização dos representantes – entendida esta de forma ampla, de modo a englobar várias formas de escrutínio – encontra-se, pois, no cerne da *qualidade da vivência democrática das cooperativas*. Para lá da destituição – que determinará a cessação de funções como representante –, não pode ser esquecido o papel desempenhado pela *responsabilidade civil dos membros do órgão de administração e de representação da cooperativa enquanto instrumento de controlo das decisões da administração*. A apreciação do relatório de gestão e das contas do exercício [art. 38.º, *b*), do CCoop.] constitui um momento soberano em que os membros da cooperativa podem escrutinar o desempenho dos membros da administração. Pode acontecer que o relatório de gestão e as contas do exercício denunciem ou indiciem a prática

[11] Orlando de Carvalho, *Direito das coisas (do direito das coisas em geral)*, Coimbra: Centelha, 1977, p. 45, nt. 69.

[12] Rui Namorado, «Artigo 3.º», cit., p. 27, ss.

[13] Vd. art. 3.º, 2.º princípio – Gestão democrática pelos membros. Sobre este princípio, desenvolvidamente, Rui Namorado, *Cooperatividade e direito cooperativo – Estudos e Pareceres*, Coimbra: Almedina, 2005, p. 22, ss.; Deolinda Aparício Meira, *O regime económico das cooperativas no direito português. O capital social*, Porto: Vida Económica, 2009, p. 65, ss. Sobre os princípios cooperativos, Deolinda Aparício Meira, Maria Elisabete Ramos, «Os princípios cooperativos no contexto da reforma do Código Cooperativo português», *CIRIEC-España. Revista Jurídica de Economía Social y Cooperativa*, 2015, p. 401.

[14] Cfr. Rui Namorado, *Cooperatividade e direito cooperativo*, cit. p. 23.

[15] Cfr. Rui Namorado, *Cooperatividade e direito cooperativo*, cit., p. 23.

de atos ilícitos culposos e danosos para a cooperativa. E, então, suscitar-se-á a questão da reparação dos danos sofridos por esta.

A questão que se põe – e que gostaríamos de discutir neste contexto – é se à luz da ordem jurídica portuguesa, a ligação legislativa entre o Código Cooperativo e o direito das sociedades anónimas autoriza ou não que se fale de «societarização»[16] do regime jurídico-cooperativo pela administração da cooperativa. Para tanto, devemos fazer um exercício de memória histórica e dele extrair ensinamentos pertinentes para a resposta à questão que baliza este trabalho.

2. O Código Cooperativo de 1980 e autonomia formal das cooperativas

As cooperativas são uma realidade centenária em Portugal[17]. A primeira lei que as regulou data de 2 de julho de 1867 – vulgarmente conhecida como Lei Basilar[18] –, embora as primeiras cooperativas só tenham surgido em 1871[19].

Nos termos do art. 8.º, § 2.º da Lei Basilar, «os mandatários respondem solidariamente por todos os atos que praticarem fora das operações da sociedade, dos poderes do seu mandato, ou das autorizações especiais da Assembleia Geral»[20].

Mais tarde, o regime jurídico-cooperativo foi integrado no Código Comercial de 1888, que o inseriu no Livro II, Título II, reservando-lhes o

[16] Deolinda Aparício Meira, «A societarização do órgão de administração das cooperativas e a necessária profissionalização da gestão», *CIRIEC-España. Revista Jurídica*, n.º 25/2014, p. 11, ss.

[17] Rui Namorado, *Cooperatividade e direito cooperativo*, cit., p. 93, observa que, perante «o acentuar da decadência do sector cooperativo», é «urgente uma política de fomento cooperativo».

[18] O art. 9.º da Lei de 2 de julho de 1867 determinava expressamente: «As sociedades cooperativas são comerciais». Sobre esta disposição, vd. Luiz da Cunha Gonçalves, *Comentário ao Código Comercial Português*, vol. I., Lisboa, Empreza Editora J. B., 1914, p. 543. Sobre as características gerais da Lei de 1867, vd. António Menezes Cordeiro, *Manual de direito das sociedades*, I. *Das sociedades em geral*, Coimbra: Almedina, 2004, p. 349; Deolinda Aparício Meira, Maria Elisabete Ramos, «Lei Basilar das Cooperativas. Memórias de uma lei precursora e contraditória», ROA, Ano 77, 2017, p. 61-91.

[19] Sérvulo Correia, «O sector cooperativo português – Ensaio de uma análise de conjunto», *Boletim do Ministério da Justiça*, 196 (1970), p. 60, ss.

[20] Vd. Deolinda Aparício Meira, Maria Elisabete Ramos, «Lei Basilar das Cooperativas. Memórias de uma lei precursora e contraditória», cit., p. 61, ss.

capítulo V, intitulado «Disposições especiais às sociedades cooperativas» (arts. 207.º a 233.º do CCom.)[21].

No entanto, no que tange o regime da responsabilidade civil pela administração de cooperativas, o Código Comercial de 1888 *não contemplou* regime específico para esta pessoa coletiva. Ao invés, submeteu a responsabilidade civil dos membros do órgão de administração da cooperativa às regras previstas para as sociedades anónimas[22]. Na vigência do Código Comercial, «os directores e administradores estão sujeitos quanto às suas obrigações e responsabilidades, ao preceituado nos arts. 173.º, 174.º, 188.º, 189.º, e outros, aplicados às direcções das sociedades anónimas»[23].

A *autonomização formal* do regime jurídico-cooperativo acontece com o Código Cooperativo de 1980, aprovado pelo Decreto-lei n.º 454/80 de 9 de outubro. Quer isto significar que o legislador, reconhecendo a identidade das cooperativas, as regula juridicamente em Código próprio, separando formalmente o seu regime do Código Comercial, deixando aquelas de ser consideradas «sociedades especiais».

O art. 2.º do CCoop. de 1980 definia as cooperativas como «pessoas colectivas, de livre constituição, de capital e composição variáveis, que visam através da cooperação e entreajuda dos seus membros e na observância dos princípios cooperativos, a satisfação, sem fins lucrativos, das necessidades económicas, sociais e culturais destes, podendo ainda, a título complementar, realizar operações com terceiros». Em termos semelhantes, tanto o Código Cooperativo de 1996 como o Código Cooperativo de 2015 caracterizam a cooperativa[24].

Apesar desta caracterização legislativa que vinca a *identidade cooperativa*, não está apagado o debate em torno da *natureza jurídica das cooperativas*. A jurisprudência portuguesa tem decidido reiteradamente que as cooperativas, pela ausência do escopo lucrativo, não são sociedades([25]). Este juízo

[21] O art. 207.º do CCom. de 1888 radicava as especialidades das sociedades cooperativas na «variabilidade do capital social» e na «ilimitação do número de sócios». Sobre estas características, vd. Luiz da Cunha Gonçalves, *Comentário ao Código Comercial Português*, cit., p. 540, ss.

[22] Luiz da Cunha Gonçalves, *Comentário ao Código Comercial Português*, cit., p. 545.

[23] Cfr. Luiz da Cunha Gonçalves, *Comentário ao Código Comercial Português*, cit., p. 545.

[24] Há que considerar ainda a ordem jurídico-constitucional que enquadra o sector cooperativo e social. Sobre esta vd. Rui Namorado, *Cooperatividade e direito cooperativo*, cit., p. 67, ss..

[25] Sobre esta orientação jurisprudencial, vd. Francisco Costeira da Rocha, «Acção de anulação de deliberação da assembleia geral de uma cooperativa – caducidade, competência e natureza

jurisprudencial tem a consequência de os tribunais de comércio se considerarem incompetentes para apreciar as causas relativas às cooperativas([26]). Na doutrina, o debate não está encerrado. Há quem defenda que as cooperativas são sociedades[27], quem sustente o enquadramento das cooperativas nas associações em sentido estrito, e há quem argumente que elas são um *tertium genus*[28].

É certo que o atual Código Cooperativo não diz expressamente que as cooperativas não são sociedades. No entanto, podem ser convocados vários argumentos no sentido de que as *cooperativas não são sociedades*[29]: a) as cooperativas são «pessoas colectivas autónomas» (art. 2.º do CCoop.); b) dispõem de «capital e composição variáveis» (art. 2.º do CCoop.) – esta solução afasta-se marcadamente da regulação societária relativa, quer à entrada e saída de sócios, quer às alterações do capital social; c) o fim das cooperativas tanto pode ser a satisfação de necessidades económicas como de necessidades sociais ou culturais (art. 2.º do CCoop.) – o objeto da sociedade cinge-se a atividades económicas que não sejam de mera fruição; d) determina o art. 2.º do CCoop. que as cooperativas não têm fim lucrativo

jurídica da cooperativa. Breve anotação ao Acórdão do Tribunal da Relação de Lisboa de 31 de Janeiro de 2008», *Cooperativismo e Economía Social,* 31 (2008-2009), p. 255, ss.

[26] António Menezes Cordeiro, *Manual de direito das sociedades,* I. cit., p. 354, considera que esta é uma das indesejáveis consequências da segregação das cooperativas relativamente às sociedades. Este autor, *ob. cit., loc. cit.*, defende o regresso (ou permanência) das cooperativas à «grande casa-mãe das sociedades».

[27] No sentido de que as cooperativas são sociedades, pronunciam-se Deolinda Aparício Meira, «A natureza jurídica da cooperativa. Comentário ao Acórdão do Supremo Tribunal de Justiça de 5 de Fevereiro de 2002», *Revista de Ciências Empresariais e Jurídicas*, n.º 7 (2006), p. 147, ss.; id., *O regime económico...*, cit., p. 201, ss.; id., «A natureza jurídica da cooperativa. Anotação ao Acórdão do Tribunal da Relação do Porto de 12 de Novembro de 2008», *Cooperativismo e Economía Social,* 31 (2008-2009), p. 285, ss.; Miguel Pupo Correia, *Direito comercial. Direito da empresa* (com a colaboração de António José Tomás e Octávio Castelo Paulo), 14.ª ed., Lisboa: Ediforum, 2018, p. 141.

[28] Cfr. Rui Namorado, *Cooperatividade e direito cooperativo,* cit., p. 101.

[29] Cfr. J. M. Coutinho de Abreu, *Curso de direito comercial.* Vol. II. *Das sociedades,* 5.ª ed., Coimbra: Almedina, 2015, p. 39, ss., «Artigo 1.º», *Código das Sociedades Comerciais em comentário,* coord. de J. M. Coutinho de Abreu, vol. I, 2.ª ed., Coimbra: Almedina, 2017, p. 48, ss.; «Artigo 2.º», *Código Cooperativo Anotado,* Deolinda Aparício Meira e Maria Elisabete Ramos (coords.), Coimbra: Almedina, 2018, p. 25, 26; Maria Elisabete Ramos, *Direito comercial e das sociedades. Entre as empresas e o mercado,* Coimbra: Almedina, 2018, p. 157, s.

– de acordo com o art. 980.º do CCiv. as sociedades têm escopo lucrativo[30]; e) a organização e o funcionamento são enquadrados pelos princípios cooperativos (art. 2.º do CCoop.) que se apartam, de modo substancial, das regras reguladoras das sociedades; f) por fim, o art. 111.º do CCoop. determina a nulidade de transformação de cooperativas em sociedades[31].

É também com o CCoop. de 1980 que a ordem jurídica portuguesa passou a dispor de um regime jurídico-cooperativo da «responsabilidade dos órgãos das cooperativas». Este regime estava previsto nos arts. 62.º a 66.º do CCoop. de 1980 e foi recebido, com modestas alterações, nos arts. 64.º a 68.º do CCoop. de 1996[32].

Nos termos do art. 51.º do Regulamento (CE) n.º 1435/2003 do Conselho de 22 de julho de 2003, relativo ao Estatuto da Sociedade Cooperativa Europeia, a responsabilidade civil dos «membros dos órgãos de direção (...) ou de administração» é regulada pelas «disposições do Estado-Membro da SCE aplicáveis às cooperativas».

A regulação da responsabilidade civil pela administração da cooperativa sofreu importantes alterações no Código Cooperativo de 2015, sendo hoje claro que se trata de *responsabilidade civil pela administração da cooperativa*. É esse regime que analisaremos de seguida.

3. Responsabilidade civil dos administradores, segundo o Código Cooperativo de 2015

3.1. A reforma necessária do regime jurídico-cooperativo de 1996

A disciplina da responsabilidade civil pela administração da cooperativa constante do Código Cooperativo de 1996 reclamava reforma urgente que a resgatasse das ligações ao (revogado) art. 173.º do Código Comercial de 1888[33].

[30] Embora o escopo lucrativo das sociedades é «tão-só regra com exceções» – J. M. Coutinho de Abreu, «Artigo 1.º», cit., p. 43.

[31] Sobre a nulidade de transformação de uma cooperativa em qualquer tipo societário, vd. Maria João Dias, «Artigo 111.º», *Código Cooperativo Anotado*, Deolinda Aparício Meira, Maria Elisabete Ramos (coords.), Coimbra: Almedina, 2018, p. 584, ss.

[32] Maria Elisabete Ramos, «Da responsabilidade dos dirigentes e gestores das cooperativas – uma introdução», *Cooperativismo e Economía Social*, 32 (2009-2010), p. 40.

[33] Maria Elisabete Ramos, «Da responsabilidade dos dirigentes e gestores das cooperativas – uma introdução», *Cooperativismo e Economía Social*, 32 (2009-2010), p. 35, ss.

Em 2014, sugerimos[34], entre outras propostas de reforma, que a primeira disposição relativa à *responsabilidade civil pela administração da cooperativa* fosse dedicada à *responsabilidade dos administradores para com a cooperativa*. Tendo em conta este caso, configura uma hipótese de *responsabilidade civil contratual*, subsiste uma presunção de culpa a favor da cooperativa. Além disso, também sugerimos que fossem tipificadas algumas hipóteses de comportamentos ilícitos que, juntamente com os restantes pressupostos legais, podem constituir fundamento da responsabilidade civil dos administradores perante a cooperativa. As condutas ilícitas não são novas; na verdade, são recuperadas do atual art. 65.º do CCoop.

Havia também que clarificar o regime da responsabilidade de *gerentes ou outros mandatários da cooperativa*. Os mandatários serão responsáveis perante a cooperativa pela violação do *mandato*, nos termos do Código Civil. E os gerentes são responsáveis também perante a cooperativa, não pela violação de deveres que incumbem aos administradores, mas sim pela violação do contrato que mantenham com a cooperativa – mandato ou, eventualmente, trabalho.

Também propusemos que a reforma investisse na melhoria dos mecanismos processuais tendentes a efetivar a responsabilidade civil pela administração da cooperativa – em particular, a *ação social* da cooperativa e a ação social *ut singuli*. A circunstância de se tratar de matérias de índole adjetiva não deve equivaler a uma menorização do seu relevo prático. De modo geral, estas propostas de reforma legislativa foram acolhidas no Código Cooperativo de 2015, aprovado pela Lei n.º 119/2015, de 31 de agosto.

3.2. Pressupostos da responsabilidade civil dos administradores para com a cooperativa

O Código Cooperativo de 2015 operou uma evolução no que toca ao regime da responsabilidade civil pela administração da cooperativa. Por um lado, recuperou soluções já consolidadas nesta matéria e, por outro, apoiou a sua reforma em doutrina e jurisprudência que, na vigência dos Códigos Cooperativos anteriores, desenvolveram ou explicitaram o regime jurídico da responsabilidade civil pela administração da cooperativa. Havia

[34] Vejam-se as propostas de alteração legislativa em Deolinda Aparício Meira, Maria Elisabete Ramos, *Governação e regime económico das cooperativas*, Porto: Vida Económica, 2014, p. 65.

que tornar claros os pressupostos constitutivos de que depende a responsabilidade civil pela administração da cooperativa, de modo a serem nítidas as particulares deste regime face, quer ao regime jurídico-civil, quer ao regime jurídico-societário.

A responsabilidade civil dos administradores perante a cooperativa funda-se em «preterição dos deveres legais ou estatutários, regulamentos internos e deliberações da assembleia geral» (art. 71º, n.º 1)[35]. Para lá desta *cláusula geral* delimitadora da *ilicitude* dos administradores, o n.º 2 particulariza, na sequência do que já se previa no art. 65.º do CCoop. de 1996, *hipóteses típicas* de condutas ilícitas, servindo-se da técnica legislativa de «exemplos-padrão». Muitas das hipóteses típicas aí consagradas são concretizações legislativas do dever de *lealdade dos administradores* para com a cooperativa [alíneas *b*), *c*), *d*) e *e*)][36].

A *ilicitude* do comportamento dos administradores pode traduzir-se na violação de «deveres legais gerais» ou de «deveres legais específicos»[37]. De forma inovadora, o Código Cooperativo de 2015 explicita no art. 46.º os «deveres dos titulares do órgão de administração»[38]. Ora, a violação destes deveres configura *conduta ilícita* que, reunidos os restantes pressupostos de responsabilidade civil, determinará a constituição no património dos administradores da obrigação de indemnizar a cooperativa[39].

A responsabilidade civil dos administradores para com a cooperativa é de *natureza subjetiva* e, por isso, fundada em *culpa*. Vários argumentos convergem para esta conclusão: a) este é o *regime geral* que resulta do art. 483.º, 1, do CCiv. e que o Código Cooperativo não afasta; b) é o regime aplicável à responsabilidade civil dos administradores de sociedades

[35] Sobre os deveres dos membros da cooperativa, vd. Maria Elisabete Ramos, «Da responsabilidade dos dirigentes e gestores das cooperativas – uma introdução», cit., p. 354; «Gestão democrática das cooperativas. Que desafios?», cit., p. 162, ss.

[36] Cfr. Maria Elisabete Ramos, «Artigo 71.º», in *Código Cooperativo Anotado*, Deolinda Aparício Meira, Maria Elisabete Ramos (coords.), Coimbra: Almedina, 2018, p. 394, ss.

[37] Vd. J. M. Coutinho de Abreu (2010), *Responsabilidade Civil dos Administradores de Sociedades*, 2.ª ed., Coimbra: Almedina, pp. 12, 14, ss.

[38] Vd. Ricardo Costa (2018), «Artigo 72.º» in *Código das Sociedades em comentário*, Vol. I, 2.ª ed., J. M. Coutinho de Abreu (coord.), Coimbra: Almedina.

[39] Cfr. Maria Elisabete Ramos, «Artigo 71.º», in *Código Cooperativo Anotado*, Deolinda Aparício Meira e Maria Elisabete Ramos (coords.), Coimbra: Almedina, 2018, p. 394, ss.

anónimas[40] (art. 72.º, 1, do CSC *ex vi* art. 9.º do CCoop.[41]); c) a *presunção de culpa* consagrada no art. 71.º, 1, *in fine*, do CCoop.[42] Deve entender-se que também para o art. 71.º, 2, do CCoop. releva o requisito da culpa[43].

Quanto aos restantes pressupostos da responsabilidade civil – dano e nexo de causalidade –, o art. 71.º do CCoop. não apresenta especialidades relevantes em face da comum responsabilidade civil por factos ilícitos.

3.3. Factos excludentes e não excludentes da responsabilidade civil dos administradores perante a cooperativa

A circunstância de um determinado cooperador ser membro do órgão de administração e de representação da cooperativa não o torna, por essa simples razão, necessariamente responsável pelas decisões ilícitas e culposas de tal órgão. Efetivamente, o Código Cooperativo de 2015 atribui a vários factos o efeito excludente da responsabilidade, e a outros priva-os de tal efeito.

O art. 71.º do CCoop. é claro em *afirmar* o efeito não excludente da responsabilidade civil dos administradores para com a cooperativa nos casos de aprovação do relatório de gestão e documentos de prestação de contas, parecer favorável do órgão de fiscalização ou de «delegação» de poderes de gestão do conselho de administração em «mandatários» (n.os 3, 4, 5).

Nos termos do art. 71.º, 3, a aprovação do relatório de gestão e dos documentos de prestação de contas *não constitui*, juridicamente, deliberação de renúncia da cooperativa aos direitos de indemnização de que esta seja credora, para com os administradores responsáveis. Evita-se assim que,

[40] Vd. J. M. Coutinho de Abreu e Maria Elisabete Ramos, «Artigo 9.º» in *Código Cooperativo Anotado*, Deolinda Aparício Meira e Maria Elisabete Ramos (coords.), Coimbra: Almedina, 2018, p. 69, ss.

[41] Sobre o art. 9.º do CCoop., vd. Coutinho de Abreu (2018), «Artigo 9.º» in *Código Cooperativo Anotado*, Deolinda Aparício Meira e Maria Elisabete Ramos (coords.), Coimbra: Almedina, 2018, p. 69, ss.

[42] Vd. Maria Elisabete Ramos (2009-2010), «Da responsabilidade dos dirigentes e gestores das cooperativas – uma introdução», cit., p. 46.

[43] Cfr. Maria Elisabete Ramos, «Artigo 71.º», in *Código Cooperativo Anotado*, Deolinda Aparício Meira, Maria Elisabete Ramos (coords.), Coimbra: Almedina, 2018, p. 394, ss.

por intermédio de deliberação de aprovação de contas, seja dissimulada deliberação de renúncia da cooperativa ao seu direito de indemnização.

Em benefício da transparência, o art. 71.º, 4, do CCoop. exige que a *válida renúncia* da cooperativa aos direitos de indemnização de que esta seja titular depende dos «factos constitutivos da responsabilidade [terem] sido expressamente levados ao conhecimento dos membros da cooperativa antes da aprovação»[44].

Compete à *assembleia geral*, nos termos do art. 38.º, *b*), do CCoop., apreciar e votar anualmente o relatório de gestão e documentos de prestação de contas. E também compete à assembleia geral, nos termos do art. 38.º, *m*), deliberar sobre a «desistência e a transação» nas ações de responsabilidade civil dos administradores. Para esta última deliberação, o art. 40.º, 2, do CCoop. exige «maioria qualificada de, pelo menos, dois terços dos votos expressos»[45].

A responsabilidade civil dos administradores para com a cooperativa não é excluída por parecer ou consentimento do órgão de fiscalização (art. 71.º, 5, do CCoop.).

Segundo o art. 71.º, 6, do CCoop., a «delegação de poderes do conselho de administração em um ou mais mandatários não isenta de responsabilidade os titulares do conselho de administração». Este preceito, que corresponde essencialmente ao que já se dispunha no art. 63.º, 2, do CCoop. de 1980 e no art. 65.º, 2, do CCoop. de 1996, merece uma análise atenta[46].

Há que distinguir entre, por um lado, o *regime da delegação de poderes de gestão em membros do conselho de administração* (art. 50.º, 1, do CCoop.) e, por outro, a *contratação de mandatário* para representar a cooperativa «em ato determinado» (art. 50.º, 2, do CCoop.)[47].

O Código Cooperativo não esclarece qual é o regime jurídico da responsabilidade civil dos administradores em caso de delegação de poderes

[44] A interpolação não consta do texto original.

[45] Sobre esta maioria, Deolinda Aparício Meira, Maria Elisabete Ramos, «Artigo 40.º», in *Código Cooperativo Anotado*, Deolinda Aparício Meira, Maria Elisabete Ramos (coords.), Coimbra: Almedina, 2018, p. 230, ss.

[46] Maria Elisabete Ramos, «Artigo 71.º», cit., p. 394, ss.

[47] Maria Elisabete Ramos, «Artigo 71.º», in *Código Cooperativo Anotado*, Deolinda Aparício Meira, Maria Elisabete Ramos (coords.), Coimbra: Almedina, 2018, p. 394, ss.

de gestão em membros do conselho de administração. Parece que, neste caso, deve aplicar-se o art. 407.º, 8, do CSC[48].

O art. 71.º, 6, do CCoop. determina que o *contrato de mandato* celebrado entre a cooperativa (representada por titular[es] do órgão de administração) e o mandatário, não altera o regime jurídico-cooperativo da responsabilidade civil dos administradores perante a cooperativa. À cooperativa, devidamente representada, compete identificar o(s) atos jurídicos a serem executados pelo mandante, dirigindo a este as devidas instruções. Ao mandante compete cumprir o contrato de mandato.

Poderão ser responsabilizados pela cooperativa os administradores que, em violação culposa dos seus deveres funcionais, nomeadamente *deveres de diligência* e de *lealdade*[49], atuem com culpa *in eligendo – culpa de administrador(es) na escolha do mandatário* – e, desse modo, causam danos à cooperativa.

Ou, ainda, poderão ser responsabilizados pela cooperativa os administradores que, em violação dos seus deveres funcionais, atuem com *culpa in instruendo* – quando haja culpa na emissão de instruções que devem ser cumpridas pelo *mandatário* – e esse facto ilícito e culposo é causalmente adequado a provocar danos na cooperativa[50].

Perante a cooperativa, os mandatários são responsáveis pela violação do mandato (art. 72.º do CCoop.)[51].

O art. 71.º, 3, do CCoop. determina que «não são responsáveis» os administradores que *não tenham participado em deliberação colegial*. Esta norma pressupõe o funcionamento colegial do órgão de administração

[48] Vd. também Alexandre de Soveral Martins, «Artigo 50.º», in *Código Cooperativo Anotado*, Deolinda Aparício Meira e Maria Elisabete Ramos (coords.), Almedina, Coimbra, 2018, p. 296, ss. Sobre o art. 407.º do CSC, vd. Alexandre de Soveral Martins, «Artigo 408.º», in *Código das Sociedades Comerciais em comentário*, J. M. Coutinho de Abreu (coord.), vol. VI, Coimbra: Almedina, 2013, p. 421, ss.

[49] Sobre estes, vd. Ricardo Costa, «Artigo 46.º», in *Código Cooperativo Anotado*, Deolinda Aparício Meira e Maria Elisabete Ramos (coords.), Almedina, Coimbra, 2018, p. 257, ss.; Ricardo Costa e Gabriela Figueiredo Dias, «Artigo 64.º», in *Código das Sociedades Comerciais em comentário*, J. M. Coutinho de Abreu (coord.), vol. I, 2.ª ed., Coimbra: Almedina, 2017, p. 757, ss.

[50] Maria Elisabete Ramos, «Artigo 71.º», cit., p. 394, ss.

[51] Para a interpretação desta norma, vd. Maria Elisabete Ramos, «Artigo 72.º», in *Código Cooperativo Anotado*, Deolinda Aparício Meira e Maria Elisabete Ramos (coords.), Coimbra: Almedina, 2018, p. 402, ss.

e de representação da cooperativa (art. 48.º do CCoop.)[52]. Para excluir a responsabilidade civil do administrador, basta a mera não participação em deliberação ilícita danosa, ainda que esta ausência constitua violação do dever de participar nas deliberações[53]. O administrador que não participou na deliberação ilícita e danosa não é coautor da deliberação; falta o *nexo de causalidade* entre o seu comportamento e o facto ilícito e danoso. Situação diversa será aquela em que o administrador ausente foi ele próprio o autor da proposta de deliberação ilícita e danosa[54].

O administrador que participa na deliberação, mas *vota em sentido contrário àquele que fez vencimento* também não é responsável perante a sociedade. Não basta, pois, a abstenção (expressa ou não), é necessário o voto contrário ao que foi (maioritariamente) decidido. O art. 71.º, 3, do CCoop. exige que o voto vencido seja exarado em ata da deliberação do conselho de administração.

4. A *business judgement rule* aplica-se à gestão das cooperativas?

É legítimo questionar se a *business judgement rule* (art. 72.º, 2, do CSC)[55] se aplica à responsabilidade civil dos administradores perante a cooperativa.[56] Significa esta regra que o mérito de certas decisões dos administradores não é julgado pelos tribunais com base em critérios de «razoabilidade», mas segundo um critério de avaliação excecionalmente limitado: o administrador será civilmente responsável somente quando a decisão for considerada (nos termos da formulação dominante) «irracional»[57].

[52] Sobre a «não participação» do administrador na deliberação do conselho de administração de uma sociedade anónima, vd. Coutinho de Abreu, *Responsabilidade civil dos administradores*, 2.ª ed., Coimbra: Almedina, 2010, p. 49. Sobre as reuniões do órgão de administração e de representação da cooperativa, vd. Pedro Maia, «Artigo 48.º», in *Código Cooperativo Anotado*, Deolinda Aparício Meira, Maria Elisabete Ramos (coords.), Almedina, Coimbra, 2018, p. 283, s.

[53] J. M. Coutinho de Abreu, Maria Elisabete Ramos, «Artigo 72.º», in *Código das Sociedades Comerciais em comentário*, J. M. Coutinho de Abreu (coord.), vol. I, 2.ª ed., Coimbra: Almedina, 2017, p. 908.

[54] J. M. Coutinho de Abreu, Maria Elisabete Ramos, «Artigo 72.º», cit., p. 908, nota 50.

[55] Sobre esta disposição, vd. J. M. Coutinho de Abreu, Maria Elisabete Ramos, «Artigo 72.º», cit., p. 903, ss., e bibliografia aí citada.

[56] Desenvolvidamente, Maria Elisabete Ramos, «Gestão democrática das cooperativas. Que desafios?», cit., p. 173.

[57] J. M. Coutinho de Abreu, Maria Elisabete Ramos, «Artigo 72.º», cit., p. 903.

Parece que há argumentos no sentido de que esta norma se aplique às *decisões empresariais* tomadas pelos administradores da cooperativa[58]. Assim: a) as cooperativas podem ser titulares de empresas e os administradores são, no exercício das suas funções, chamados a tomar decisões empresariais; b) também os administradores das cooperativas estão obrigados ao dever de cuidado e, mais especificamente, ao dever de tomar decisões razoáveis; c) na gestão do património da cooperativa e, em particular, da empresa da cooperativa, os administradores beneficiam de discricionariedade empresarial; d) as decisões empresariais tomadas pelos administradores de cooperativas são, também elas, tomadas em ambiente de incerteza[59].

A este juízo não obsta, parece, nem o escopo não lucrativo da cooperativa (art. 2.º do CCoop.), nem os princípios cooperativos (art. 9.º do CCoop.).

Porém, a *business judgement rule* só é aplicável se se verificarem determinados pressupostos ou condições: a) é necessário que uma decisão tenha sido tomada. Uma decisão de fazer algo ou de não fazer, uma escolha entre várias possibilidades. A simples omissão, por ignorância ou por outros motivos, não beneficia da aplicação da regra; b) os administradores, bem como pessoas próximas, não podem estar em conflito de interesses com a sociedade relativamente ao objeto da decisão; c) as normas procedimentais da decisão têm de ser cumpridas; a regra não se aplica se o administrador não se informa razoavelmente antes de decidir.[60]

5. Do âmbito de aplicação do direito das sociedades anónimas como direito subsidiário

5.1. A aplicação do padrão do «gestor criterioso e ordenado» aos administradores de cooperativas

O Código Cooperativo *não é pleno*. Há casos jurídicos que, merecendo solução do direito cooperativo, não a encontram no Código Cooperativo de 2015. A questão que se põe é a de saber como resolver tais casos omissos.

[58] Vd. Maria Elisabete Ramos, «Da responsabilidade dos dirigentes e gestores das cooperativas – uma introdução», cit., p. 354; «Gestão democrática das cooperativas. Que desafios?», p. 173, ss.

[59] Vd. J. M. Coutinho de Abreu, Maria Elisabete Ramos, «Artigo 72.º», cit., p. 903-904.

[60] J. M. Coutinho de Abreu, Maria Elisabete Ramos, «Artigo 72.º», cit., p. 903.

Não se trata de uma questão nova. Na verdade, desde que, em 1980, o direito cooperativo se autonomizou formalmente do direito das sociedades anónimas, que os diversos Códigos Cooperativos incorporam a norma sobre a aplicação em via subsidiária do direito das sociedades anónimas.

Embora se trate de uma solução que tem mais de trinta anos, ela ainda suscita algum debate na doutrina portuguesa. Na verdade, há quem perspetive esta relação entre o Código Cooperativo e o Código das Sociedades Comerciais como uma relação de *especialidade*[61] – em que o Código Cooperativo é a legislação especial relativamente ao Código das Sociedades Comerciais. Outras opiniões sustentam que o Código Cooperativo beneficia, além da autonomia formal, de identidade axiológico-normativa própria e distinta, que repousa na identidade das cooperativas[62].

Ainda que se deva reconhecer (como parece adequado) que o Código Cooperativo beneficia de «autonomia substancial»[63], porque se apresenta como «sistema axiológico-normativo próprio ou distinto»[64], tal compreensão não o torna *pleno*. Ele apresenta imperfeições ou falhas contrárias ao plano[65], em vários aspetos, mas também em matéria de regulação da responsabilidade civil pela administração da cooperativa.

O art. 9.º do CCoop., relativo ao «direito subsidiário» aplicável a casos não previstos no CCoop., determina que o intérprete/aplicador do direito há de recorrer à «legislação complementar aplicável aos diversos ramos do sector cooperativo», e se esta via não se mostrar satisfatória, pode convocar «na medida em que se não desrespeitem os princípios cooperativos, ao

61 Veja-se Manuel Carneiro da Frada, Diogo Costa Gonçalves, «A acção *ut singuli* (de responsabilidade civil) e a relação do Direito Cooperativo com o Direito das Sociedades Comerciais», *RDS* I (2009) 4, p. 897, ss.

62 Rui Namorado, *Cooperatividade e direito cooperativo*, cit., p. 174, 175; Marta M. Rosas, «A integração de lacunas do Código Cooperativo e o recurso ao direito societário», in *Jurisprudência cooperativa comentada*, Deolinda Aparício Meira (coord.), Lisboa: INCM, Lisboa, 2012, p. 338-339; J. M. Coutinho de Abreu, «Artigo 9.º», in *Código Cooperativo Anotado*, Deolinda Aparício Meira e Maria Elisabete Ramos (coords.), Coimbra: Almedina, 2018, p. 70. J. M. Coutinho de Abreu, *ob. cit.*, p. 70, comparando o direito cooperativo e o direito societário, defende que «é menor a "unidade de sentido" do direito societário, dada a pluralidade de tipos legais e "reais" de sociedades e a diversidade dos regimes correspondentes».

63 J. M. Coutinho de Abreu, «Artigo 9.º», cit., p. 69.

64 J. M. Coutinho de Abreu, «Artigo 9.º», cit., p. 69.

65 Maria Elisabete Ramos, «Da responsabilidade dos dirigentes e gestores das cooperativas – uma introdução», cit., p. 35, ss.

Código das Sociedades Comerciais, nomeadamente aos preceitos aplicáveis às sociedades anónimas»[66]. Esta remissão para o CSC surge associada a duas condições: por um lado, a solução a que se chegue não pode desrespeitar os princípios cooperativos, e, por outro, dentro do espaço constituído pelo Código das Sociedades Comerciais, deve dar-se prioridade aos preceitos aplicáveis às sociedades anónimas[67].

O Código Cooperativo é silente sobre o *padrão* para ajuizar a culpa dos administradores[68]. Aplicar-se-á o critério «da diligência de um bom pai de família, em face das circunstâncias do caso» (arts. 487.º, n.º 1, 799.º, n.º 2, do CCiv.), ou o padrão da «diligência de um gestor criterioso e ordenado» [art. 64.º, 1, *a)*][69], aplicável aos administradores de sociedades anónimas.

Parece que o critério aplicável à apreciação da culpa dos administradores de cooperativas é o da *diligência de um gestor criterioso e ordenado*[70]. E isto porque: a) tanto os administradores de sociedades como os diretores de cooperativas gerem interesses e patrimónios alheios; b) por ser assim, há de ser exigido a estes gestores de interesses alheios um padrão mais exigente do que o do bom pai de família; c) não havendo norma do CCoop. que regule esta matéria, deve aplicar-se como direito subsidiário do direito das sociedades anónimas (art. 9.º do CCoop.) que, justamente, elege o critério da abstrata diligência do gestor criterioso e ordenado[71]. As circunstâncias de o Código Cooperativo não ter acolhido a profissionalização

[66] Rui Namorado, *Cooperatividade e direito cooperativo,* cit., p. 174, ss., defende que, perante o teor do art. 9.º do CCoop., é legítimo que o intérprete/aplicador do direito recorra a normas do CCoop. que regulem situações semelhantes. Também J. M. Coutinho de Abreu, «Artigo 9.º». Com entendimento diverso, vd. M. Carneiro da Frada, Diogo Costa Gonçalves, «A acção *ut singuli* (de responsabilidade civil) e a relação do Direito Cooperativo com o Direito das Sociedades Comerciais», in *RDS* I (2009) 4, p. 899.

[67] Neste sentido, Rui Namorado, *Cooperatividade e direito cooperativo,* cit., p. 175.

[68] Vd. Maria Elisabete Ramos, «Da responsabilidade dos dirigentes e gestores das cooperativas – uma introdução», cit., p. 46.

[69] Sobre este padrão geral para ajuizar da culpa dos administradores, vd. Ricardo Costa, Gabriela Figueiredo Dias, «Artigo 64.º», in *Código das Sociedades Comerciais em comentário,* J. M. Coutinho de Abreu (coord.), vol. I, 2.ª ed., Coimbra: Almedina, 2017, p. 779, ss.

[70] Maria Elisabete Ramos, «Da responsabilidade dos dirigentes e gestores das cooperativas – uma introdução», cit., p. 46; «Gestão democrática das cooperativas. Que desafios?», cit., p. 172; «Artigo 71.º», cit., p. 398.

[71] Maria Elisabete Ramos, «Da responsabilidade dos dirigentes e gestores das cooperativas – uma introdução», cit., p. 46.

dos administradores da cooperativa[72] e o facto de estes poderem não ser remunerados, não obsta ao juízo de aplicabilidade do padrão abstrato da diligência do gestor criterioso e ordenado.

Também não obsta a esta interpretação a circunstância de o regime jurídico-societário da responsabilidade civil ser um regime comum aos diversos tipos societários e, por isso, não é privativo das sociedades anónimas. O art. 9.º do CCoop. parece não obstar à aplicação de normas da Parte Geral do CSC que também se aplicam às sociedades anónimas.

5.2. A inexistência de lacuna em matéria de responsabilidade social da cooperativa

O art. 64.º, 1, *b*), do CSC foi permeável à influência da chamada «responsabilidade social das empresas» (RSE). A internacionalização da responsabilidade social das empresas é o resultado, quer da reflexão levada a cabo por várias instâncias internacionais (Nações Unidas, OCDE, União Europeia e outras organizações[73]), quer das práticas adotadas por empresas com atividade transnacional[74]. A Comissão Europeia tem dedicado atenção a este tema, designadamente pela definição das linhas estratégicas. As «grandes empresas encontram guias autorizados nos princípios e orientações reconhecidos a nível internacional, nomeadamente as orientações para as empresas multinacionais da OCDE, recentemente actualizadas, os dez princípios do Pacto Global das Nações Unidas, a norma-guia sobre responsabilidade social ISO 26000, a declaração de princípios tripartida

[72] Deolinda Aparício Meira, «A societarização do órgão de administração das cooperativas e a necessária profissionalização da gestão», *CIRIEC-España. Revista Jurídica*, n.º 25/2014, p. 11, ss.

[73] Juan Sánchez-Calero Guilarte, «Creácion de valor, interés social y responsabilidad social corporativa», *in* F. Rodríguez Artigas, A. Alonso Ureba, L. Fernandéz de la Gándara, L. Velasco San Pedro, J. Quijano González, G. Esteban Velasco, *Derecho de sociedades anónimas cotizadas*, t. II, Cizur Menor: Aranzadi, 2006, p. 897, ss.; Catarina Serra, «A responsabilidade social das empresas – sinais de um instituto jurídico iminente?», in *Estudos em Homenagem ao Prof. Doutor Manuel Henrique Mesquita*, vol. II, Coimbra: Coimbra Editora, 2009, p. 840, ss.

[74] J. M. Coutinho de Abreu, *Curso de direito comercial*, cit., p. 311, refere que as medidas de responsabilidade social das empresas são resultado, não tanto de uma convicção intrínseca, mas sim de pressões exteriores, ou vistas como um investimento – maior empenhamento dos trabalhadores, melhor imagem junto dos consumidores. Kellye Y. Testy, «Linking progressive corporate law with progressive social movements», *Tulane Law Review*, 2002, p. 1239, antecipa que «corporate social responsibility will become just another commodity that business sell (...)».

da OIT sobre empresas multinacionais e política social, e os princípios orientadores das Nações Unidas sobre empresas e direitos humanos. Este conjunto fundamental de princípios e orientações reconhecidos internacionalmente corresponde a um quadro geral da RSE que é evolutivo e foi recentemente consolidado. A política europeia de promoção da responsabilidade social das empresas deve ser plenamente coerente com este enquadramento»[75].

Em 2001, a Comissão Europeia[76] define a RSE como «um conceito segundo o qual as empresas integram voluntariamente preocupações sociais e ambientais nas suas operações e na sua interacção com outras partes interessadas»[77]. A Comissão considera que «a principal função de uma empresa consiste em criar valor através da produção de bens e serviços (...) gerando assim lucros para os seus proprietários e accionistas»[78], e que «apenas as empresas lucrativas são sustentáveis e apresentam melhores hipóteses de adoptar/desenvolver práticas responsáveis»[79].

Em 2011, a Comunicação da Comissão ao Parlamento Europeu, ao Conselho, ao Comité Económico e Social Europeu e ao Comité das Regiões, intitulada «Responsabilidade social das empresas: uma nova estratégia da UE para o período de 2011-2014»[80], vem sugerir uma nova definição de responsabilidade social das empresas: a «responsabilidade social das empresas é "a responsabilidade das empresas pelo impacto que têm na sociedade". O respeito da legislação aplicável e dos acordos colectivos entre parceiros

[75] Comunicação da Comissão ao Parlamento Europeu, ao Conselho, ao Comité Económico e Social Europeu e ao Comité das Regiões, intitulada «Responsabilidade social das empresas: uma nova estratégia da UE para o período de 2011-2014», Bruxelas, 25.10.2011 COM (2011) 681 final.

[76] Comissão das Comunidades Europeias, Livro Verde – Promover um quadro europeu para a responsabilidade social das empresas, COM (2001) 366 final, 18.7.2001; Comissão das Comunidades Europeias, Comunicação da Comissão relativa à responsabilidade social das empresas: um contributo das empresas para o desenvolvimento sustentável, COM (2002) 347 final, 2.7.2002.

[77] Comissão das Comunidades Europeias, Comunicação da Comissão relativa à responsabilidade social das empresas..., cit., p. 5.

[78] Comissão das Comunidades Europeias, Comunicação da Comissão relativa à responsabilidade social das empresas..., cit., p. 5.

[79] Comissão das Comunidades Europeias, Comunicação da Comissão relativa à responsabilidade social das empresas..., cit., p. 22.

[80] Bruxelas, 25.10.2011 COM (2011) 681 final.

sociais, é uma condição prévia para honrar essa responsabilidade. Para cumprir plenamente a responsabilidade social que lhes incumbe, as empresas devem adoptar processos com o fito de integrar as preocupações de índole social, ambiental e ética, o respeito dos direitos humanos e as preocupações dos consumidores nas respectivas actividades e estratégias, em estreita colaboração com as partes interessadas»[81].

As empresas socialmente responsáveis valorizam interesses dos *não sócios* e a eles dedicam parte da sua atividade e dos resultados[82]. São muito variadas as iniciativas aptas a servir este propósito – *v.g.*, escolha de fornecedores socialmente responsáveis; colaboração em campanhas de angariação de alimentos; adoção de medidas que permitam conciliar a vida familiar com o trabalho na empresa; promoção de maior qualificação dos funcionários; uso sustentável de energia; filantropia e mecenato; transporte coletivo dos empregados; financiamento da aprendizagem de trabalhadores e seus familiares; estruturação de planos de carreira a longo prazo; participar na Bolsa de Valores Sociais[83], etc.[84-85]

No entanto, é preciso não esquecer que as sociedades anónimas não são democráticas, mas sim *plutocráticas*. «A ideia motriz é sempre a ideia de lucro: ora, se quem lucra é quem capitaliza, quem capitaliza é que tem o domínio»[86]. Nas sociedades anónimas, não releva tanto a pessoa ou as qualidades pessoais do acionista, mas sim o seu contributo financeiro para

[81] Marcos Torres Carlos, «El papel de la RSE en el gobierno corporativo de las empresas. Hacia una comparabilidad diferenciada», *Actores, actuaciones y controles del buen gobierno societario y financiero*, Ángel Fernández-Albor Baltar, Elena Pérez Carrillo (dirs.), Madrid, Barcelona, Buenos Aires, São Paulo: Marcial Pons, 2018, p. 83, chama a atenção para o relevo da SER em matéria de pequenas e médias empresas.

[82] Cf. Juan Sánchez-Calero Guilarte, «Creácion de valor...», cit., p. 896.

[83] Sobre a «Bolsa de Valores Sociais», vd. Deolinda Aparício Meira, «Iniciativas pioneiras en torno a la responsabilidad social corporativa: la Bolsa de Valores Sociales en Portugal», *in* Angel Fernández-Albor Baltar, Elena Fátima Pérez Carrillo (coords.), *Empresa responsable y crecimiento sostenible: aspectos conceptuales societarios y financieros*, Aranzadi, 2012, p. 291, ss.

[84] J. A. Diéz Castro, «Buen gobierno. Organización empresarial y responsabilidad social», *in* E. F. Pérez Carrillo (coord.), *Gobierno corporativo y responsabilidad social de las empresas*, Madrid: Marcial Pons, 2009, p. 79, ss.

[85] Sobre as *corporate sponsored foundations*, vd. Manuel Nogueira Serens, «Corporate sponsored foundations: altruísmo ou (ainda) economicidade?», *III Congresso Direito das Sociedades em Revista*, Coimbra: Almedina, 2014, p. 585, ss.

[86] Orlando de Carvalho, *Direito das coisas*, cit., p. 44.

a sociedade. Este tipo societário admite acionistas sem direito de voto, procura a maximização do lucro, propicia a separação entre propriedade e gestão. Neste contexto, a responsabilidade social é tão-só circunstancial. Nas palavras de Milton Friedman, «The social responsibility of business is to increase its benefits».

Certamente que é vantajoso que as empresas capitalistas incrementem medidas de responsabilidade social, tendo em conta que elas poderão produzir efeitos benéficos no universo onde se situa a empresa. Especialmente num momento histórico em que o Estado recua na proteção dos menos favorecidos, lembra Hagen Henrÿ: «La situación social global presenta dos aspectos: el material, de la pobreza, y el inmaterial, de desequilibrio social, es decir, de (in)justicia social. Me parece que un factor de la debilidad del Estado del bienestar es que se ha transformado en un Estado de "asistencia social" cuya eficacia es función de sus recursos financieros/materiales»[87].

No entanto, a natureza das sociedades anónimas é, todos o sabemos, «"individual"-egoístico»[88]. A adoção de medidas de responsabilidade social da empresa não altera a natureza intrínseca das capitalistas sociedades anónimas.

Ripert escreveu nos anos 40 do século passado: «La société anonyme est un merveilleux instrument créé par le capitalisme moderne pour collecter l'épargne en vue de la fondation et de l'exploitation des entreprises»[89]. A propósito destas sociedades de capitais, Ripert acrescentou: «Que sont les actionnaires dans la vie mécanique de cet être prodigieux? Rien du tout»[90].

Observa-se que o art. 46.º do Código Cooperativo, relativo a «Deveres dos titulares do órgão de administração»[91], não contempla menção sobre a responsabilidade social das empresas. Deve tal lacuna ser considerada uma lacuna, uma falha contrária ao plano? Não parece que se possa imputar tal silêncio a uma falha contrária ao plano do Código Cooperativo.

[87] Cfr. Hagen Henrÿ, «Superar la crisis del Estado de bienestar: el rol de las empresas democráticas, una perspectiva jurídica», *CIRIEC-España. Revista Jurídica* n.º 24/2013, p. 3.

[88] J. M. Coutinho de Abreu, *Curso de direito comercial*, vol. II, cit., p. 311.

[89] Georges Ripert, *Aspects juridiques du capitalisme moderne*, Paris: Librairie Générale de Droit et Jurisprudence, 1946, p. 51.

[90] Georges Ripert, *Aspects juridiques du capitalisme moderne*, cit., p. 52.

[91] Sobre os deveres de cuidado e de lealdade dos administradores de cooperativas, vd. Ricardo Costa, «Artigo 46.º», *Código Cooperativo Anotado*, Deolinda Aparício Meira e Maria Elisabete Ramos (coords.), Coimbra: Almedina, 2018, p. 257, ss.

As cooperativas são *democráticas*, praticam a universalidade do voto – um homem, um voto significa também que os cooperadores não podem ser privados do direito de voto[92] –, cultivam a cooperação sem fim lucrativo, são geridas pelos seus membros, e a responsabilidade social (para com os membros, os trabalhadores, o desenvolvimento sustentável da comunidade[93]) é marca identitária e não um acervo de medidas que estejam na disponibilidade de membros ou gestores. Efetivamente, os princípios cooperativos que integram a identidade cooperativa, conjuntamente com a definição de cooperativa e os valores cooperativos, já integram esta vertente relativa ao impacto que a cooperativa tem na comunidade. Repare-se, a este propósito, no 7.º princípio: «As cooperativas trabalham para o desenvolvimento das suas comunidades, através de políticas aprovadas pelos seus membros». O art. 46.º do Código Cooperativo compromete os administradores com os princípios cooperativos, determinando que na sua atuação devem salvaguardar os princípios cooperativos. Por conseguinte, os cooperadores, entre outros compromissos, devem, na sua atuação, assegurar que as «cooperativas trabalham para o desenvolvimento das suas comunidades, através de políticas aprovadas pelos seus membros».

6. Conclusão

Os administradores de cooperativas, ainda que sejam cooperadores, são gestores de bens alheios. O património que lhes é confiado não lhes pertence; pertence à cooperativa e está ao serviço da missão e do objeto desta. Por isso, quando os cooperadores escolhem os titulares do órgão de administração, estão a confiar que os poderes que, por lei, são conferidos ao órgão de administração, são exercidos no interesse da cooperativa e no respeito pelos princípios cooperativos. A responsabilidade dos administradores perante a cooperativa e, em particular, a responsabilidade civil

[92] Sobre a não privação do direito de voto nas cooperativas, vd. Deolinda Aparício Meira, Maria Elisabete Ramos, *Governação e regime económico das cooperativas – estado da arte e linhas de reforma,* Porto: Vida Económica, 2014, p. 32. A regra de um voto por membro, independentemente da participação no capital social, continua a vigorar nas cooperativas de primeiro grau, tal como resulta do art. 40.º do Código Cooperativo de 2015. Sobre esta disposição, vd. Deolinda Aparício Meira e Maria Elisabete Ramos, «Artigo 40.º», in *Código Cooperativo Anotado*, Coimbra: Almedina, 2018, p. 230, ss.

[93] Vd. Rui Namorado, «Artigo 3.º», *Código Cooperativo Anotado*, Deolinda Aparício Meira e Maria Elisabete Ramos (coords.), Coimbra: Almedina, 2018, p. 27, ss.

constitui, no universo das cooperativas, uma manifestação do princípio da gestão democrática pelos membros, na vertente da responsabilidade dos representantes pelos representados.

A responsabilidade dos administradores perante a cooperativa é de natureza subjetiva, por factos ilícitos, e apresenta vários factos excludentes de responsabilidade. Todavia, o Código Cooperativo, em matéria de responsabilidade civil perante a cooperativa, não é pleno. A questão de saber se a chamada *business judgement rule* se aplica às decisões empresariais dos administradores deve responder-se afirmativamente, tendo em conta que a esta resposta não obstam os princípios cooperativos. À interrogação sobre se o padrão abstrato-objetivo do «gestor criterioso e ordenado» se aplica à avaliação da culpa dos administradores de cooperativas, a resposta deve ser positiva. A esta conclusão não obsta a circunstância de os administradores de cooperativas poderem exercer o cargo gratuitamente.

À questão de saber se, na gestão da cooperativa, os administradores devem incorporar o interesse pela comunidade, deve responder-se afirmativamente. Não porque se transplante para o universo das cooperativas as narrativas em torno da «responsabilidade social da empresa» aplicáveis às sociedades anónimas, mas porque tal interesse pela comunidade integra a identidade da cooperativa.

Em Portugal, a «societarização» das cooperativas – que em outros ordenamentos jurídicos desvirtua a identidade cooperativa – é, de alguma maneira, travada pelos princípios cooperativos que, nos termos do art. 9.º do Código Cooperativo, constituem a «prova de resistência» que deve ser superada pelas normas das sociedades anónimas aplicáveis às cooperativas.

FUNDAMENTOS DA AVALIAÇÃO: CONTRIBUTOS PARA O DEBATE POLÍTICO-METODOLÓGICO SOBRE AVALIAÇÃO E MEDIÇÃO DO DESEMPENHO/IMPACTO NAS ORGANIZAÇÕES DA ECONOMIA SOCIAL

MÓNICA LOPES*

1. Introdução

As organizações da economia social (OES) têm assumido uma relevância crescente um pouco por todo o mundo. Este posicionamento, possibilitando-lhes ocupar um lugar proeminente nos processos de governação societal, sujeita-as também a uma maior visibilidade e exposição ao escrutínio público por parte de diversos *stakeholders*.

Num contexto marcado por novos modelos de intervenção social emergentes do Estado-providência ativo, baseados, nomeadamente, na abordagem por projeto e na partilha de responsabilidades pela realização dos objetivos com outros parceiros (Hespanha, 2008), a avaliação surge como elemento indispensável na contratualização entre o Estado e o terceiro sector tendo em vista a implementação de políticas sociais. A orientação para a nova gestão pública no Estado, prescrevendo uma cultura de resultados centrada no cumprimento de objetivos, intensificou este controlo, estendendo assim à relação entre o Estado e as OES novas exigências de qualidade na prestação dos serviços e requisitos de maior eficácia e eficiência na intervenção social (Ferreira, 2012). Desde o

* Doutorada em Sociologia e mestre em Políticas Sociais pela Universidade de Coimbra. É investigadora no Centro de Estudos Sociais da mesma universidade. Leciona no curso de pós-graduação em Economia Social: Cooperativismo, Mutualismo e Solidariedade e, a convite, em diversas unidades curriculares do mestrado em Intervenção Social, Inovação e Empreendedorismo, e da licenciatura em Sociologia. Membro individual da rede EMES – *Emergence of Social Enterprises in Europe*. Com tese de doutoramento sobre avaliação nas organizações do terceiro sector, a sua investigação tem focado no papel do terceiro sector no desenho e implementação de políticas sociais e de igualdade de género, e na avaliação e medição do desempenho/impacto enquanto mecanismos de prestação de contas e de aprendizagem organizacional.

início do movimento mais recente, no sentido de tornar os organismos públicos mais eficientes e adequados (Osborne e Gaebler, 1992), que têm vindo a aumentar as pressões sobre as OES no sentido de também elas se tornarem mais eficazes. É esta pressão do ambiente em que se move o sector – financiadores, utentes, reguladores e outros intervenientes – que, segundo muitos/as autores/as (Kearns, 1996; Murray, 2005; Ebrahim, 2010), tem sido a principal causa do crescente interesse das organizações na avaliação.

Paralelemente, no seio do próprio sector da economia social tem ocorrido um amplo movimento no sentido da «mercantilização» ou «comercialização» das suas atividades e da «profissionalização» da sua gestão (Hvenmark, 2013; Maier, Meyer e Steinbereithner, 2014). A maior orientação para o mercado, a par da maior presença de profissionais na estrutura de gestão, introduz dinâmicas no sentido de tornar o sector mais eficiente e racional, mediante a adoção de uma série de sistemas de gestão, medição e avaliação do desempenho, que correspondem frequentemente a modelos e práticas importados do sector empresarial (Hwang e Powell, 2009). Estas forças combinam-se com a crescente popularidade do empreendedorismo social (Dees, 1998; Dees e Anderson, 2006) e da filantropia de risco/de impacto (*venture philantropy*) (Moody, 2008), sendo que ambos se inspiram fortemente em métricas e práticas do sector empresarial.

A compreensão das práticas de avaliação nas organizações e dos discursos em torno da avaliação produzidos pelos diversos atores ligados ao sector da economia social, não dispensa a orientação do foco analítico para a *avaliação em si*, i.e., para a sua construção enquanto conceito. Tal orientação implica percorrer o campo de estudos que mais tem contribuído, quer para a sua construção conceptual, quer para a sua afirmação como profissão – a teoria de avaliação (particularmente de avaliação de programas). É a partir deste campo de estudos, imerso nos debates científicos relativos à investigação social, que darei conta, neste texto, das principais correntes/tradições da avaliação – positivista, pragmática, construtivista e transformativa –, percorrendo as principais influências que afetaram a sua evolução e descrevendo alguns dos modelos e abordagens que inspiraram. Todavia, não constituindo uma prática unificada, o manancial e a filosofia da avaliação não se esgotam nas perspetivas radicadas na investigação em ciências sociais. Fora do campo da investigação social, proliferam conceitos e instrumentos originários da gestão empresarial, que servem propósitos similares à avaliação, e que serão também explorados neste texto a partir do foco na abordagem da medição do desempenho. Por fim, discute-se a emergência de uma nova vaga de avaliação, preocupada com «o que funciona» e caracterizada pelo renascimento do «experimentalismo científico» (Vedung, 2010), refletindo-se sobre as suas racionalidades e implicações para a intervenção social.

2. Conceito de avaliação: rumo a uma definição «heliocêntrica»

São múltiplas as significações associadas ao conceito de «avaliação» e o emprego que dele se faz é muito diverso, ilustrando bem a complexidade que lhe está associada. Cada uma das definições incide num ou noutro aspeto segundo o paradigma em que se enquadra, as perspetivas às quais se liga e à funcionalidade que se lhe atribui. Cada definição é, em certa medida, uma declaração de princípios na qual prevalecem certos valores que se pretendem concretizar.

A maioria das definições situa-se no âmbito da avaliação de programas, mais do que de políticas ou de organizações. É, aliás, frequente as perspetivas e definições, assim como as teorias e os modelos de avaliação que se anunciam amplas, conterem elementos relacionados especificamente com avaliação de programas. No entender de Michael Scriven (2013: 172), esta circunstância traduz uma **falácia «geocêntrica»** de assumir que a avaliação é avaliação de programas· Esta falácia não será alheia ao contexto de forte disseminação da avaliação após a Segunda Guerra Mundial (sobretudo nos EUA), muito associado à multiplicação de programas (sociais, de desenvolvimento urbano, de habitação social, de combate ao insucesso escolar, etc.) e à necessidade de determinar os efeitos das experiências da *Great Society* dos anos 60 (nomeadamente dos programas de combate à pobreza). Neste trabalho, adoto a abordagem que Scriven designa por **«heliocêntrica»**, que toma como ponto central a *avaliação* e como subáreas a avaliação de programas, de projetos, de pessoal, de organizações, de serviços, de produtos, etc.

A discussão semântica sobre avaliação conduzida por Scriven remete para a distinção entre **avaliação formal** e **avaliação informal**, delineada por diversos/as autores/as (Tassie, Murray e Cutt, 1998; Carman e Fredericks, 2008; Stufflebeam e Coryn, 2014), e que considero relevante para clarificar o entendimento sobre avaliação que adoto neste texto. Tassie, Murray e Cutt (1998: 63), por exemplo, situam esta distinção na discussão metodológica sobre avaliação, diferenciando métodos formais de métodos informais. Enquanto com os primeiros se pretende que sejam «objetivos» e «racionais» e impliquem o estabelecimento explícito de critérios de avaliação formal, a designação de pessoas responsáveis pela aplicação desses critérios e a produção e análise de dados que lhes estão associados, os métodos não-formais remetem para conversas informais, impressões e reputação, constituindo bases para a avaliação não oficializada.

Na verdade, enquanto atividade informal, a avaliação existe em todos os lugares, sob muitas formas. A produção de juízos e a tomada de decisões a partir do que se observa é constante nos diversos domínios da vida. Todavia, como notam Stufflebeam e Coryn (2014: 26), os procedimentos da avaliação informal não são sistemáticos, são pouco rigorosos e baseados em perspetivas enviesadas. As avaliações formais, por seu turno, têm um carácter sistemático e rigoroso: deverão ser relevantes, desenhadas e implementadas no sentido de controlar enviesamentos, documentadas, manter-se consistentes com padrões profissionais adequados, reportadas a quem de direito, e de outra forma úteis e defensáveis (*ibidem*: 26-27).

Quadro 1.
O contínuo da avaliação formal/informal

Informal ⟷	**Formal**
Casual	Deliberada
Espontânea	Requer tempo
Critérios são implícitos	Critérios são explícitos e claros
Obtenção rápida e pouco apurada de evidências	Evidências são sistematicamente recolhidas
O juízo é feito de forma «imponderada»	O juízo é feito de forma meticulosa

Fonte: Elaboração da autora.

De facto, como nota Scriven, a avaliação não é apenas uma ciência e, tal como a tecnologia ou outros fenómenos, não obedece necessariamente aos métodos das ciências. Mas quando falamos de avaliação formal, falamos da avaliação como (trans)disciplina que, tal como reconhece Michael Scriven

(2013: 172), para justificar tal designação, recorrerá a abordagens e métodos que são válidos, dados bem estabelecidos e teorias testáveis ou de outro modo avaliáveis, ainda que, como faz notar o autor, se possa questionar se o sistema de controlo de qualidade do sistema de avaliação responde aos padrões mínimos das disciplinas clássicas (*ibidem:* 172-175), ou problematizar a robustez e validade (ou mesmo a existência) de normas e padrões profissionais no campo da avaliação.

Neste sentido, entendo neste trabalho a **avaliação enquanto processo de pesquisa de reflexão estratégica**, que vai além das reflexões espontâneas e intuitivas, exigindo a definição de objetivos, a identificação exaustiva dos elementos de informação a recolher, assim como o estabelecimento de um **método** de reflexão. Avaliar significa sempre julgar o valor de uma organização ou intervenção, utilizando metodologias e critérios explícitos.

3. Paradigmas, perspetivas e teorias de avaliação: abordagens radicadas na investigação em ciências sociais

Considerando que os objetivos que presidem à avaliação podem variar grandemente e que tem havido mudanças importantes nos perfis e requisitos de avaliação ao longo da história, é compreensível a existência de uma grande variedade de abordagens e modelos, construídos a partir de diferentes critérios, fundamentos e tradições. Não sendo possível dar conta do largo espectro de perspetivas e teorias sobre avaliação, tentarei agora sistematizar, numa perspetiva histórica, as várias abordagens existentes com base na sua orientação em termos metodológicos e de teoria da ciência (Stockmann, 2011).

A avaliação não tem sido alheia aos paradigmas científicos da investigação social, já que durante muitos anos a sua legitimidade se baseou em critérios técnico-científicos importados da investigação social. Por entre êxitos e fracassos, a avaliação consolida-se entre os anos 1960 e 1970, falando-se neste período de uma «indústria em crescimento», estreitamente ligada ao positivismo e aos desenhos experimentais. O processo de avaliação, na sua **primeira geração** [que Guba e Lincoln (1989) apelidam de «**mensuração**» e Vedung (2010) de «**vaga científica**»], consistiu sobretudo na recolha de dados mensuráveis e factos quantificáveis, por forma a permitir comparações. No fundo, procurou-se adotar os métodos utilizados nas ciências naturais, usando-os para a pesquisa social empírica. Mas é ainda nos anos 60, no auge do positivismo experimentalista, que começa a emergir um novo paradigma que submete a **forte revisão crítica o paradigma clássico-quantitativo dominante**. Esta nova orientação científica baseada nos métodos qualitativos, com uma orientação mais **pluralista e participativa**, ver-se-á reforçada pelos processos de modernização dos Estados, pela nova consciência de cidadania e de aprofundamento democrático, e pelo próprio fracasso do experimentalismo americano para explicar por si só a complexidade da realidade (Guerra, 2002). É aqui que entra em cena aquela que Guba e Lincoln (1989) apelidam de «**avaliação de quarta geração**» e que Vedung (2010) designa de «**vaga orientada para o diálogo**».

No quadro que se segue sintetizam-se as características das principais correntes da avaliação, em diferentes dimensões.

Quadro 1.
Características das principais correntes/tradições de avaliação

	Positivista	**Pragmática**	**Construtivista**	**Transformativa**
Lógica	Científica - experimental	Utilitarista - Tomada de decisão e melhoria	Naturalista - Processos sociais	Emancipatória - Justiça social
Pressupostos teóricos	Existe uma única realidade que pode ser objetivamente documentada eliminando explicações alternativas. Objetividade e neutralidade de quem avalia; observação distante e desapaixonada.	Existe uma única realidade e cada indivíduo tem dela a sua interpretação própria. As relações estabelecidas na avaliação são determinadas pelo que quem avalia considera ser apropriado a cada análise.	Realidades múltiplas, socialmente construídas. Ligação interativa entre quem dinamiza e participa na avaliação; valores são explicitados; diálogo e reflexão significativos para criação de conhecimento.	Múltiplas realidades formatadas por valores sociais, políticos, culturais, económicos, étnicos, de género, deficiência e outros. Conhecimento é socialmente e historicamente situado; a interação entre quem avalia e os *stakeholders* tem em conta quem se encontra em situação de desvantagem.
Principais defensores	R. Tyler; D. Campbell, H. Chen; P. Rossi; R. Boruch; T. Cook; S. Donaldson; L. Cronbach; W. Sadish	J. Wholey; D. Stufflebeam; M. Patton; M. Alkin; H. Perskill; J. B. Cousins; M. Q. Patton	R. Stake; Y. Lincoln; E. Guba; E. Eisner; I. Shaw; M. Parlett; D. Hamilton;	D. Mertens; J. Greene; B. MacDonald; B. Whitemore

Principais modelos	Avaliação por Objetivos; Avaliação Experimental ou Quase-Experimental; Avaliação Baseada em Teoria	Avaliação Focada na Utilização; Modelo CIPP; Avaliação para a Aprendizagem Organizacional Avaliação Participativa/ / Colaborativa	Avaliação Responsiva; Avaliação Construtivista Responsiva; Avaliação Independente dos Objetivos (*Goal-free Evaluation*)	Avaliação Transformativa; Avaliação Deliberativa Democrática; Avaliação Feminista
Objetivos	Avaliação centra-se na explicação das causas, na aferição dos efeitos e em generalizações sobre a eficácia do tipo de intervenção.	Impactar a tomada de decisão, a mudança organizacional e os entendimentos conceptuais das intervenções. Manter decisores e outros *stakeholders* informados sobre os *inputs*, *outputs* e efeitos das intervenções.	Descrição das necessidades, valores e perspetivas dos atores envolvidos na intervenção.	Revelar pontos de vista dos grupos marginalizados, interrogando sistematicamente as estruturas de poder.
Metodologia	Quantitativa (primeiramente); Método científico; Hipóteses.	Correspondência de métodos com questões e finalidades específicas da avaliação; Métodos mistos.	Qualitativa (primeiramente); Métodos participativos.	Métodos qualitativos (dialógicos), mas também quantitativos e mistos; Fatores contextuais e históricos são descritos, especialmente os que se referem à opressão.
Orientação principal	Top-down	Top-down/ /Bottom-up	Bottom-up	Bottom-up
Utilização	Instrumental	Conceptual e Instrumental	Cognitiva *Empowerment*	Promoção dos direitos humanos e justiça social
Vantagens	Objetividade; Capacidade de generalização; Fácil de legitimar.	Forte utilidade; Enfoque nas necessidades de informação dos *stakeholders* (sobretudo decisores); Potencia sentimento de pertença e de apropriação pelas pessoas envolvidas na intervenção.	Sensibilidade a múltiplos pontos de vista; Construção de um modelo pluralista de perceções sobre os resultados; Serve de aprendizagem para todos os *stakeholders*.	Forte orientação para a justiça social; Mobilização no sentido de tornar a avaliação justa e democrática; Desenvolvimento de competências culturais por parte de quem avalia

Desvantagens	Falta de aplicabilidade «no mundo real» (dificuldade de estabelecer controlo das variáveis); Falta de sensibilidade para os aspetos qualitativos e para a complexidade das relações humanas; Reduz influências complexas a simples relações de causalidade.	Risco das questões de avaliação serem dominadas pelos interesses de quem toma decisões; Dificuldade em sustentar o envolvimento dos *stakeholders*.	Problemas de viabilidade decorrentes da natureza aberta exploratória e participativa do processo de avaliação; Relutância em estabelecer prioridades ou em simplificar informações para a decisão.	Forte componente política – criticismo relacionado com a objetividade de quem avalia e dos resultados da avaliação; Pouca credibilidade junto de alguns grupos de *stakeholders* (especialmente entidades financiadoras); Dificuldades de aplicação prática.

Fonte: Elaboração própria, a partir de, em especial: Guerra, 2002; Shaw, Greene e Mark, 2006; Stockmann, 2011; Mertens e Wilson, 2012; Stufflemeam e Coryn, 2014; Alkin, 2013.

Nos pontos que se seguem, estruturados a partir dos quatro paradigmas em que neste trabalho divido o «mundo» da avaliação – experimental, construtivista, transformativo e pragmático –, organizo as principais influências que afetaram a sua evolução, e descrevo alguns dos modelos e abordagens que inspiraram.

3.1. Paradigma *experimental*: abordagens clássicas

Nos primeiros anos da pesquisa em avaliação, era considerado relevante o rigor metodológico determinado pelo positivismo. Durante aquele que Shadish, Cook e Leviton (1991) classificam de *primeiro estágio das teorias sobre avaliação*, a avaliação empenhou-se no desenvolvimento de teorias focadas «na busca da verdade sobre as soluções efetivas para a resolução de problemas sociais», enfatizando as respostas imparciais às questões sobre o desempenho das intervenções.

A avaliação clássica, racional ou científica tende a privilegiar estudos de **natureza experimental ou quase-experimental**, inspirados pelo trabalho de teóricos como Donald Campbell, Julian Stanley, Lee Cronbach e Richard Snow (Alkin, 2013; Mertens e Wilson, 2012), e que têm como propósito essencial o de determinar relações causais entre variáveis dependentes e independentes específicas. Tal exige a identificação de variáveis que reflitam os resultados das intervenções e a condição em que se encontram antes e depois da intervenção e/ou em comparação com a situação de um grupo de controlo não abrangido pela intervenção. Estas abordagens têm sido alvo de muitas críticas porque, além de serem inviáveis numa grande diversidade de contextos (Stufflebeam e Coryn, 2014: 147), não consideram de forma adequada, nem os mecanismos que ligam as intervenções aos resultados, nem a riqueza dos contextos heterogéneos (Henriques, 2006: 44).

Um marco importante da trajetória evolutiva da avaliação são os anos 50, nos quais surge a avaliação por objetivos, que constitui o paradigma dominante até aos nossos dias. A abordagem da **avaliação por objetivos**, da qual foi pioneiro Ralph Tyler (1949), enquadra-se nas premissas teóricas, nas quais se fundamenta o modelo clássico da avaliação. Assume que as intervenções são desenhadas com a finalidade de alcançar objetivos específicos e que o êxito pode ser determinado em função da medida em que se alcançam os previstos. O processo deste modelo centrado nos objetivos, ainda que requeira condições exigentes, é relativamente linear e simples: especificação de metas e objetivos do programa; definição rigorosa de objetivos dispostos em hierarquia e em termos mensuráveis; e seleção dos instrumentos adequados para medir a consecução dos objetivos do programa (Stufflebeam e Coryn, 2014: 135). Esta perspetiva de avaliação, de que Tyler foi precursor, é enquadrada por Guba e Lincoln na **segunda geração da avaliação**, que os autores nomeiam de **fase da «descrição»**, e na qual a medição dos fenómenos é complementada pela sua descrição. Ainda que **continue a ser uma abordagem privilegiada por quem faz avaliação**, são muitas as críticas que lhe são formuladas. A abordagem por objetivos tende a ser inflexível e linear, induzindo o fenómeno de visão de túnel (Stockmann, 2011). Ao omitir informação de contexto e sobre os efeitos não previstos ou fora do âmbito dos objetivos fixados pelas organizações, o enfoque nos objetivos negligencia perspetivas particularmente relevantes em entidades com uma missão social e que atuam em ambientes complexos e incertos, como são as OES.

Tanto na fase da «medição» como na fase da «descrição» (orientada para objetivos), o papel de quem avalia é limitado ao de quem observa de forma neutra, que colige dados de uma forma científica. Autores tão representativos como Carol Weiss (2013) e Evert Vedung (2004), ambos a partir de uma perspetiva pós-positivista, reconhecem a inadequação e a inutilidade de utilizar desenhos experimentais e quase-experimentais na grande maioria das situações e contextos de avaliação, a que se poderá acrescentar o seu questionamento ético. Não obstante, como nota Maria Bustelo (1998), a teoria da avaliação continua a atribuir-lhes um peso importante.

Numa crítica à procura de um conhecimento objetivo pelo *realismo científico*, Guba e Lincoln (1989: 7) afirmam que «**abordar cientificamente a avaliação é perder completamente o seu carácter social, político e valorativo**». Estes autores denunciam as avaliações tradicionais por tenderem a privilegiar quem encomenda a avaliação, que é quem acaba por determinar as questões da avaliação, a metodologia a ser utilizada e os resultados a serem publicados. Este viés é, de certa forma, camuflado pelo uso de metodologias quantitativas e quase experimentais, baseadas no paradigma positivista.

3.2. Paradigma *construtivista*: abordagens naturalistas

A avaliação naturalista representa uma alternativa ao paradigma clássico, reconhecendo a **pluralidade de sistemas de valores** que coexistem na sociedade. Este tipo de abordagem é acomodado pelos axiomas básicos do *paradigma construtivista*, que advoga que não existe uma realidade única, mas múltiplas realidades que emergem do sistema de crenças subjetivo de cada indivíduo. Para os/as construtivistas, a pesquisa é balizada por, e não isenta de valores, e por isso os vieses devem ser objeto de conhecimento ao invés de os controlar. A causa e o efeito não são possíveis de distinguir, uma vez que as relações são interdependentes e, por isso, simultaneamente, tudo tem influência em tudo. Os discípulos desta abordagem evocam o **método qualitativo** para conseguir compreender os vários pontos de vista e interpretações da realidade.

Na avaliação, este posicionamento reivindica um procedimento científico que é diferente do invocado pela ciência empírica analiticamente orientada para o estudo das leis que presidem aos fenómenos naturais (vejam-se Lincoln e Guba, 2013; Patton, 2013, entre outros). Em contraposição à abordagem tradicional, nesta, a **avaliação é percebida como um processo político e social, orientado para valores**, e apresenta uma alternativa segundo a qual as reivindicações, interesses e questões dos diversos *stakeholders* (ou grupos de interesse) são os focos que organizam a avaliação. O paradigma construtivista, para o qual não há uma realidade dada como única, permite acomodar a diversidade de valores e interesses preconizada por uma abordagem alternativa, que Guba e Lincoln designam de avaliação construtivista (*responsive construtivist evaluation*):

> É nossa intenção definir uma abordagem de avaliação emergente, mas madura, que vai além de uma ciência – que apenas acomoda factos –, para incluir uma infinidade de elementos humanos, políticos, sociais, culturais e contextuais implicados. Chamamos essa nova abordagem A Quarta Geração de Avaliação por sinalizar a nossa interpretação de que esta forma transcende as gerações previamente existentes, caracterizadas como orientadas para mensuração, descrição e julgamento, caminhando para um nível novo, cuja chave dinâmica é a negociação (GUBA e LINCOLN, 1989: 8).

Guba e Lincoln (1989) propõem o processo hermenêutico dialético como caminho para a realização de uma avaliação com enfoque construtivista e compreensivo. É hermenêutico, porque tem carácter interpretativo, e dialético porque implica comparação e contraste de diferentes pontos de vista. Os autores afirmam que a proposta desse processo não é legitimar uma determinada construção ou acometer as fraquezas de outras, mas antes construir uma forma de conexão que leve à exploração mútua de todas as partes.

A avaliação é vista, nesta perspetiva, como um processo pelo qual quem avalia e diferentes *stakeholders*, em conjunto e de forma colaborativa, criam (ou procuram) uma construção consensualizada do valor de determinados processos. Isso não significa necessariamente produzir informações irrefutáveis (isto é, empiricamente verificáveis), embora isso possa ser um resultado colateral.

3.3. Paradigma *transformativo*: abordagens emancipatórias

O *paradigma transformativo* pode ser considerado uma extensão do paradigma construtivista. Enfatiza as diferentes **posições de poder** dos diversos grupos de *stakeholders*, que podem levar à sobrevalorização de determinados interesses (veja-se MERTENS, 2009; MERTENS e WILSON, 2012). Partindo do pressuposto de que há mais do que uma realidade e de que cada uma destas realidades tem diferentes influências nos contextos social, cultural e político das intervenções e respetivas avaliações, identificar e tornar as pessoas conscientes das posições de quem está em desvantagem é visto como um dos objetivos essenciais da avaliação. Este paradigma é alicerçado numa forte **agenda de defesa da justiça social e de direitos humanos** que é especificamente orientada para os grupos marginalizados, como sejam mulheres ou minorias étnicas, pessoas com deficiência, pobres e outras pessoas de grupos culturais considerados não dominantes.

Tendo o *paradigma transformativo* muito em comum com o paradigma construtivista, nomeadamente o seu carácter participativo e crítico, o que em última análise os diferencia é o enfoque daquele nas dimensões de poder, cultura, privilégio e justiça social. Provendo um quadro teórico que se baseia noutras posições filosoficamente consentâneas e em abordagens qualitativas e de métodos mistos, o *paradigma emancipatório* parece fornecer uma alternativa robusta para apoiar a análise da complexidade do mundo.

As abordagens construtivistas à avaliação têm, porém, sido alvo de diversas críticas, sistematizadas no trabalho de Stufflebeam e Coryn (2014: 191-192). Um perigo recorrentemente apontado às abordagens construtivistas à avaliação é que, estando tão concentradas em servir uma missão social, possam não responder aos requisitos de avaliações sólidas e fiáveis. Outra crítica frequentemente enunciada é a de que, ao confiar aos *stakeholders* a autoridade para decidir sobre elementos-chave da avaliação, sobretudo ao nível da interpretação dos resultados, quem faz avaliação capacita estas pessoas para usar a avaliação em seu proveito. Tal delegação de autoridade sobre assuntos importantes da avaliação pode torná-la vulnerável a enviesamentos e ao mau uso dos seus resultados. Os pontos fortes destas abordagens – de envolvimento de todas as partes interessadas e de forte orientação para princípios democráticos de equidade e justiça – potenciam também algumas dificuldades na sua aplicação. Os problemas de viabilidade são comuns à generalidade destas abordagens, uma vez associados, por exemplo, à dificuldade em sustentar a participação plena de todos os *stakeholders* ao longo do processo de avaliação, às dificuldades de contratação em processos de avaliação planeados em termos vagos, e à insistência de muitos clientes na obtenção de conclusões fundamentais sobre o mérito e valor das intervenções (*ibidem:* 207).

3.4. Paradigma *pragmático*: abordagens utilitaristas

No âmbito da discussão epistemológica em avaliação, Christie e Alkin (2013), Mertens (2010) e Mertens e Wilson (2012) consideram ainda um terceiro (ou quarto) paradigma, relevante para compreender as influências teóricas do pensamento sobre avaliação: o *pragmático*. Quem segue esta linha adota a objetividade e a subjetividade como duas posições num contínuo e consideram que as lógicas indutiva e dedutiva devem ser usadas em conjunto. Não obstante, rejeitam abarcar da mesma forma os axiomas dos paradigmas pós-positivista e construtivista. Por exemplo, os/as pragmatistas assemelham-se mais aos pós-positivistas relativamente às noções acerca da realidade externa, com o entendimento de que não existe nenhuma «verdade» absoluta acerca da realidade. Mais em linha com o pensamento construtivista, não obstante, os/as pragmatistas sustentam que, em determinado momento, uma explicação da realidade poderá ser considerada mais pertinente que outra. Além disso, pragmatistas, tal como pós-positivistas, acreditam que as causas podem estar relacionadas com os efeitos, ainda que temperem este pensamento com a advertência de que a certeza absoluta sobre a causalidade é impossível. O pragmatismo assemelha-se ao construtivismo na descrença de que a investigação seja isenta de valores; antes, considera-os importantes para o processo de investigação.

Este paradigma parece ser inspirador das abordagens da avaliação que preconizam o **uso instrumental dos seus resultados**, como seja a abordagem da **avaliação focada na utilização** (*Utilization-Focused Evaluation*) de Michael Patton (1997, 2008, 2013). O ponto de partida desta abordagem é de que as avaliações devem ser julgadas pela sua utilidade e uso efetivo; pelo que «o avaliador deve ser facilitador do processo de avaliação e desenhá-la tendo sempre em consideração que tudo o que é feito, do início ao fim, afeta o seu uso», dizendo respeito «à forma como as pessoas reais no mundo real experienciam a avaliação e aplicam os seus resultados», sendo o enfoque deste modelo no «uso pretendido e nos utilizadores pretendidos» (Michael Patton, 2013: 293). Reconhecendo que nenhuma avaliação é isenta de valores, o autor perfilha um modelo de avaliação que clarifique de quem são os valores que enquadram a avaliação, trabalhando com um grupo bem identificado (mas não necessariamente representativo) de *stakeholders*, que são responsáveis pela aplicação dos seus resultados e das suas recomendações. A avaliação focada na utilização não advoga nenhum conteúdo, método ou modelo de avaliação específico, nem nenhum tipo de utilização particular; é antes um «processo de apoio aos utilizadores prioritários na seleção dos conteúdos, modelos, métodos, teorias e usos mais adequados à sua situação particular» (*ibidem*: 293).

Um outro tipo de abordagem que poderá ser enquadrada no pensamento pragmatista, por ser desenhada a partir de um amplo espetro de conceitos e métodos de avaliação, respeita às formas **de avaliação participativas/colaborativas.** As formas participativas de avaliação emergiram em grande medida de processos de investigação-ação e a sua ênfase é no envolvimento de *stakeholders* no processo de avaliação. Cousins, um dos mais influentes teóricos desta abordagem, defende que o «*locus* do julgamento sobre o mérito, valor e significância de um programa deverá caber a *stakeholders* localizados na comunidade onde decorre o programa» (Cousins, 2013: 346). O papel essencial de quem avalia é, neste sentido, promover o julgamento informado por parte dos *stakeholders.* Apesar de promoverem os juízos, as formas participativas de avaliação tendem a enfatizar sobretudo a melhoria das intervenções, mais do que os julgamentos sumativos sobre o mérito ou valor das intervenções (Stufflebeam e Coryn, 2014: 221):

> A avaliação participativa promove a melhoria facilitando o **uso do processo** (mudanças no pensamento e comportamento e mudanças programáticas ou organizacionais nos procedimentos e na cultura que ocorrem entre quem está envolvido na avaliação, como resultado da aprendizagem que ocorre durante o processo); o **uso conceptual** (no qual não tem lugar nenhuma ação direta baseada na avaliação, mas o entendimento da intervenção é afetado); e o **uso simbólico** (em que a mera existência da avaliação, mais do que qualquer aspeto dos seus resultados, é usada para persuadir e convencer), mais do que o **uso instrumental** (envolvendo instâncias em que o conhecimento de avaliação é usado diretamente) (Stufflebeam e Coryn, 2014: 221, negrito meu).

Tal como a abordagem focada na utilização de Patton, a avaliação participativa é metodologicamente pluralista e flexível, mas, enquanto o foco central da primeira abordagem é responder com eficácia aos usos pretendidos para a avaliação por um grupo selecionado de utilizadores visados, a segunda não se restringe a servir um grupo de *stakeholders* predefinido. As maiores dificuldades de ambas as abordagens relacionam-se com a sustentação do envolvimento dos *stakeholders* e assegurar que os *stakeholders* empoderados não comprometem o rigor da avaliação (Stufflebeam e Coryn, 2014: 224). Stufflebeam e Coryn (2014) designam estas abordagens de *ecléticas,* por utilizarem de forma seletiva conceitos e métodos de amplo leque de abordagens e modelos de avaliação, no sentido de responder a necessidades de grupos particulares de *stakeholders*. Quem avalia e segue uma abordagem eclética poderá utilizar, em diferentes ocasiões, estudos de caso, desenhos experimentais, uma avaliação «sensível», estudos baseados em objetivos ou uma avaliação orientada para a decisão.

4. Abordagens managerialistas à avaliação

Fora do mundo da ciência, a avaliação é utilizada em organizações públicas, privadas e do sector da economia social para otimizar o seu planeamento e gestão, para analisar a prossecução dos seus objetivos e para averiguar sobre a efetividade e sustentabilidade dos serviços, programas, medidas e projetos que implementam.

No sector de mercado, onde a concorrência e a obtenção do lucro são predominantes, a avaliação, enquanto conceito radicado nas ciências sociais, é pouco usada como ferramenta de gestão e garantia de qualidade (Stockmann, 2011). Estas organizações recorrem sobretudo a conceitos e instrumentos que têm a sua origem na **«gestão empresarial»**, alguns dos quais servem propósitos semelhantes e complementares aos da avaliação. Por essa razão, eles vêm sendo cada vez mais conhecidos e utilizados por organizações públicas e da economia social na prossecução dos seus objetivos. **Este tipo de abordagem poderá ser vista como uma simplificação das perspetivas e modelos encontrados na teoria sobre avaliação (de programas)**. Em termos dos seus fundamentos filosóficos a respeito da natureza da realidade, do conhecimento, dos princípios que inspiram e governam o processo de construção do conhecimento e dos instrumentos usados, as **perspetivas managerialistas de avaliação situar-se-ão entre a orientação positivista e a orientação pragmática**. Aproxima-se da orientação positivista ao tender a assumir uma observação desligada, neutra, que pode recolher dados objetivos e imparciais, e ao privilegiar métodos e técnicas quantitativas. Por seu turno, aproxima-se da lógica pragmática, pela sua orientação utilitarista e foco na tomada de decisão e melhoria, e pelo uso do senso comum e pensamento prático.

Em anteriores análises sobre a situação das organizações da economia social ao nível da avaliação (Tassie, Murray e Cutt, 1998; Murray, 2005; Carman, 2007; Alaimo, 2008), verificou-se que a avaliação pode ocorrer de uma forma formal, sistemática, através da aplicação de um plano de avaliação concebido e implementado profissionalmente, ou pode ser desenvolvida com diferentes graus de informalidade, desde a recolha de dados para preparação dos relatórios até apreciações vagas sobre como decorrem as atividades. É precisamente esta perspetiva ampla de avaliação que tem transformado o campo da avaliação, com as pessoas das organizações a acumularem uma série de atividades de gestão que se associam à monitorização do desempenho. Essas atividades de gestão incluem, entre outras iniciativas, os sistemas de gestão da qualidade (revisão das práticas e procedimentos organizacionais no sentido de garantir que cumprem determinados requisitos de qualidade), as auditorias (verificação, por agentes independentes, da legalidade e da regularidade da utilização dos recursos em função de critérios e normas gerais), a avaliação de desempenho do pessoal, e o reporte (preparação de relatórios para financiadores e outros *stakeholders* que descrevem como é que o fundos concedidos foram empregues) (Cutt e Murray, 2000; Carman e Fredericks, 2008; Stockmann, 2011).

É a combinação de lógicas de que a avaliação é devedora – científico-metodológica, profissional e institucional – que torna a avaliação complexa. Mas, dada a dificuldade de compreensão do seu carácter híbrido, tende-se a identificá-la com instrumentos de apreensão mais fácil, como controlo, investigação e auditoria.

Quer se trate de abordagens influenciadas pela investigação em ciências sociais, quer de abordagens da contabilidade e gestão empresarial, em qualquer dos casos poderá ser gerada informação relevante para proporcionar uma base racional para a tomada de decisões de gestão, podendo, assim, ser ambas entendidas como *instrumentos de gestão*.

4.1. Entre diferentes tradições disciplinares: Avaliação *versus* medição do desempenho

Uma confusão muito comum na literatura e na prática sobre a avaliação de projetos, serviços ou organizações reside na perceção da avaliação como sinónimo de medição de desempenho (Ellis e Gregory, 2008). A distinção entre estas duas abordagens é aqui trazida enquanto **arquétipo da distinção entre práticas alicerçadas na investigação em ciências sociais e as práticas managerialistas, alicerçadas na gestão empresarial**.

A avaliação, enquanto campo, tem vindo a transformar-se nas últimas duas décadas pelo movimento mais amplo que tem tido lugar nas organizações públicas e da economia social, no sentido de construírem e implementarem sistemas de medição do desempenho organizacional ou programático (McDavid, Huse e Hawthorn, 2013). A medição do desempenho, ao contrário da avaliação, tem origem no mundo empresarial, tendo sido os sistemas de medição do desempenho originalmente concebidos e criados a partir das perspetivas de empresas com fins lucrativos (Speckbacher, 2003).

Poister, Aristigueta e Hall (2014) definem a medição do desempenho como «**recolha sistemática e organizada de dados quantitativos a partir de um conjunto de indicadores-chave do desempenho** da organização (ou programa)» (*ibidem*: 7). Estes/as autores/as distinguem *medição do desempenho* de *gestão do desempenho*, que definem como «o processo de definição, acompanhamento e utilização de indicadores objetivos de desempenho de organizações e programas para informar a gestão e tomada de decisão numa base regular» (*ibidem*: 1). Ou seja, a gestão do desempenho implica a utilização rotineira e estratégica das informações de desempenho por parte da gestão.

A gestão do desempenho, que se enquadra na estratégia de gestão orientada para os resultados[1]**, surgiu como uma abordagem de gestão organizacional que faz parte do amplo movimento de Nova Gestão Pública (NGP)**. A Nova Gestão Pública (Hood, 1991) reorientou a gestão do sector público para uma maior eficiência, com destaque para a utilização de práticas de mercado emprestadas da gestão do sector empresarial. O resultado foi uma explosão do planeamento estratégico, que induz uma forte orientação para metas, assim como esforços para avaliar o desempenho e para ajustar a estratégia no sentido de a reforçar. O movimento reivindica uma maior discricionariedade em matéria de gestão em troca de uma maior responsabilização pelos resultados. Assim, embora a avaliação e a medição de desempenho se tornem componentes estratégicos da NGP, **o foco na prestação de contas e nos resultados levou a um papel mais proeminente da medição do desempenho e a um papel mais circunscrito da avaliação** na reforma do sector público (Mayne e Rist, 2006; McDavid e Huse e Hawthorn, 2013). Numa perspetiva otimista, pode dizer-se que a «avaliação» é aqui reforçada, mas assumindo novas formas e sob novas expressões, designadamente, prestação de contas, avaliação

[1] Estratégia de gestão que se centra no desempenho, na obtenção de resultados, efeitos e impactos (DAC, 2010).

da satisfação de clientes, garantia de qualidade, *benchmarking*[2], *balanced scorecard*[3] e medição do desempenho.

A ênfase na medição e na comparação do desempenho estimulada pela NGP tem influenciado a adesão das organizações do sector público e do terceiro sector a **mecanismos de gestão da qualidade**[4] (ISO, EQUASS, etc.). Embora possam ser encarados como complementares à avaliação, trata-se de processos distintos. Enquanto nos sistemas de garantia da qualidade, os padrões definidos constituem os critérios a partir dos quais os juízos são produzidos, na avaliação os critérios podem ser estabelecidos mediante termos de referência particulares, ou podem surgir através do processo de avaliação em si (Ellis e Gregory, 2008: 51).

Na esteira da NGP, e em nome de prestação de contas, eficiência e eficácia, a medição do desempenho disseminou-se através das fronteiras

[2] Padrões de natureza qualitativa e quantitativa para efeitos de comparação do desempenho de uma intervenção. Este modelo-padrão será, muitas vezes, o melhor no mesmo domínio de intervenção ou num domínio relacionado. A avaliação comparativa de desempenho é aplicada, a nível nacional ou regional, quando existe informação comparativa entre práticas consideradas boas e menos boas. O termo *benchmarking* também é usado para se referir à comparação de condições contextuais entre territórios (CE, 2003). Segundo a definição do EuroDicAutom (base terminológica da UE: http://iate.europa.eu/iatediff/SearchByQueryLoad.do?method=load): Instrumento de melhoria ou aperfeiçoamento funcional ou estrutural de uma organização ou sistema baseado na avaliação contínua e sistemática de produtos, serviços, práticas ou métodos feitos por comparação com elementos similares, considerados de excelência e tomados como padrão ou referência. Este processo, concebido e vulgarizado no contexto empresarial como uma técnica de gestão, mas que atualmente se aplica a contextos mais alargados, é habitualmente classificado em três tipos: «aferição interna», em que os elementos de comparação se encontram no interior de uma mesma organização ou empresa; «aferição competitiva» ou «concorrencial», em que os marcos de referência se situam no mesmo sector de atividade numa perspetiva de concorrência; «aferição funcional», também designada «genérica» ou «universal», em que a comparação se faz entre elementos funcionalmente equivalentes independentemente da área ou sector.

[3] O *balanced scorecard* é um instrumento de gestão que visa a construção de um conjunto de indicadores quantitativos que permitem avaliar a capacidade da organização para cumprir a sua missão e objetivos estratégicos. Estes indicadores estruturam-se em torno de 4 perspetivas: inovação e liderança; processos internos; clientes e gestão financeira. Os indicadores de cada uma das perspetivas estabelecem entre si relações de causa-efeito, as quais são baseadas em hipóteses que permanentemente têm de ser revistas (Kaplan e Norton, 1996).

[4] Método para assegurar que todas as atividades necessárias à conceção, desenvolvimento e implementação de um produto ou serviço são eficientes e eficazes, respeitando o sistema da qualidade (SEAV, s/d).

internacionais, nacionais e locais. Há quem chegue a identificar a medição de desempenho com uma **tendência histórica independente, ou «vaga» de avaliação** (VEDUNG, 2010). Isso reflete o forte impacto que a medição do desempenho tem enquanto uma forma de avaliação dominante (BJØRNHOLT e LARSEN, 2014).

A medição de desempenho tornou-se uma prática comum no sector público e cada vez mais frequente no terceiro sector. Ao longo dos últimos vinte e cinco anos, a medição de desempenho tem-se tornado amplamente aceite, focada nos resultados, mais sofisticada e institucionalizada (POISTER, 2010), ainda que não isenta de críticas. É controversa entre estudiosos e profissionais da avaliação: há quem advogue que a profissão abarca a medição do desempenho (FELLER, 2002), há quem seja cético e exclua a medição do desempenho do campo da avaliação (BERNSTEIN, 1999).

Existem, de facto, **diferenças consideráveis nas conceções a respeito da articulação entre monitorização do desempenho e avaliação**, em particular sobre até que ponto estas abordagens estão desalinhadas ou se complementam (WHOLEY, HATRY, NEWCOMER, 2010: 673-675; HATRY, 2013; MCDAVID, HUSE e HAWTHORN, 2013; NIELSEN e HUNTER, 2013). Como notam Poister, Aristigueta e Hall (2014: 27), entre profissionais de avaliação existe a noção de que a avaliação, particularmente a avaliação de programas, é mais sofisticada metodologicamente, mais definitiva nas suas conclusões, e mais útil para determinar o valor real de uma intervenção do que a de medição de desempenho. Estes pontos de vista são, no entender dos autores, pertinentes, já que a avaliação de programas tem-se apoiado, tradicionalmente, em projetos sofisticados e aprofundados de pesquisa, metodologias complexas e avaliações experimentais ou quase-experimentais rigorosas que ultrapassam o alcance da medição de desempenho. Esta, por seu turno, é um processo relativamente simples: os objetivos das intervenções e os resultados correspondentes são identificados, identificam-se medidas para apurar os resultados, e os dados são reunidos para permitir a quem gere, e a outras partes interessadas, monitorizar o desempenho programático/organizacional (MCDAVID, HUSE e HAWTHORN, 2013: 4). Visa sobretudo estimar os resultados das intervenções, sem uma análise aprofundada dos efeitos das mesmas sobre esses resultados. Os estudos de avaliação, por sua vez, são substancialmente mais informativos e fornecem muito mais orientações para as grandes decisões organizacionais e programáticas (NIELSEN e HUNTER, 2013).

A monitorização do desempenho tende a ser mais uma ferramenta de gestão, devido à frequência e, assim, assiduidade, das informações, e tem a vantagem de manter o foco nos resultados numa ampla variedade de áreas de intervenção (Wholey, Hatry, Newcomer, 2010: 674). Mas, uma vez que, em geral, a gestão desempenha um papel fundamental na medição e elaboração de relatórios de desempenho, as visões mais críticas encaram a medição do desempenho como apenas um aspeto da gestão organizacional.

O quadro 3 fornece uma perspetiva muito resumida sobre as diferenças entre avaliação (de programas) e medição de desempenho e as principais vantagens e desvantagens dos dois tipos de abordagens.

Quadro 3.
Comparação entre avaliação e medição de desempenho

Características	Avaliação	Medição do desempenho
Origem científica	Investigação em ciências sociais	Gestão empresarial
Frequência	Irregular, esporádica	Regular, contínua
Cobertura	Programas/projetos/serviços específicos	Abrange a maioria dos programas/ /atividades/serviços
Custos	Podem ser elevados	Tendem a ser distribuídos
Recursos técnicos	Competências especializadas (designadamente analíticas)	Menos exigentes em termos de competências específicas por ser um processo relativamente simples
Tipos de informação	Indicadores quantitativos e qualitativos individualizados; *Inputs*, *outputs*, resultados, impactos	Indicadores quantitativos reproduzidos ao longo do tempo; *Inputs*, *outputs*, resultados
Recolha de informação	Pesquisa documental, entrevistas, inquéritos, sistemas de informação	Pesquisa documental, entrevistas, inquéritos, sistemas de informação
Análise da informação	Triangulação de múltiplas fontes de informação; A atribuição dos resultados da intervenção pode ser um objetivo em si mesmo.	Sustentada por poucas fontes de informação; Atribuição assumida.
Qualidade da informação	Olhar próximo sobre os dados; Seleção de indicadores de resultado de difícil mensuração.	Olhar distante sobre os dados; Seleção de indicadores de resultados facilmente mensuráveis.
Julgamento avaliativo	Descritivo e prescritivo; Procura razões para o mau/bom desempenho.	Descritivo; Apenas diz «o resultado», não o porquê.

Disponibilidade da informação	Em geral, o prazo para a conclusão de um estudo de avaliação é relativamente longo; Fluxo de dados descontínuo	Informação sobre o desempenho «rápida» e atempada; Um fluxo contínuo e atualizado de dados
Utilidade	Suporte às principais decisões	Melhoria contínua
Viabilidade nas pequenas organizações	Pequenas organizações têm maiores dificuldades em conduzir estudos de avaliação sofisticados	Exequível em pequenas organizações. O acompanhando dos principais indicadores de desempenho tende a ser valorizado pela gestão da generalidade das organizações

Fonte: Elaboração da autora, com base em: WHOLEY, HATRY, NEWCOMER, 2010; MCDAVID, HUSE e HAWTHORN, 2013; NIELSEN e HUNTER, 2013.

Apesar de, na comunidade de avaliação, a gestão e medição de desempenho serem encaradas com alguma relutância, encontramos argumentos importantes e persuasivos no sentido de considerar medição de desempenho e avaliação processos complementares. Na literatura emergem quatro tipos de complementaridade entre avaliação e gestão ou medição de impacto (NIELSEN e EJLER, 2008: 173-174; NIELSEN e HUNTER, 2013: 120; LAHEY e NIELSEN, 2013: 51):

1. Complementaridade sequencial – As informações de monitorização podem gerar questões a ser respondidas por estudos de avaliação; e vice-versa: os estudos de avaliação podem gerar conhecimento que exige um acompanhamento contínuo do desempenho.
2. Complementaridade de informação – Tanto a medição de desempenho como a avaliação emergem das mesmas fontes de dados, evitando a construção de fluxos de informação em paralelo.
3. Complementaridade organizacional – A informação dos sistemas de medição do desempenho e de avaliação tende a ser acoplada, o que requer que as informações de monitorização e de avaliação sejam canalizadas através da mesma unidade administrativa.
4. Complementaridade de métodos – Ambas as formas de produção de conhecimento partilham processos e ferramentas semelhantes de planeamento, de obtenção de informação, de análise e aferição, e de conversão de dados em informações úteis.

McDavid, Huse e Hawthorn (2013) alegam que a **medição de desempenho**, independentemente de quem a faz, **assenta na compreensão dos princípios e práticas da avaliação.** Ambos os processos dependem de um entendimento comum da teoria da intervenção da qual derivam medidas conceptuais essenciais – isto é, da **lógica do processo** através do qual uma intervenção converte *inputs* e recursos em produtos e resultados através das suas diversas atividades. Por outro lado, muitas das **competências básicas** adquiridas por quem faz avaliação podem ser aplicadas à medição do desempenho. Do mesmo modo, o **pessoal da gestão e outros atores envolvidos** no desenvolvimento e implementação da medição de desempenho defrontam-se com **problemas similares** a quem avalia. Além de poder ser um **componente importante da avaliação**, a medição do desempenho tende a encorajar o desenvolvimento de estudos de avaliação.

Não obstante, podendo admitir-se a medição de desempenho como abordagem complementar à avaliação, não será apurado concebê-la como sinónimo ou em substituição das avaliações. Apesar de esta complementaridade ter vindo a ser reconhecida em algumas instâncias, os esforços para abraçar a **medição de desempenho ofuscaram a avaliação** (Ellis e Gregory, 2008; Bradford e Chouinard, 2010; McDavid e Huse e Hawthorn, 2013). Johnsen (2013) observa que, em alguns casos, o acompanhamento e a avaliação não são meramente formas complementares de conhecimento, mas na realidade estão a competir por recursos escassos. As tensões na articulação entre avaliação e medição do desempenho são, aliás, reconhecidas por agências internacionais impulsionadoras da estratégia de gestão orientada para os resultados, a qual atribui à medição do desempenho um papel central (DAC, 2000)[5]. Piotrowski e Rosenbloom (2002) ressalvam a preocupação com os aspetos de desempenho que não têm sido medidos, incluindo os valores democráticos e constitucionais, tais como **a transparência, a equidade ou a justiça**. Radin (2006) faz eco destas preocupações, argumentando que a medição de desempenho,

[5] No relatório do grupo de trabalho de avaliação do Comité de Apoio ao Desenvolvimento da OCDE, relativo à revisão da experiência da gestão orientada para os resultados nas agências de cooperação para o desenvolvimento, é mencionada a preocupação no seio das agências doadoras de que as tarefas de medição e de reporte sobre o desempenho possam estar a «excluir» as avaliações, isto é, que ambas as abordagens possam estar a competir pelos cada vez mais escassos tempo e recursos.

além ser associada ao controlo sobre aqueles cujo desempenho está a ser medido, coloca, em geral, um **grande enfoque na eficiência, excluindo outros valores e medidas**. Estas circunstâncias, aliadas à visão da medição de desempenho como uma **forma simplista e grosseira de produção de conhecimento** (GREENE, 1999), levam alguns membros da comunidade de avaliação a demitir a medição de desempenho dos processos de avaliação.

Estas críticas ganham renovada pertinência com o **mais recente movimento**, desde o final da década de 1990, no sentido de tratar os efeitos (*outcomes*) e impactos **como uma parte fundamental de medição de desempenho no sector público e da economia social**. Na verdade, os desafios que se colocam aos processos de reporte de «características observáveis e quantificáveis» de programas e práticas das organizações (particularmente as animadas por objetivos sociais) são ampliados à medida que estas movem o foco de atividades e *outputs* (realizações) para os efeitos ou impactos (LYNCH-CERULLO e COONEY, 2011; EBRAHIM e RANGAN, 2010, 2014). Sendo os elementos mais tangíveis e os objetivos do alcance da ação das organizações, os *outputs* das intervenções, em geral descritos ou medidos com base em unidades físicas/materiais ou financeiras/monetárias, são mais facilmente mensuráveis e quantificáveis do que os efeitos de médio ou longo prazo (LOPES, 2018). O carácter imaterial e subjetivo de muitas das mudanças suscitadas pelas intervenções públicas/sociais desafia – quando não impossibilita – a sua quantificação (ARVIDSON e LYON, 2014; WESTALL, 2009). A **complexidade associada à aferição dos efeitos** mais amplos e de mais longo prazo das intervenções parecem reivindicar análises mais contextualizadas, **compreensivas e pluralistas que ultrapassam o alcance da medição do desempenho**.

5. Conclusão: o retorno ao estágio da «mensuração»?

O predomínio de modelos da gestão empresarial, a crescente linguagem do desempenho, o foco nos resultados e a procura de uma base de evidências para o investimento de dinheiro público estão, cada vez mais, a moldar o carácter de monitorização e avaliação na economia social. A recente atenção ao impacto postula o desvio da atenção tradicionalmente dedicada pela medição do desempenho aos *outputs*/resultados imediatos das intervenções em favor da demonstração dos seus benefícios para a vida das pessoas ou da sociedade, equacionada como critério de sucesso organizacional. O **«mantra do impacto»** (EBRAHIM e RAGAN, 2010: 2) segue no encalço da prestação de contas e tem sido impulsionado, quer pelas entidades financiadoras que querem saber se os seus fundos estão a fazer a diferença ou se podem ser melhor gastos noutros lugares, quer pela crescente profissionalização do terceiro sector (HWANG e POWELL, 2009). Esta orientação encontra particular acolhimento nas **novas lógicas e instrumentos de financiamento do sector associadas ao investimento social/de impacto**, de que é exemplo a contratualização de resultados (pagamento por resultados) e, na sua égide, os títulos de impacto social. Um dos fatores fundamentais para informar a tomada de decisão em projetos de investimento social é exatamente a medição de impacto (social).

Ainda que muita da literatura existente careça de enquadramento teórico e conceptual, e que escasseie investigação robusta sobre práticas de medição de impacto, tem existido um forte investimento nas últimas duas décadas no desenho de metodologias para este efeito. Em muitas das propostas, o impacto é usado, não para descrever os efeitos de longo prazo de determinada intervenção, mas mais estritamente para referir os respetivos efeitos líquidos, i.e., a contribuição de determinada intervenção para os resultados verificados. Este tipo de avaliação de impacto surge particularmente associado a **abordagens quantitativas, experimentais, de carácter positivista**, tais como os grupos de controlo ensaio/experiência aleatório/a controlado/a e análises de custo-eficácia/benefício (onde se inclui a metodologia SROI – Retorno Social do Investimento). Desenhada para satisfazer o ideal de «prova», sob uma lógica científica de avaliação, este tipo de abordagem pretende maximizar a utilidade na fundamentação racional e objetiva da decisão de quem investe. Esta «nova» mobilização em torno do rigor científico é apresentada por Vedung (2014) como a mais recente vaga de avaliação, que o autor designa de **«vaga das evidências»**, caracterizada pelo **retorno da centralidade dos métodos experimentais** que qualificou a primeira vaga de avaliação.

Temperando o atual entusiasmo em torno das «métricas» e das «evidências», a literatura sobre a avaliação/medição do impacto no campo do sector da economia social tem refletido sobre a **complexidade associada à mensuração da mudança gerada por uma intervenção ou organização social** (vejam-se, por exemplo, EBRAHIM e RANGAN, 2010, 2014; HARLOCK, 2013; VO, CHRISTIE e ROHANNA, 2016). A dificuldade de isolar os efeitos das intervenções e a sua permeabilidade a questões de contexto, o carácter imaterial e subjetivo das mudanças sociais, bem como a complexidade inerente aos problemas sociais e à intervenção social, **desafiam as ambições de estandardização**, comensurabilidade e comparabilidade frequentemente associadas às abordagens de medição de impacto desenvolvidas por entidades financiadoras, particularmente as prescritas no âmbito de mecanismos de investimento social (Ferreira, 2018). Por outro lado, o foco na **riqueza, profundidade e «descrição densa»** (que visa captar o contexto e intencionalidade dos atores envolvidos) possibilitado pelo envolvimento das partes interessadas, é **desafiado pelos proponentes do rigor científico** assente em métricas, resultados pré-definidos e na produção de «evidências» (Arvidson e Kara, 2013; Hall, 2014). Acresce que o tipo de abordagem que ecoa o método científico e que tem um grande enfoque na observação sistemática e na utilização de procedimentos experimentais objetivos e robustos, **implica elevados recursos técnicos e financeiros que nem sempre estão disponíveis nas OES** (Lopes, 2018; Hall, 2014). Por fim, são levantadas questões sobre se as métricas (financeiras) por si só são adequadas para captar o impacto social do terceiro sector (Arvidson *et al.*, 2010, 2013; Lyon e Arvidson, 2011). Nesta linha, tem sido amplamente argumentado que as métricas constituem uma **«moda regulatória»**, refletindo as **necessidades e agendas de determinados atores** – particularmente dos governos, instituições financeiras e financiadores –, e não um meio de captar a «realidade» (Nicholls, 2009; Westall, 2009; Manetti, 2014). Estas reflexões chamam a atenção para a necessidade de ir além das **abordagens normativas** de muita da literatura (cinzenta) sobre avaliação/medição do desempenho/impacto nas OES, e de conduzir uma análise mais crítica, tanto das lógicas subjacentes às diversas ferramentas e práticas, como das implicações e desafios que se colocam à avaliação nas OES.

Apesar de nos países ocidentais grande parte da discussão sobre avaliação permanecer ao nível da **metodologia**, em torno das abordagens que melhor monitorizam o desempenho e asseguram a prestação de contas, o debate fundamental não é sobre o método, como defende Greene (2009), mas sobre a «**política do método**» – sobre os valores que queremos preservar como sociedade e sobre os objetivos que devemos coletivamente e ativamente prosseguir (Chouinard, 2013).

REFERÊNCIAS BIBLIOGRÁFICAS

ALAIMO, Salvatore P. (2008), «Nonprofits and evaluation: Managing expectations from the leader's perspective» *in* CARMAN, Joanne; FREDERICKS, Kimberly (eds.), *Nonprofits and evaluation. New Directions for Evaluation*, 73-92.

ALKIN, Marvin C. (2013), *Evaluation Roots – A Wider Perspective of Theorists' Views and Influences*. Thousand Oaks: Sage. (2.ª Edição).

ARVIDSON, Malin; KARA, Helen (2013), «Putting Evaluations to Use : From Measuring to Endorsing Social Value» *TSRC Working Paper* 110, Birmingham: Third Sector Research Center, http://www.birmingham.ac.uk/generic/tsrc/documents/tsrc/working-papers/working-paper-110.pdf [19 setembro de 2018]

ARVIDSON, Malin; LYON, Fergus (2014), «Social Impact Measurement and Non-Profit Organisations: Compliance, Resistance, and Promotion» *Voluntas*. 25, 869-86.

ARVIDSON, Malin; LYON, Fergus; MCKAY, Stephen; MORO, Domenico (2013), «Valuing the Social? The Nature and Controversies of Measuring Social Return on Investment (SROI)» *Voluntary Sector Review*. 4 (1), 3-18.

ARVIDSON, Malin; LYON, Fergus; MCKAY, Stephen; MORO, Domenico (2010), «Ambitions and Challenges of SROI» *Third Sector Research Centre Working Paper 49*, Birmingham: TSRC, http://www.birmingham.ac.uk/generic/tsrc/documents/tsrc/working-papers/working-paper-49.pdf [22 de novembro de 2018].

BJØRNHOLT, Bente; LARSEN, Flemming (2014), «The Politics of Performance Measurement: Evaluation Use as Mediator for Politics» *Evaluation*. 20 (4), 400-411.

BRADFORD, Neil; CHOUINARD, Jill A. (2009), «Learning through evaluation? Reflections on two federal community-building initiatives» *Canadian Journal of Program Evaluation*. 24(1), 51-77.

CARMAN, Joanne G. (2007), «Evaluation Practice Among Community-Based Organizations: Research Into the Reality» *American Journal of Evaluation*. 28 (1), 60-75.

CARMAN, Joanne G.; FREDERICKS, Kimberly A. (2008), «Nonprofits and evaluation: Empirical evidence from the field», *Nonprofits and evaluation. New Directions for Evaluation*. 51-71.

CARMAN, Joanne G.; FREDERICKS, Kimberly A. (2008), «Nonprofits and evaluation: Empirical evidence from the field» *in* CARMAN, Joanne; FREDERICKS, Kimberly (eds.) *Nonprofits and evaluation. New Directions for Evaluation*. 51-71.

CHOUINARD, Jill (2013), «The Case for Participatory Evaluation in an Era of Accountability» *American Journal of Evaluation*. 34 (2), 261-65.

CHRISTIE, Cristina; ALKIN, Marvin (2013), «An Evaluation Theory Tree» *in* ALKIN, Marvin (ed.), *Evaluation Roots – A Wider Perspective of Theorists' Views and Influences*. Thousand Oaks: Sage, 11-57. (2.ª Edição).

COMISSÃO EUROPEIA (CE) (2003), *EVALSED: A Avaliação do Desenvolvimento Socioeconómico*. Directorate-General Regional Policy. Brussels: CE.

COUSINS, J. Bradley (2013), «Undestanding Use Through Systematic Inquiry» *in* ALKIN, Marvin (ed.), *Evaluation Roots – A Wider Perspective of Theorists' Views and Influences*. Thousand Oaks, 344-351. (2.ª edição)

Cuesta, Marisa; Martínez, Ana (2010), *Fundamentos de Evaluación de Políticas Públicas.* Ministerio de Política Territorial Y Administración Pública Agencia Estatal de Evaluación de Las Políticas Públicas Y La Calidad de Los Servicios. doi:10.1073/pnas.0703993104.

Cutt, James; Murray, Vic (2000), *Accountability and Effectiveness Evaluation in Non-Profit Organizations.* Abingdon: Taylor & Francis.

Dees, J. Gregory (1998), «Enterprising nonprofits» *Harvard Business Review*, 76(1), 54-66.

Dees, J. Gregory; Anderson, Beth B. (2006), «Framing a Theory of Social Entrepreneurship: Building on Two Schools of Practice and Thought» *Research on Social Entrepreneurship, ARNOVA Occasional Papers Series.*

Development Assistance Committee (DAC) (2010), *Glossary of Terms in Evaluation and Results-Based Management.* Paris: OECD.

Ebrahim, Alnoor (2010), «The Many Faces of Nonprofit Accountability» *Jossey-Bass Handbook of Nonprofit Leadership and Management.* 3 (August), 98-121.

Ebrahim, Alnoor; Rangan, V. Kasturi (2010), «Putting the Brakes on Impact: A Contingency Framework for Measuring Social Performance» *Academy of Management Annual Meeting Proceedings.* 8 (1), 1-6.

Ebrahim, Alnoor; Rangan, V. Kasturi (2014), «What Impact? A Framework for Measuring the Scale and Scope of Social Performance» *California Management Review.* 56 (3): 118-41.

Ellis, Jean; Gregory, Tracy (2008), *Developing monitoring and evaluation in the third sector: Research report.* London: Charities Evaluation Service (CES).

Feller, Irwin (2002), «Performance measurement redux» *American Journal of Evaluation.* 23, 435-452.

Ferreira, Sílvia (2018), «Os títulos de impacto social e a financeirização da intervenção social» *Le Monde Dipplomatique* – Ed. Portuguesa.

Ferreira, Sílvia (2012), «Observando a indecidibilidade da participação do terceiro sector na governação em rede» *Revista Crítica de Ciências Sociais.* 97, 107-132.

Greene, Jennifer (2009), «Evidence as "proof" and evidence as "inkling"» *in* Donaldson, S. I., Christie, C. A., & Mark, M. M. (Eds.), *What counts as credible evidence in applied research and evaluation practice?* Thousand Oaks, CA: Sage, 153--167.

Greene, Jennifer C. (1999), «The Inequality of Performance Measurements. Evaluation», *Evaluation.* 5(2), 160-172.

Guba, Egon. G.; Lincoln, Yvonna S. (1989), *Fourth generation evaluation.* Newbury Park: Sage.

Guerra, Isabel (2002), *Fundamentos e processos de uma sociologia de ação: o planeamento em ciências sociais.* Cascais: Principia.

Hall, Matthew (2014), «Evaluation Logics in the Third Sector» *Voluntas.* 25 (2), 307-36.

Harlock, Jenny (2013) «Impact Measurement Practice in the UK Third Setor : A Review of Emerging Evidence», *Third Sector Research Centre Working Paper 106*,

Birmingham: TSRC, http://www.birmingham.ac.uk/generic/tsrc/documents/tsrc/working-papers/working-paper-106.pdf [19 de setembro de 2018].

Hespanha, Pedro (2008), «Políticas Sociais: novas abordagens, novos desafios?» *Revista Crítica de Ciências Socais*. 39, 1, 5-15.

Hood, Christopher (1991), «A public management for all seasons?» *Public Administration*. 69(1), 3-19.

Hvenmark, Johan (2013), «Business as Usual?» *Administrative Theory & Praxis*. 35(2), 223-247.

Hwang, Hokyu; Powell, Walter W. (2009), «Charity: The Influences of Professionalism in the Nonprofit Sector» *Administrative Science Quarterly* 54: 268-98.

Johnsen, Åge (2013), «Performance management and evaluation in Norwegian local government: Complementary or competing tools of management?» *New Directions for Evaluation*. 137, 93-101.

Kaplan, Robert S; Norton, David P. (1996), *The Balanced Scorecard Translating Strategy In Action*. Boston: Harvard Business School Press.

Kearns, Kevin P. (1996), *Managing for Accountability: Preserving the Public Trust in Nonprofit Organizations*. San Francisco: Jossey-Bass.

Lahey, Robert; Nielsen, Steffen B. (2013), «Rethinking the relationship among monitoring, evaluation and results-based management: Observations from Canada» *New Directions for Evaluation*. 137, 45-56.

Lincoln, Yvonna S; Guba, Egon G. (2013), «The Roots of Fourth Generation Evaluation: Theoretical and Methodological Origins» *in* Alkin, Marvin (ed.), *Evaluation Roots – A Wider Perspective of Theorists' Views and Influences*. Thousand Oaks: Sage, 218-228. (2.ª Edição).

Lopes, Mónica (2018), *Avaliação nas Organizações do Terceiro Setor: Contextos, Discursos e Práticas*. Tese de Doutoramento em Sociologia. Coimbra: FEUC/CES.

Lynch-Cerullo, Kristen; Cooney, Kate (2011), «Moving from Outputs to Outcomes: A Review of the Evolution of Performance Measurement in the Human Service Nonprofit Sector» *Administration in Social Work*. 35 (4), 364-388.

Maier, Florentine; Meyer, Michael; Steinbereithner, Martin (2016), «Nonprofit Organizations Becoming Business-Like: A Systematic Review» *Nonprofit and Voluntary Sector Quarterly*. 45(1), 64-86.

Manetti, Giacomo (2014), «The Role of Blended Value Accounting in the Evaluation of Socio-Economic Impact of Social Enterprises» *Voluntas*. 25, 443-464.

Mayne, John; Rist, Ray C. (2006), «Studies are not enough: The necessary transformation of evaluation» *The Canadian Journal of Program Evaluation*. 21, 93-120.

McDavid, James C., Huse, Irene; Hawthorn, Laura (2013), *Program evaluation and performance measurement: An introduction to practice*. Thousand Oaks: Sage. (2.ª Edição).

Mertens, Donna M. (2009), *A Transformative Research and Evaluation*. New York: Guilford Press.

Mertens, Donna M. (2010), *Research and Evaluation in Education and Psychology: Integrating Diversity With Quantitative, Qualitative, and Mixed Methods*. Thousand Oaks: Sage.

MERTENS, Donna M; WILSON, Amy (2012), *Program Evaluation Theory and Practice: A Comprehensive Guide*. New York: Guilford Press.

MOODY, Michael (2008), «"Building a Culture": The Construction and Evolution of Venture Philanthropy as a New Organizational Field» *Nonprofit and Voluntary Sector Quarterly*. 37 (2), 324-52.

MURRAY, Vic (2005), «Evaluating the effectiveness of nonprofit organizations» *in* HERMAN, Robert (ed.), *The Jossey-Bass handbook of nonprofit leadership and management*. San Francisco: Jossey-Bass, 345-370. (2.ª Edição).

NICHOLLS, Alex (2009), «"We do good things, don't we do?": "Blended Value Accounting" in Social Entrepreneurship» *Accounting, Organizations and Society*. 34, 755-769.

NIELSEN, Steffen B.; HUNTER, David (2013), «Challenges to and Forms of Complementarity Between Performance Management and Evaluation» *New Directions for Evaluation*. 137, 115-23.

NIELSEN, Steffen B; EJLER, Nicolaj (2008), «Improving Performance?: Exploring the Complementarities between Evaluation and Performance Management» *Evaluation*. 14 (2), 171-92.

OSBORNE, David; GAEBLER, Ted (1993), «Reinventing Government: How the Entrepreneurial Spirit Is Transforming the Public Sector» *Resenhas*. 33(6), 97-99.

PATTON, Michael (2013), «The Roots of Utilization-Focused Evaluation» *in* ALKIN, Marvin (ed.), *Evaluation Roots– A Wider Perspective of Theorists' Views and Influences*. Thousand Oaks, 293-303. (2.ª Edição).

PATTON, Michael Q. (1997), *Utilization-focused evaluation*. Thousand Oaks: Sage. (3.ª Edição).

PATTON, Michael Q. (2008), *Utilization-focused evaluation*. Thousand Oaks: Sage. (4.ª Edição).

PIOTROWSKI, Suzanne J.; ROSENBLOOM, David H. (2002), «Nonmission-based values in results-oriented public management: The case of freedom of information» *Public Administration Review*. 62, 643-657.

POISTER, Theodore (2010), «Performance measurement: Monitoring program outcomes» *in* WHOLEY, Joseph; HATRY, Harry; NEWCOMER, Kathryn (eds.), *Handbook of practical program evaluation*. San Francisco: Jossey-Bass, 100-124. (3.ª Edição).

POISTER, Theodore; ARISTIGUETA, M. P.; HALL, J. L. (2014), *Managing and Measuring Performance in Public and Nonprofit Organizations: An Integrated Approach*. Hoboken: Wiley. (2.ª Edição).

RADIN, Beryl (2006), *Challenging the performance movement: Accountability, complexity, and democratic values*. Washington, DC: Georgetown University Press.

SCRIVEN, Michael (2013), «Conceptual Revolutions in Evaluation: Past, Present and Future» *in* ALKIN, Marvin (ed.), *Evaluation Roots – A Wider Perspective of Theorists' Views and Influences*. Thousand Oaks, 167-179. (2.ª Edição).

SHADISH, William R.; COOK, Thomas; LEVITON, Laura C. (1991), *Foundations of program evaluation: Theories of practice*. Newbury Park: Sage.

SHAW, Ian; GREENE, Jennifer C.; MELVIN, M. Mark. (eds.), (2006) *The Sage Handbook of Evaluation: Policies, Programs and Practices.* Thousand Oaks: Sage.

SPECKBACHER, Gerhard (2003), «The economics of performance management in nonprofit organizations» *Nonprofit Management and Leadership.* 13(3), 267-281.

STOCKMANN, Reinhard (2011), *A practitioner handbook on evaluation.* Cheltenham: Edward Elgar.

STUFFLEBEAM, Daniel L.; CORYN, Chris (2014), *Evaluation Theory, Models, and Applications. Research Methods for the Social Sciences.* San Francisco: Jossey-Bass & Pfeiffer Imprints, Wiley. (2.ª Edição).

TASSIE, Bill; MURRAY, Vic; CUTT, James (1998), «Evaluating Social Service Agencies: Fuzzy Pictures of Organizational Effectiveness» *Voluntas.* 9 (1), 59-79.

TYLER, Ralph W. (1949), *Basic Principles of Curriculum and Instruction.* Chicago: University of Chicago Press.

VEDUNG, Evert (2004), «Evaluation research and fundamental research» *in* STOCKMANN, Reinhard (ed.), *Evaluationsforschung,* Opladen: Leske & Budrich, 111-134. (2.ª Edição)

VEDUNG, Evert (2010), «Four Waves of Evaluation Diffusion» *Evaluation.* 16 (3), 263-277.

VO, Anne; CHRISTIE, Christina; ROHANNA, Kristen (2016), «Understanding Evaluation Practice within the Context of Social Investment» *Evaluation.* 22 (4): 470-88.

WEISS, Carol (2013), «Rooting for Evaluation: Digging Into Beliefs» *in* ALKIN, Marvin (ed.), *Evaluation Roots – A Wider Perspective of Theorists' Views and Influences.* Thousand Oaks: Sage, 130-143. (2.ª Edição).

WESTALL, Andrea (2009), «Value and the Third Sector Working Paper on Ideas for Future Research» *Third Sector Research Centre Working Paper 25,* Birmingham: TSRC, http://www.birmingham.ac.uk/generic/tsrc/documents/tsrc/working-papers/working-paper-25.pdf [10 de janeiro de 2012].

WHOLEY, Joseph S.; HATRY, Harry P.; NEWCOMER, Kathryn (eds.) (2010), *Handbook of Practical Program Evaluation.* San Francisco: Jossey-Bass, 100-124. (3.ª Edição).

ORGANIZAÇÕES E DESAFIOS SOCIOLABORAIS: BREVES NOTAS NUMA PERSPETIVA PSICOSSOCIOLÓGICA

ELÍSIO ESTANQUE*

Com o presente texto pretendo contribuir com uma breve reflexão, partindo da teoria organizacional, para questionar as tendências da economia global do século XXI e o profundo impacto que tem vindo a assumir sobre as relações de trabalho e os sistemas democráticos. Entende-se aqui que a democracia não é apenas um sistema político vigente nos países onde o Estado de direito ganhou suficiente solidez e as instituições funcionam, onde se conjugam as liberdades formais com os direitos sociais dos cidadãos. Num sentido mais profundo, a democracia conjuga-se melhor com os horizontes emancipatórios dos grupos e classes subalternos do que com o capitalismo mercantilista (seja o do século XIX ou o do século XXI, tal como se vem erguendo diante de nós nas últimas duas décadas). É nesse sentido que se procura apresentar um conjunto de tópicos em torno de temas ligados à teoria organizacional, às transformações no campo laboral e impactos recentes das novas tecnologias informáticas, a partir de uma

* Doutorado em Sociologia (1999), investigador no CES e docente na Faculdade de Economia da Universidade de Coimbra desde 1985. Membro eleito do Conselho Geral da Universidade de Coimbra (2016-2020). Tem estudado e publicado em torno de temas como: classes e desigualdades sociais; movimentos sociais; relações de trabalho e sindicalismo; juventude estudantil e tradições académicas. Livros: *Praxe e Tradições Académicas*. Lisboa: Fundação Francisco Manuel dos Santos, 2017; *Classe Média e Lutas Sociais: ensaio sobre sociedade e trabalho em Portugal e no Brasil*. Campinas: Editora da Unicamp, 2016. Artigos: (coauthor), «Trade Unions and Social Movements at the Crossroads: a Portuguese View», in Grote, J. R. & Wagemann, C. (Eds.), *Social Movements and Organized Labour. Passions and Interests*. London: Routledge, pp. 149-170, 2018; «Building the consent: Initiation rituals and student's culture», *Sociology & Anthropology*, vol. 5(10), pp. 823-835, 2017; «Onde pára a classe média? Breves notas sobre o conceito e a realidade portuguesa», *Revista Sociologia – Problemas e Práticas*, n.º 83, pp. 37-54, 2017.

abordagem em que se cruzam os contributos da psicologia social, da gestão das organizações e da sociologia.

A economia solidária, tal como a entendo, procurou ao longo do tempo afirmar um espaço alternativo ao *mainstream* capitalista, colocando a primazia nos valores humanistas, a liberdade, a solidariedade, a partilha, a igualdade e a justiça social. Porém, vale a pena lembrar que as sociedades que pretenderam guiar-se por esses princípios, mesmo aquelas onde o sistema democrático mais se consolidou, não deixaram de os perverter e negá-los na prática. Evidentemente que isso se deve em boa medida à natureza do sistema económico e ao poder do capital nas sociedades atuais. Porém, é também a natureza humana que devemos questionar. É também a ambição, a vaidade e a vontade de mando dos indivíduos que está em causa. E é nesse sentido que a psicossociologia das organizações nos pode esclarecer. De facto, as estruturas sociais em que vivemos resultam da conjugação entre a pressão do sistema e a ação humana, ou seja, mesmo que consigamos construir «oásis» de igualdade e fraternidade, o mais provável é que sejam de curta duração. Mais cedo do que tarde, a corrosão começa a despontar e a «culpa» não está apenas no «sistema». Estará também em nós e nas nossas ações. Por isso mesmo, devemos rejeitar o princípio da «perseguição do culpado» para explicar os bloqueios ou ineficácia das organizações (inclusive aquelas onde é suposto prevalecer a igualdade, os direitos humanos e a cultura democrática). Em vez disso, devemos procurar nas dinâmicas organizacionais e nos interstícios da personalidade social dos indivíduos, enquanto atores inseridos em contextos socioculturais complexos, a raiz dos mecanismos afeto-cognitivos promotores de comportamentos que nos empurram para a busca de poder, gerando desigualdade e, muitas vezes, entropia nos sistemas organizados.

1. Teorias organizacionais

Vale a pena, por isso, revisitar a teoria organizacional em busca de explicações para a dinâmica de grupos e a ação coletiva, assumindo que entre as pessoas e o meio social que as forma há uma interpenetração permanente e incontornável. Dir-se-ia, com Émile Durkheim, que o consciente coletivo tem uma realidade própria, quase material (uma coisa); mas pode acrescentar-se que esse «consciente» não obedece a uma lógica, a uma racionalidade fria, antes se conjuga com forças e pulsões do subconsciente, identidades e culturas enraizadas bem lá no fundo da alma humana. Numa linha weberiana, afirmou um conhecido psicólogo social que «o ser humano é um animal suspenso em teias de significado que ele próprio teceu» (SCHEIN, 2009). Ou seja, se a sociedade, o coletivo, o grupo organizado é muito mais do que o somatório dos seus elementos, pode dizer-se que nós somos sociedade, tal como a sociedade somos nós, uma vez que a estruturamos em todas as esferas da vida.

No campo da psicologia social, os trabalhos de Serge Moscovici, por exemplo, desde cedo se orientaram para uma compreensão das dinâmicas de grupo e das organizações na base de premissas e olhares claramente dirigidos a uma crítica do poder e a uma defesa da democracia com base na autonomia do sujeito (MOSCOVICI e DOISE, 1991; DESAI, 2014). A teoria das organizações desdobrou-se ainda em âmbitos, perspetivas e níveis de análise muito variados, assumindo-se como um pilar fundamental para a compreensão das grandes tendências de mudança e processos de estruturação mais gerais, podendo assim constituir um importante suporte para as teorias de médio alcance, ou mesmo para a «grande teoria» mais abstrata.

Pode a *Teoria das Organizações* ser «crítica»? Por um lado, o jargão sociológico instituído diz-nos que a expressão «sociologia crítica» é um pleonasmo, visto que toda a sociologia deve ser crítica. Mas isso não deixa de ser paradoxal se nos lembrarmos que quem mais invoca esse jargão pretende invocar para si um estatuto de superioridade, enquanto subalterniza as teorias rivais que se reivindicam de «teoria crítica». Seja como for, desde os fundadores da sociologia que o confronto teórico resulta de posicionamentos contrários dos académicos perante o discurso dominante na sociedade. Ora, a tendência para que as correntes de pensamento económico permaneçam alinhadas com o poder hegemónico tem sido uma constante em diversos momentos históricos. E foi justamente porque os paradigmas mais institucionais e funcionalistas se tornaram apologéticos do *status quo* que se justificou a emergência da «sociologia crítica» (BULLOCK e STALLYBRASS, 1977; KRÄTKE & THOMAS, 2011). Como nos ensinou Thomas Khun (1970), as correntes subalternas assumem posições contra-hegemónicas, promovendo ruturas epistemológicas e viragens teóricas inovadoras (THOMPSON & HARLEY, 2012). A *Escola de Frankfurt* teve, como é sabido, um papel decisivo quando, nos anos trinta do século passado, abriu o campo a uma *Teoria Crítica* dirigida contra o dogmatismo totalitário do estalinismo, de um lado, e a massificação alienante do individualismo consumista do mundo ocidental, de outro (OZCAN, 2012;

Curtis, 2014). A crítica do capitalismo e das «indústrias da cultura» conduzida por autores como M. Horkheimer, T. Adorno, W. Benjamin ou H. Marcuse deixou, como sabemos, um importante contributo que se estendeu a todas as temáticas da sociologia e teve um significativo impacto nas teorias das organizações (Koning & Ooi, 2013; Malachowski, 2015). Pode, portanto, dizer-se que a sociologia das organizações terá de impor-se primeiro como «sociologia» e só depois como «sociologia das organizações». Esta é a forma de evitar o seu alinhamento acrítico com a visão gestionária ou «instrumental» que poderia apontar-se a uma excessiva especialização disciplinar.

O facto de a própria sociologia ter nascido no seio das intensas convulsões sociais induzidas pelo capitalismo industrial favoreceu a sua ligação mais estreita com o mundo empresarial e as instituições do Estado. A dimensão «racional» e formal das organizações é apenas a sua superfície. Desde Weber que os estudos sobre a sociedade moderna comprovam a permanente ambivalência entre a racionalidade e os efeitos de forças «paralelas» ou «subterrâneas» que vivem incrustadas nas instituições. E, no entanto, esse é o clássico que mais valorizou a burocracia enquanto sistema de poder típico da modernidade.

2. Burocracia organizacional

A palavra «burocracia» é, na sua origem, uma síntese dos termos *bureau* (escritório) e *cracia* (governo), ou seja, o conceito remete para a ideia de «governo do escritório», isto é, por outras palavras, o governo dos profissionais, referido inicialmente aos profissionais da administração. Como se sabe, ao longo do século XVIII, com a consolidação da racionalidade e da secularização da sociedade, o pensamento racional, a emergência de «leis» e regras impessoais para a governação das instituições do Estado, foram-se expandindo cada vez mais, abrindo espaço ao florescimento de «especialistas» e profissionais[1] dotados de um conhecimento técnico e minucioso dos

[1] Por volta de meados do século XIX, apesar da agitação e instabilidade que grassava na Europa, e em especial na França no reinado de Luís Bonaparte (Napoleão III), conhecido como o «imperador liberal», assistiu-se a uma crescente consolidação do papel do Estado e da sua relativa autonomia, o que em parte se deveu ao reforço do corpo de funcionários, burocratas profissionais e dedicados. O seu suposto «sentido do dever» tornava-os particularmente influentes no sistema de administração e nos serviços públicos, devido ao que na época se considerava a sua vocação para o sacrifício pessoal em benefício de uma atuação racional e impessoal em nome dos superiores interesses da Nação.

regulamentos e regras dotados de uma crescente complexidade. Diversos autores clássicos colocaram a tónica nos aspetos positivos da burocracia, tais como o positivismo comtiano (Auguste Comte, *Lei dos Três Estados*), que realçava a evolução progressiva da idade teológica para a metafísica e desta para a idade positiva, como resultado da crescente racionalidade; ou o caso do idealismo hegeliano, que via na burocracia o elemento mediador entre o Estado e a sociedade civil. Assim, a passagem operada em finais da Idade Média evoluiu paulatinamente da administração pelos notáveis, fiéis da Corte, para uma administração crescentemente profissionalizada, burocrática, com funcionários bem pagos, com emprego estável e possibilidades de carreira, o que permitiu abrir caminho para o planeamento calculado das etapas a cumprir para uma ascensão previsível.

Segundo Max Weber, o tipo mais puro de *dominação burocrática* caracteriza-se pelos seguintes traços: 1) a existência de funcionários individuais formalmente livres, sendo os seus deveres vinculados apenas ao cargo que ocupam; 2) uma hierarquia administrativa rigorosa; 3) competências rigorosamente fixadas; 4) funcionam na base de um contrato que depende da qualificação profissional e são remunerados em dinheiro; 5) exercem o cargo como sua única ou principal profissão; 6) têm à sua frente uma carreira e a possibilidade de ascensão com base no tempo de serviço ou nas tarefas prestadas; 7) trabalham em completa separação dos meios de gestão e sem apropriação do cargo; 8) estão submetidos a uma rigorosa disciplina e vigilância apertada. A administração burocrática «pura», na sua forma mais racional, dará lugar a formas de dominação «em todas as áreas (Estado, igreja, exército, partido, exploração económica, associação de interesses, sindicato...) e coincide totalmente com o desenvolvimento e incremento crescente da administração burocrática: a sua aparição é o gérmen do Estado moderno ocidental» (Weber, 1992: 176-178).

Mas, se o triunfo da racionalidade moderna deu lugar às organizações e instituições formais tal como as conhecemos no mundo ocidental, os seus efeitos transcenderam amplamente as boas intenções do positivismo, ultrapassando a necessidade de uma gestão «harmoniosa» das coisas, resguardada dos efeitos destrutivos das pulsões humanas. A imagem positiva da burocracia não deixou, no entanto, de evidenciar as suas perversões logo no século XIX. Balzac, como sagaz observador da vida social da época, terá observado que a burocracia representava um sistema dotado de «um mecanismo gigante operado por pigmeus», uma formulação que não difere substancialmente da ideia de Marx, segundo a qual a burocracia é um sistema que se autojustifica: ou seja, agindo em nome do interesse geral, são os pequenos interesses pessoais que a alimentam: «para um burocrata tomado individualmente, a finalidade do Estado transforma-se na sua finalidade privada sob a forma de uma corrida pelos postos mais elevados; é necessário abrir caminho (...). A burocracia é um círculo do qual ninguém pode escapar. Sua hierarquia é uma hierarquia do saber. A cúpula confia aos círculos inferiores o conhecimento do particular, os círculos inferiores confiam à cúpula o conhecimento do universal e, assim, eles se enganam reciprocamente.» (Marx, 2010 [1843]: 66).

Apesar de a lógica burocrática remeter, como se viu, para a estrutura mais geral do aparelho de Estado, contributos posteriores colocariam a ênfase não tanto na natureza do sistema, mas na relação contraditória e dinâmica *O Ator e o Sistema* (Crozier & Friedberg, 1981). Por outras palavras, embora o «interesse geral» seja permanentemente invocado, há sempre esferas do «interesse privado» (isto é, do interesse individual do burocrata) que, em nome das regras e regulamentos, penetram no próprio sistema, cujas raízes se encontram na sociedade civil e na natureza humana. Esta abordagem da burocracia desenvolveu-se ao longo do século XX, quer com R. Michels e a sua conhecida crítica às perversões da burocracia, como formular a chamada *lei de ferro da oligarquia* (Michels, 2001), quer posteriormente com Michel Crozier. Foi sobretudo este sociólogo francês que mais contributos trouxe a uma visão crítica da burocracia moderna, baseando-se num estudo sobre a realidade do sector dos escritórios e serviços públicos da França do pós-guerra. Segundo ele, as características fundamentais do sistema burocrático são quatro: 1) a extensão e o desenvolvimento das regras impessoais e regulamentos escritos; 2) a centralização das decisões; 3) o isolamento de cada categoria hierárquica (inclui pressão do grupo de pares sobre o indivíduo); e 4) o desenvolvimento das *relações paralelas* de poder (Crozier, 1981).

Esses estudos mostraram como o modelo burocrático evoluiu de uma suposta racionalidade para um modelo animado pelo permanente jogo de poderes entre atores. Guiados por estratégias, tendo em vista tirar vantagem do conhecimento minucioso das regras do sistema. Para que se entenda a natureza sociológica das organizações modernas, precisamos de equacionar a tensão entre, de um lado, o advento da previsibilidade que se apresenta inexoravelmente ao indivíduo como o seu espaço de conforto e, por outro lado, a força das pulsões humanas para preservar a autonomia e a criatividade, o que significa uma tendência do indivíduo para resistir a uma total submissão à rigidez, disciplina e planeamento que um tal sistema requer. O Homem resiste ao modelo mecanicista de comportamento que emana das organizações burocráticas.

Um outro contributo interessante da sociologia refere-se à distinção entre *funções manifestas* e *funções latentes* (Gouldner, 1954; Merton, 1968) no funcionamento de um dado sistema. Isso pode ajudar a interpretar comportamentos aparentemente «disfuncionais» ou «irracionais» nos sistemas burocráticos, tais como a presença generalizada dos «ofícios» ou «notas de serviço» difundidas através da cadeia hierárquica, em geral com passagem por sucessivos postos «intermédios»; pode indiciar um traço de «entropia» ou «disfunção» de um dado sector. Porém, o que ocorre muitas vezes, é que a aparente disfunção desempenha uma *função latente* no contexto do corpo de funcionários que alimentam o sistema, como, por exemplo, os tempos de retenção da informação (a demora com que se dá andamento ou não a um assunto), constituem meios frequentemente utilizados para reforçar o poder simbólico do funcionário ou do responsável de um serviço específico, com isso justificando também a sobreocupação do pessoal. Em suma, a racionalidade formal, quando levada ao extremo, tem como consequência uma redução da eficácia, apesar de todos os funcionários terem cumprido com zelo cada tarefa que têm a seu cargo. Ou seja, a organização mais «racional» não é a que obtém melhores resultados.

3. Trabalho e ação coletiva

Ao longo das décadas 1960-1970, as novas dinâmicas e narrativas introduzidas pelos novos movimentos sociais na esfera pública, assim como a saturação face à burocracia, ao individualismo e à cultura de massas, inspiraram toda uma nova corrente de intelectuais com enorme influência nas ciências sociais, promovendo uma crítica radical ao estrutural-funcionalismo e ao marxismo ortodoxo (Morin *et al.*, 1969; Foucault, 2009; Touraine, 1982; Lefort, 1981; Baudrillard, 1991; Castoriadis, 1998). As análises sociológicas mais diretamente centradas no sistema industrial, nos «regimes de fábrica» e na classe trabalhadora, nomeadamente as abordagens oriundas do campo marxista (Braverman, 1974; Hyman, 1975; Edwards, 1979), deram lugar a diversos desdobramentos com incidência direta no campo da teoria organizacional, como, por exemplo, a crítica ao papel dos *top managers* e das grandes empresas na organização da classe dominante (Schwartz, 1989; Eagleton, 2011). Se tomarmos o campo dos *Organizational Studies* num sentido amplo, podemos situá-lo no contexto mais geral da sociologia para prosseguir uma análise crítica do sistema social no seu conjunto.

As investigações sociológicas e a análise organizacional sobre os processos de trabalho desenvolveram todo um conjunto de novas abordagens críticas do neoliberalismo, construindo um núcleo teórico de referência. Partilhando a ideia de que os programas de pesquisa dos estudos organizacionais deveriam demarcar-se dos «excessos» de narrativa construtivista e centrar-se «na investigação sobre a demonstração causal das estruturas reais e relações subjacentes às organizações e aos contextos sociais mais amplos» (Curtis: 2014: 1756), cresceu uma abordagem virada para a tarefa teórica de produzir explicações entre a eficácia causal da ação dos agentes sociais e a eficácia causal das estruturas e dos meios que explicam os padrões da estabilidade e da mudança organizacionais (Clegg, 2006; Thompson, 2009).

Ora, recuperando uma velha ideia de Abraham Maslow, podemos afirmar que só quando as necessidades *primárias* estão asseguradas é que as *secundárias* se tornam motivadoras. E, por isso, quando aquelas deixam de estar satisfeitas voltam a ser elas – e não as necessidades *secundárias,* isto é, os valores «pós-materiais» – a instigar a ação coletiva e os movimentos transformadores. Dito de outro modo, se na década de 1980 o campo das novas tecnologias de informação e comunicação (TIC) e a euforia da globalização se ofereciam ao mundo ocidental criando o mito da «aldeia global», e apresentando-nos num quadro colorido, onde o simbólico e a hiper-realidade dos novos *mass media* serviam de pano de fundo às promessas encantadoras da «economia digital» (com oportunidades iguais para todos), uma tal narrativa viu-se rapidamente contrariada com a entrada no novo milénio e o agravamento da crise económica, voltando a recentrar a discussão em torno da economia, das desigualdades, do mundo laboral e da «questão social» (Estanque & Costa, 2011).

No contexto da globalização, ou o que alguns chamaram de «modernidade tardia», importantes correntes teóricas foram desenvolvidas com impacto no campo das organizações, pondo em evidência os processos de fragmentação do velho modelo fordista do capitalismo regulado (Giddens, 1990; Beck, 1992; Sennett, 2009; Antunes, 2013; Crouch, 2013;

STANDING, 2009 e 2014). Se as correntes construtivistas e «pós-modernistas» tiveram significativo impacto nos meios académicos ao longo da segunda metade do século XX, não foi devido ao triunfo irreversível da «sociedade pós-industrial» ou à supremacia do campo do «simbólico» sobre a realidade económica e organizacional, mas antes à hegemonia de uma ideologia assente na premissa de que as conquistas materialistas alcançadas jamais seriam suprimidas. Movidas pela força crescente dos mercados e do capitalismo financeiro, tais mutações tiveram um efeito devastador no campo empresarial e no mundo das organizações, quer no plano substantivo, quer no plano teórico. As análises macro-sistémicas voltaram a ganhar protagonismo, e o próprio Marx ressuscitava perante um mundo gestionário à beira do descrédito generalizado (HARVEY, 2005; ANTUNES, 2013; CASTELLS, 2013; HUWS, 2015).

Ainda no domínio da sociologia do trabalho, mas num âmbito mais genérico e estrutural, as dimensões identitária e subjetivista há muito se afirmaram como temáticas de grande resiliência para uma visão crítica dos estudos organizacionais. Ao longo do século passado, tais dimensões, em estreita relação com os conceitos marxistas de ideologia e de hegemonia, foram consideradas a base – o *hidden adobe* – do sistema de acumulação capitalista (COLLINSON, 2003; CURTIS, 2014). Desde a velha escola britânica da *industrial sociology* (HYMAN, 1975, 2002 e 2010) à escola francesa da *sociologie industriel* (FRIEDMANN & NAVILLE, 1970; SAINSAULIEU, 1994; DUBET, 1994), ainda que inseridas fora do terreno teórico do *management*, não deixaram de influenciar muito diretamente a análise crítica e política da sociologia das organizações. Mais recentemente, a partir sobretudo da década de 1990, *pari passu* com a expansão da globalização neoliberal, cresceram diversos projetos e estudos no sentido de mapear as dinâmicas do «poder-conhecimento» e a sua influência entre as instâncias da resistência e o controlo organizacional, bem como os estudos centrados na *governança* e na *accountability* enquanto propostas de construção de redes democráticas de gestão fundadas na ética e na transparência (EZZAMEL & WILLMOTT, 2012; BOVENS *et al.*, 2014).

Neste quadro, as organizações são dinâmicas e ao longo dos tempos constituíram formações em estruturação sujeitas a contingências derivadas de fatores externos, tais como os mercados e as suas estruturas, as coletividades e culturas envolventes, assim como os fatores internos, tais como as respetivas ecologias, identidades, culturas e ritualismos. Deste modo, uma das principais potencialidades da análise organizacional é o seu contributo para compreender as múltiplas articulações entre diferentes escalas de análise da sociologia, dos níveis micro ao macro, passando pelo meso.

4. Digitalização *versus* precarização

Num período mais recente, e sob os auspícios da globalização, a emergência e o fortíssimo impacto das tecnologias da informação, novos horizontes se apresentaram às empresas e organizações, mas, uma vez mais, as leituras em torno destas transformações radicais revelam-se díspares. Por um lado, promessas de paraísos artificiais; por outro, a degradação na vida real para milhões de trabalhadores. A economia digital apoiada nas redes sociais, na robótica, no trabalho digital e nos fluxos financeiros internacionais veem redefinidas profundamente as novas dinâmicas da economia global.

Podem apontar-se os seguintes traços principais desta nova economia das redes e tecnologia informática: a irrelevância da localização geográfica; o papel decisivo das plataformas informáticas; a importância das ligações em rede; e o recurso a bases de dados digitalizadas. Como resultado da rápida transformação das cadeias de valo, estes aspetos distinguem-na da economia tradicional, desenhando um novo modelo de negócios que muitos identificam como a quarta revolução industrial, a chamada *Industria 4.0* (ETUI, 2016). Vale a pena sintetizar alguns dos seus traços essenciais:

(i) Clientelização em massa, baseada no uso de tecnologias avançadas, com recurso a tecnologias em 3D na produção de design e protótipos a baixo custo, o que favorece a descentralização da produção para junto de potenciais clientes;
(ii) Interconexão entre plataformas digitais facilitadoras de rapidez e com possibilidade de trabalho à distância e ofertas de serviços inovadores, nomeadamente através da internet das coisas;
(iii) Desenvolvimento da robótica autónoma, difundindo uma nova geração de *robots* adaptáveis a diferentes contextos, necessidades e serviços;
(iv) Redes de produção descentralizada geradoras de um ponto de viragem na organização produtiva, nomeadamente promovendo um maior equilíbrio de poderes entre grandes e pequenas empresas;

(v) A fragmentação cada vez mais generalizada de funções produtivas e cadeias de valor numa escala global, nomeadamente aumentando o recurso ao trabalho digital; e
(vi) Reconfiguração e mistura de fronteiras entre indústria e serviços e entre produção e consumo.

(cf. World Economic Forum, 2016)

Tais tendências deixam antever viragens profundas na sociedade, mas evidenciam também algumas linhas de continuidade. Os novos modelos de negócio e formas de produção em cadeia, por exemplo, não deixam de obedecer a uma lógica de «refazer o pacote», ou seja, prosseguindo o velho princípio de «o vencedor fica com tudo». Quer isto dizer que uma larga parte da força de trabalho está de fora da inovação tecnológica, ou torna-se na zona obscura do trabalho degradado que a alimenta. Por outras palavras, o sistema continua a fomentar a velha lógica dos antigos monopólios e oligopólios. Acresce que tudo isto ocorre num cenário geral de crescente fragmentação, precariedade e contenção salarial, o que torna o discurso eufórico em torno da revolução tecnológica e da digitalização um poderoso veículo da ideologia neoliberal (Castells, 1998, 1999 e 2013).

Paralelamente, os novos equipamentos digitais não só aceleram enormemente os procedimentos, como favorecem a «ilusão de escolha» (e, portanto, o sentido de liberdade e «distinção» por parte do cliente), ao mesmo tempo que permitem a partilha em economias de escala e o intercâmbio *inter paris*. Os produtos e serviços digitalizados podem reproduzir-se a custos marginais quási-zero graças às externalidades positivas, apesar de ainda não darem completamente conta dos impactos externos negativos (em particular sobre o ambiente) (ETUI, 2016). A robótica e o trabalho digital em geral têm sido apontados como os fatores responsáveis pela destruição de emprego (alguns relatórios preveem mesmo efeitos devastadores nesse campo). Um tal temor aconselha-nos a reler a história e a regressar a períodos do passado, onde as máquinas (a máquina a vapor, por exemplo) chegaram a tornar-se o principal alvo da fúria dos trabalhadores industriais. Seguramente que o emprego do futuro não será idêntico ao do nosso passado recente, tal como o emprego da segunda metade do século xx foi muito diferente do da primeira Revolução Industrial.

O mundo laboral está cada vez mais segmentado, os mercados internacionais cada vez mais desregulados, e o espaço para a economia solidária debate-se igualmente com o afunilamento derivado da competitividade internacional cada vez mais agressiva. A globalização da economia trouxe consigo o aumento do tráfico de mão de obra, das redes criminosas de contrafação e trabalho escravo na escala internacional, fazendo com que se acentuem drasticamente as desigualdades salariais e de distribuição da riqueza. Em 2015, numa operação policial em Barcelona, foram detetadas mais de 400 pessoas, arregimentadas por máfias chinesas, a trabalhar em condições sub-humanas, 15 horas por dia, dormindo em sótãos e alimentados à base de arroz e massa, com a promessa de um salário de 25 euros por dia, em parte reduzidos para pagamento às redes de tráfico. O trabalho destinava-se a mais de trezentas marcas de vestuário de alta gama, entre as quais Zara, Stradivarius, Bershka, Pull&Bear, etc. (veja-se jornal *Diário de Notícias,* 13/12/2015). Pode dizer-se que com a proliferação deste tipo de fenómenos, e os contornos particularmente dramáticos que vêm assumindo (em especial, nos continentes do hemisfério sul), estamos perante uma banalização de situações desumanas no campo laboral, isto é, tornando «normal» aquilo que há duas décadas diversos especialistas identificaram com o chamado «trabalho atípico» (Beck, 1992; Castel, 1998; Paugam, 2000; Hyman, 2002).

Como resultado de todas estas transformações assiste-se a uma crescente divisão entre, de um lado, os *outsiders,* isto é, a maioria dos novos segmentos de força de trabalho «sobrequalificada», que se emprega nomeadamente em sectores como a restauração, hotelaria e turismo, construção civil, *call centers,* motoristas inseridos em empresas como a Uber e outras plataformas digitais, os trabalhadores a tempo parcial, tarefeiros, trabalho independente em regime de *freelancer,* trabalho digital e à distância; de outro lado, a minoria dos *insiders,* tais como especialistas em computação e programação, engenheiros informáticos e técnicos de *software* de grandes companhias, quadros superiores do sistema financeiro, engenheiros de bases de dados, especialistas em inteligência artificial e robótica, etc., etc.

Mais recentemente, em alguns países do norte da Europa surgiram propostas arquitetónicas de utopias «paradisíacas» à sombra do paradigma neoliberal. A ideia de «cidades modelo», que apresentam um registo quase «visionário» sobre futuras formas de trabalho sem constrangimentos, onde o lazer e o trabalho se podem reunir sob uma nova aura de liberdade e emancipação, deixando fruir o *Ócio Criativo* (Domenico de Masi, 2012 e 2013). Aqui, as virtualidades do trabalho à distância poderiam conjugar--se com as novas tecnologias digitais, a «Internet das coisas», para dar lugar às *smart factories* e aos *cyber-physical systems,* em benefício de uma competição global cujo sucesso dependeria do *networking.*

Independentemente das vantagens económicas prometidas por estes novos sectores empresariais, o mundo real contradiz diariamente um tal cenário, que, na verdade, se tornou um poderoso instrumento da ideologia dominante. Mesmo que sejam mais flexíveis, desmembradas em peças distantes umas das outras, ainda que cada vez mais estruturadas «em rede», as organizações não se esvaziaram de grupos humanos, nem prescindiram do fator dominação. Se é verdade que a componente física se tornou mais difusa([2]), nalguns casos as máquinas e os sistemas informáticos substituíram milhares de postos de trabalho (por exemplo, no sector bancário); todavia, os trabalhadores continuam lá. Seja nas empresas onde se produzem as componentes eletrónicas, seja as que as usam como base central dos seus negócios – sem falar nos sectores tradicionais, como a industria têxtil, de calçado, etc. –, o velho modelo taylorista mantém-se e até parece ressurgir ainda que sob o signo das redes informacionais. O novo *hardware* que dá suporte a essas organizações parece até prescindir das chamadas *soft skills,* uma vez que as próprias equipas, quando existem, se tornam «virtuais» comunicando em regime «.com».

5. Conclusão

Todos os estudos centrados nas relações laborais demonstram que a força de trabalho perdeu a sua identidade coletiva e capacidade de ação enquanto classe social. A fragmentação e flexibilização do trabalho transformaram os assalariados numa categoria difusa, dócil e atomizada, hoje em dia vítima passiva da nova engrenagem do capitalismo, com toda a parafernália de ingredientes tecnológicos e a força crescente do universo comunicacional da era das redes virtuais. Há uma espécie de neotaylorismo eletrónico que vem promovendo novos simulacros dos *Tempos Modernos,* tão brilhantemente caricaturados por Charlie Chaplin nos anos trinta do século passado. À velha alienação junta-se a nova servidão voluntária de muitos milhões de

[2] E mesmo aquelas que estão a substituir trabalhadores por *robots,* fazem-no à custa do desemprego, da pobreza e, portanto, de um sofrimento humano ainda mais intenso.

jovens, a maioria deles altamente qualificados, mas que engrossam hoje os contingentes do desemprego, da precariedade e do *cybertariat* (Antunes & Braga, 2009; Huws, 2003 e 2015; Fuchs & Sandoval, 2014).

Com esta realidade em pano de fundo, o campo do emprego enfrenta hoje novos problemas e desafios, nos quais a economia solidária se pode oferecer como decisiva na defesa de uma economia mista, ecológica e humanamente sustentável. O reforço dos princípios do cooperativismo, da partilha e da igualdade, permanece como um potencial valioso onde seja possível expandir um ambiente de equilíbrio harmonioso entre o progresso social e o crescimento económico. Porém, é necessário conhecer os fundamentos do comportamento humano que tendem a desviar as organizações dos caminhos da solidariedade e do respeito pelos direitos humanos, sem perder de vista que a pressão sistémica e o poder do capital constituem uma força avassaladora à qual importa oferecer resistência. Entre o poder do *mainstream* económico e a força do individualismo consumista, a economia solidária tem de continuar a disputar e a consolidar o seu espaço, proporcionando aos seus promotores, líderes e quadros um conhecimento da complexidade das estruturas (organizacionais e psicossociais) onde se movem. É na resistência contra os riscos, externos e internos, de perversão desse espírito, que se pode expandir este sector como sinónimo do reforço da condição humana no caminho de uma sociedade mais justa, fraterna e coesa.

REFERÊNCIAS BIBLIOGRÁFICAS

Antunes, Ricardo & Braga, Ruy (Orgs.) (2009), *Infoproletários: degradação real do trabalho virtual.* São Paulo: Boitempo.

Antunes, Ricardo (2013), *Os Sentidos do Trabalho.* Coimbra, Almedina.

Baudrillard, Jean (1991), *Simulacros e Simulação.* Lisboa: Relógio D'Água.

Beck, Ulrich (1992), *Risk Society.* London: Sage.

Bovens, Mark; Goodin, Robert & Schillemans, Thomas (Eds.) (2014), *Oxford Handbook of Public Accountability.* Oxford University Press.

Braverman, Harry (1974), *Labor and Monopoly Capital.* Nova Iorque: Monthly Review.

Bullock, Alan & Stallybrass, Oliver (eds.) (1977), *The Fontana Dictionary of Modern Thought.* New York: Harper & Row.

Castel, Robert (1998), *As metamorfoses da questão social: uma crónica do salário.* Petrópolis: Vozes.

Castells, Manuel (1999), *A sociedade em Rede – A era da informação: economia, sociedade e cultura,* Vol. 1, São Paulo: Paz e Terra.

Castells, Manuel (2013), *Redes de Indignação e de Esperança.* Rio de Janeiro: Zahar Editores.

Castoriadis, Cornelius (1998), *A Ascensão da Insignificância.* Lisboa: Editorial Bizâncio.

Crouch, Colin (2013), *Making Capitalism Fit for Society.* London: Polity Press.

Crozier, Michel (1981), *O Fenómeno Burocrático.* Brasília: Universidade de Brasília.

Crozier, Michel & Friedberg, Erhard (1981), *L'Acteur et le Système. Les contraintes de l'action collective.* Editions du Seuil.

Curtis, Rowland (2014), «Foucault beyond Fairclough: From Transcendental to Immanent Critique in Organization Studies», *Organization Studies,* 35(12), pp. 1753-1772.

Desai, Miraj U. (2014), «Psychology, the psychological, and critical praxis: A phenomenologist reads Frantz Fanon», *Theory & Psychology,* vol. 24(1) 58-75.

Dubet, François. (1994), *Sociologie de l'expérience.* Paris: Éd. Seuil.

Eagleton, Terry (2011), *Why Marx was Right.* New Haven: Yale University Press.

Edwards, Richard (1979), *Contested Terrain.* New York: Basic Books.

Estanque, Elísio & Costa, Hermes A. (2011), *O Sindicalismo Português e a Nova Questão Social – crise ou renovação?* Coimbra: CES/Almedina.

ETUI, 2016, «Work in the digital economy: sorting the old from the new», Gérard Valenduc and Patricia Vendramin (Fondation Travail-Université/ FTU). <https://www.etui.org/Publications2/Working-Papers/Work-in-the-digital-economy-sorting-the-old-from-the-new> acedido a 12.04.2018

Ezzamel, Mahmoud & Willmott, Hugh (2012), «Strategy as Discourse in a Global Retailer: A Supplement to Rationalist and Interpretive Accounts». *Organization Studies,* 29(02), pp. 191-217.

Friedmann, Georges & Naville, Pierre (1970), *Traité de sociologie du travail.* Paris: Armand Colin.

Fuchs, Christian & Sandoval, Marisol (2014), «Digital Workers of the World Unite! A Framework for Critically Theorising and Analysing Digital Labour», *Triple C – Comunication, Capitalism & Critique,* Vol. 12(2), pp. 486-563.

Giddens, Anthony (1990) *The Consequences of Modernity.* Cambridge: Polity Press.

Gouldner, Alvin (1954), *Patterns of Industrial Bureaucracy.* Illinois: Free Press.

Harvey, David (1994), *A Condição Pós-Moderna.* São Paulo: Edições Loyola.

Harvey, David (2005), *O Neoliberalismo: história e implicações.* São Paulo: Edições Loyola.

Hofstede, Geert (1997), *Culturas e Organizações.* Lisboa: Edições Sílabo.

Huws, Ursula (2003), *The Making of a Cybertariat. Virtual Work in a Real World.* New York: Monthly Review Press.

Huws, Ursula (2015), *Labor in the Global Digital Economy. The Cybertariat Comes of Age.* New York: Monthly Review Press.

Hyman, Richard (1975), *Industrial Relations. A Marxist Introduction.* London: Macmillan Press.

HYMAN, Richard (2002), «Europeização ou erosão das relações laborais?», *Revista Crítica de Ciências Sociais*, 62, pp. 7-32.

HYMAN, Richard (2010), «Trade unions and Europe: are the members out of step?» *Relations Industrielles/ Industrial Relations*, 65 (1). pp. 3-29.

KONING, J. & OOI, C.-S. (2013), «Awkward encounters and ethnography. Qualitative Research», in *Organizations and Management: An International Journal*, 8(1), pp. 16-32.

KRÄTKE, Michael R. & THOMAS, Peter (2011), «Antonio Gramsci's Contribution to a Critical Economics», *Historical Materialism*, Vol. 19(3), pp. 63-105.

LEFORT, Claude (1981), *L'invention démocratique. Les limites de la domination totalitaire.* Paris: Fayard.

MALACHOWSKI, Cindy K. (2015), «Organizational Culture Shock: Ethnographic Fieldwork Strategies for the Novice Health Science Researcher», *FQS – Forum Qualitative Social Research*, vol. 6(2), art 2.

MARX, Karl (2010 [1843]), *Crítica da Filosofia do Direito de Hegel.* São Paulo: Boitempo.

MASI, Domenico de (2012), *O Ócio Criativo.* São Paulo: Sextante.

MASI, Domenico de (2013), *O Futuro Chegou.* São Paulo: Leya.

MERTON, Robert K. (1968 [1949]), *Sociologia. Teoria e Estrutura.* São Paulo: Mestre Jou.

MICHELS, Robert (2001). *Para uma Sociologia dos Partidos Políticos na Democracia Moderna.* Lisboa: Antígona.

MORIN, Edgar; LEFORT, Claude; COUDRAY, J.-M. (1969), *Maio 68: inventário de uma rebelião.* Lisboa: Moraes.

MOSCOVICI, Serge; DOISE, Willem (1991), «Para que servem os grupos?», em *Dissensões e Consenso.* Lisboa: Livros Horizonte (pp. 27-41; 48-60; 74-82).

OZCAN, Kerim (2012), «From the Frankfurt School to business schools: Critical management studies in Turkey» in *International Journal of Organizational Analysis*, 20(1), 107-123.

PAUGAM, Serge (2000), *Le Salarié de la Précarité.* Paris: PUF.

SAINSAULIEU, Renaud & SEGRESTIN, Denis (1987), «Para uma teoria sociológica da empresa» *Sociologia – Problemas e Práticas*, vol. 3, pp. 199-215.

SAINSAULIEU, Renaud (1994), *Sociologia da Empresa. Organização, cultura e desenvolvimento.* Lisboa: Piaget.

SCHEIN, Edgar (2009), *Cultura Organizacional e Liderança.* São Paulo: Editora Atlas.

SCHWARTZ, H. S. (1987), «On the psychodynamics of organizational disaster: the case of Space Shuttle Challenger». *Columbia Journal of World Business*, 22, pp. 59-67.

SENNETT, Richard (2001), *A Corrosão do Carácter: as consequências pessoais no novo capitalismo.* Lisboa: Terramar.

SENNETT, Richard (2009), *O Artífice.* Rio de Janeiro: Editora Record.

STANDING, Guy (2009), *Work after Globalization.* Cheltenham/UK: Mixed Sources.

STANDING, Guy (2014), *O Precariado. A Nova Classe Perigosa.* Lisboa: Presença.

THOMPSON, Paul (2009), «Labour process theory and critical management studies», in ALVESSON, M., *et al.* (eds), *The Orford Hanbook of Critical Management Studies.* Oxford: Oxford University Press, pp. 100-108.

THOMPSON, Paul; & HARLEY, Bill (2012), «Beneath the radar? A critical realist analysis of "the knowledge economy" and "shareholder value" as competing discourses», *Organization Studies*, 33, pp. 1363-1381.

TOURAINE, Alain (1981), *The Voice and the Eye: An Analysis of Social Movements*. Cambridge: Cambridge University Press.

TOURAINE, Alain (1982), *Pela Sociologia*. Lisboa: Dom Quixote.

WEBER, Max (1992 [1922]), *Economia y Sociedad*. Buenos Aires: Fondo de Cultura Económica.

WORLD ECONOMIC FORUM (2016), *The Future of Jobs. Employment, Skills and Workforce Strategy for the Fourth Industrial Revolution*. Global Challenge Insight Report (January, 2016).

ÍNDICE

NOTA INTRODUTÓRIA
Margarida Antunes / Rui Namorado 5

ORIGENS, AFLUENTES E PERCEÇÕES HISTÓRICAS DA ECONOMIA SOCIAL
Álvaro Garrido 9
1. História e historicidade da economia social 9
2. Origens e afluentes 10
3. Uma construção doutrinária variada e plural 17
4. A génese da economia social moderna 20
Referências Bibliográficas 25

A ECONOMIA SOCIAL NA HIBRIDIZAÇÃO COM O ESTADO, O MERCADO E A SOCIEDADE: PERSPETIVAS ANALÍTICAS MACRO, MESO E MICRO
Sílvia Ferreira 29
1. Introdução 29
1.1. As funções híbridas do terceiro sector 32
1.1.1. Pilar político 34
1.1.2. Pilar económico 34
1.1.3. Pilar social 35
2. Perspetiva macro: o terceiro sector nos Estados-providência 35
2.1. Dimensões económicas 38
2.2. Dimensões políticas 41
2.3. Dimensões sociais 42
3. Perspetiva meso: um terceiro sector 43
3.1. O político 46

3.2. Economia 48
3.3. Sociedade/comunidade 52
4. Perspetiva micro: a organização 54
4.1. Dimensão económica 55
4.2. Dimensão política 56
4.3. Dimensão social 57
5. Conclusão 58
Referências Bibliográficas 59

DA REVOLUÇÃO DE ABRIL À ECONOMIA SOCIAL: UM ROTEIRO JURÍDICO-POLÍTICO
Rui Namorado 63
1. Introdução 63
2. Uma convergência estimulada 64
3. A CRP, a economia social e a transição para o socialismo 66
4. A revisão constitucional de 1982 69
5. A revisão constitucional de 1989 70
6. Contexto político-social da revisão de 1989 76
7. A Rede Portuguesa de Formação para o Terceiro Sector 80
8. A revisão constitucional de 1997 83
9. Conclusão 86
Referências Bibliográficas 88

POLÍTICA DE EMPREGO E POLÍTICAS DE EMPREGO NA ECONOMIA SOCIAL
Margarida Antunes 89
1. Introdução 89
2. A economia social no quadro do modelo da economia global 90
2.1. A reconfiguração da ação do Estado na área económica e social 90
2.2. A relação das entidades da economia social e o Estado em Portugal 94
3. A economia social como promotora de políticas de emprego 100
3.1. Conceção económico-política das políticas de emprego 100
3.2. As políticas de emprego e a economia social em Portugal 103
4. Criação de emprego na economia social do ponto de vista macroeconómico 104

5. Conclusões 109
Referências Bibliográficas 111

QUE PAPÉIS PODE DESEMPENHAR A GESTÃO DA QUALIDADE NAS ORGANIZAÇÕES DA ECONOMIA SOCIAL? UMA REFLEXÃO EM TORNO DOS SEUS CONTRIBUTOS INTERNOS E EXTERNOS
Patrícia Moura e Sá 113
1. Introdução 113
2. A qualidade como filosofia de gestão e os seus principais referenciais: uma breve síntese 115
3. Potenciais contributos da gestão da qualidade para as organizações da economia social 117
A) Contributos Internos 118
B) Contributos Externos 121
4. Notas finais 125
Referências Bibliográficas 127

CONTROLO DEMOCRÁTICO E RESPONSABILIDADE CIVIL DOS ADMINISTRADORES DE COOPERATIVAS
Maria Elisabete Ramos 129
1. Soberania dos cooperadores e controlo democrático da administração 129
2. O Código Cooperativo de 1980 e autonomia formal das cooperativas 133
3. Responsabilidade civil dos administradores, segundo o Código Cooperativo de 2015 136
3.1. A reforma necessária do regime jurídico-cooperativo de 1996 136
3.2. Pressupostos da responsabilidade civil dos administradores para com a cooperativa 137
3.3. Factos excludentes e não excludentes da responsabilidade civil dos administradores perante a cooperativa 139
4. A *business judgement rule* aplica-se à gestão das cooperativas? 142
5. Do âmbito de aplicação do direito das sociedades anónimas como direito subsidiário 143

5.1. A aplicação do padrão do «gestor criterioso e ordenado» aos administradores de cooperativas 143
5.2. A inexistência de lacuna em matéria de responsabilidade social da cooperativa 146
6. Conclusão 150

FUNDAMENTOS DA AVALIAÇÃO: CONTRIBUTOS PARA O DEBATE POLÍTICO-METODOLÓGICO SOBRE AVALIAÇÃO E MEDIÇÃO DO DESEMPENHO/IMPACTO NAS ORGANIZAÇÕES DA ECONOMIA SOCIAL
Mónica Lopes 153
1. Introdução 153
2. Conceito de avaliação: rumo a uma definição «heliocêntrica» 155
3. Paradigmas, perspetivas e teorias de avaliação: abordagens radicadas na investigação em ciências sociais 157
3.1. Paradigma *experimental*: abordagens clássicas 160
3.2. Paradigma *construtivista*: abordagens naturalistas 162
3.3. Paradigma *transformativo*: abordagens emancipatórias 163
3.4. Paradigma *pragmático*: abordagens utilitaristas 164
4. Abordagens managerialistas à avaliação 167
4.1. Entre diferentes tradições disciplinares: Avaliação *versus* medição do desempenho 168
5. Conclusão: o retorno ao estágio da «mensuração»? 175
Referências Bibliográficas 178

ORGANIZAÇÕES E DESAFIOS SOCIOLABORAIS: BREVES NOTAS NUMA PERSPETIVA PSICOSSOCIOLÓGICA
Elísio Estanque 183
1. Teorias organizacionais 184
2. Burocracia organizacional 186
3. Trabalho e ação coletiva 189
4. Digitalização *versus* precarização 192
5. Conclusão 195
Referências Bibliográficas 196